LIBRAIRIE FRANÇAISE

DIRECTION : **9, rue de Savoie** — MAISON DE VENTE : **9, rue du Croissant**

PARIS

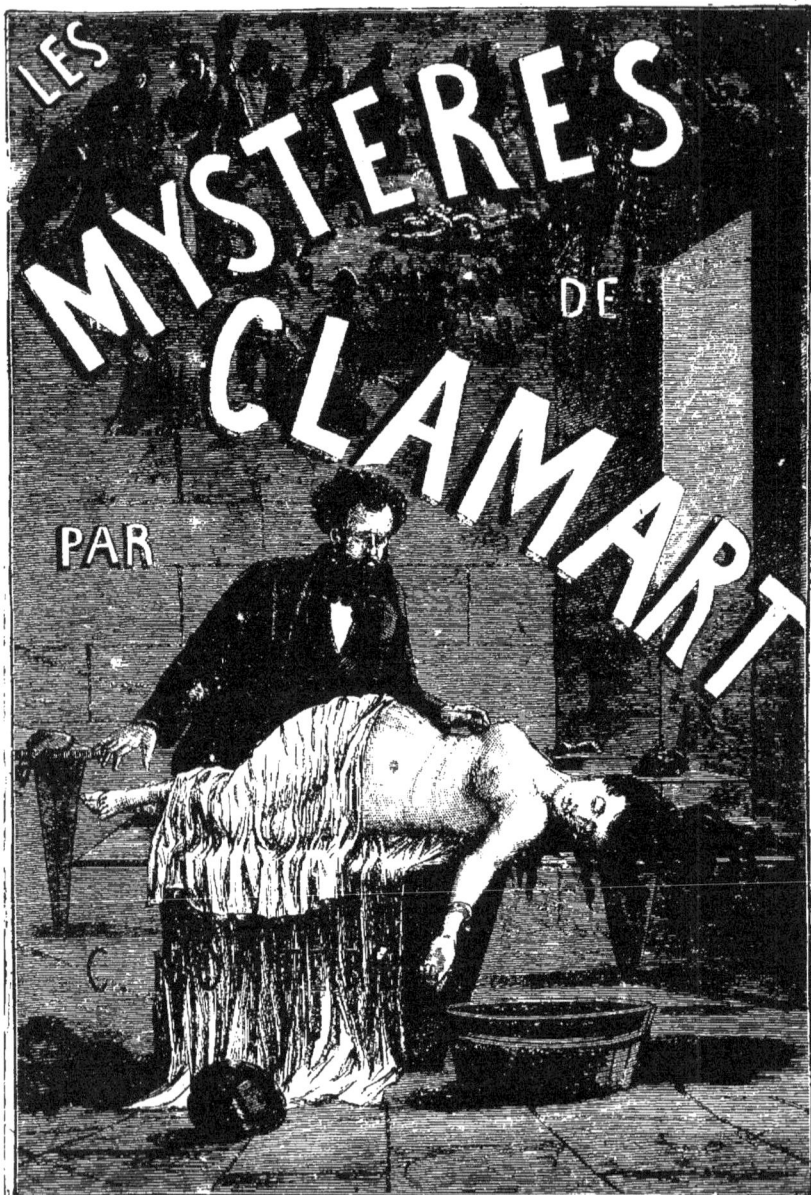

LES MYSTÈRES DE CLAMART

PAR

10 Centimes
LA LIVRAISON ILLUSTRÉE
2 Livraisons par Semaine

50 Centimes
LA SÉRIE DE CINQ LIVRAISONS
ILLUSTRÉES

LIBRAIRIE FRANÇAISE, 9, rue de Savoie, PARIS

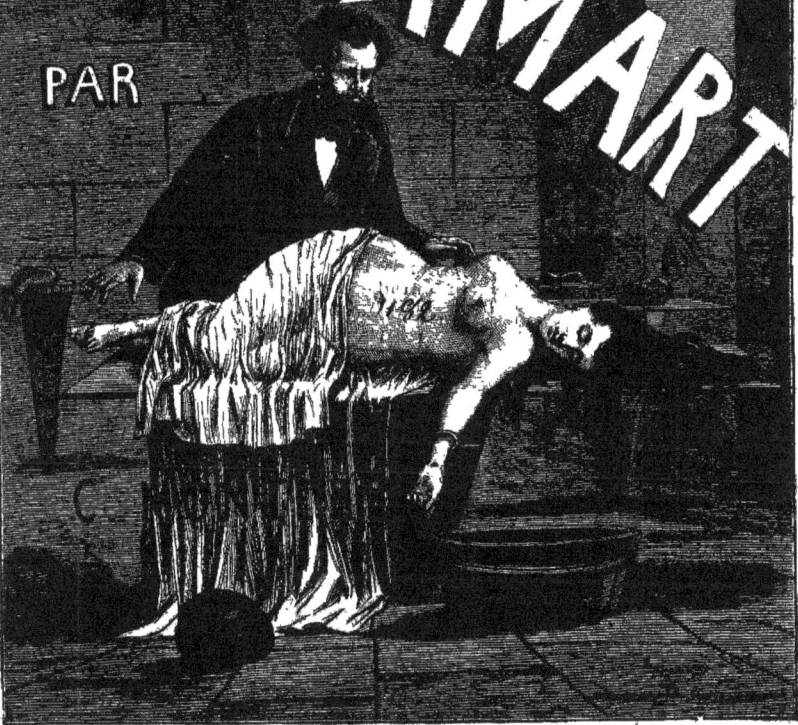

LES MYSTÈRES DE CLAMART

PAR

POUR PARAITRE LE 21 FÉVRIER

2 Livraisons par Semaine. — **10** Centimes la Livraison

LES MYSTÈRES DE CLAMART

Grand Roman Dramatique par C. MONTEREL

PROLOGUE

UN AGENT DES MŒURS

Par une nuit noire et humide du mois d'avril 18.., un homme et une femme sortaient du n° 20 de la rue Lacépède.

Il était une heure du matin.

L'homme portait la casquette de l'ouvrier et avait jeté sur ses épaules un long paletot qui le recouvrait presque en entier.

La femme était blonde et paraissait avoir 30 ans.

Sa taille se dessinait avec une certaine élégance, malgré les loques sans nom qui lui servaient de costume.

Elle avait, au premier abord, un air souffreteux qui ressemblait à de la douceur, mais dès qu'elle soulevait ses paupières, son œil gris-clair donnait à toute sa figure je ne sais quoi de faux et de haineux.

Elle portait un paquet assez volumineux, entouré de toile.

Ils avançaient à grands pas, sans dire un seul mot, comme des gens bien résolus, marchant avec énergie vers un but déterminé d'avance.

Ils tournèrent dans la rue du Fer à Moulin, suivirent le trottoir de droite, et se trouvèrent en face de Clamart.

Un silence complet régnait aux alentours.

Là, à côté de magasins immenses où se fabrique le pain des troupes, et vis-à-vis d'une tannerie qui inonde l'atmosphère de ses puanteurs sales, se trouvent, entourées par un grand mur propre, les salles de dissection de Clamart.

Du dehors on dirait un grand jardin très calme, clos de tous côtés, par un propriétaire jaloux de son bien.

Une porte donne accès aux piétons, et un large et haut portail s'ouvre pour laisser entrer les voitures qui apportent les cadavres des hôpitaux.

Nos deux personnages — Sagette et Maria, deux complices amoureux — s'arrêtèrent un instant, tremblants avec anxiété.

Quand il fut bien certain qu'aucun passant attardé ne pouvait le troubler dans l'exécution de son projet, Sagette traversa vivement la rue.

Arrivé près du portail, il se mit en devoir de l'escalader; malgré ses souliers ferrés son pied glissa plusieurs fois; il ne se rebuta point, et, grâce à une agilité étonnante, il finit par se cramponner au haut du portail... Il se maintint en doute, les pieds fortement appuyés contre le pilier.

Il tendit la main gauche, Maria se souleva jusqu'à lui et lui passa le paquet.

Sagette enjamba le portail et sauta dans la cour de Clamart.

Il prit à gauche et se dirigea vers une des salles de dissection.

Les portes étaient fermées; mais il ne se laissa pas arrêter pour si peu; il sortit un instrument de sa poche, coupa une vitre, et ouvrit l'espagnolette et pénétra dans l'intérieur.

Une violente odeur de cadavres faillit le suffoquer; il eut un haut-le-corps, puis, se remettant, il détacha le paquet qu'il portait à la main...

C'était un petit enfant mort!

Il prit le cadavre et le jeta sur une table, au milieu de débris humains informes.

Sagette ferma la fenêtre et s'éloigna rapidement.

Il escalada de nouveau le portail; mais en sautant dans la rue il faillit se démettre un pied.

— Ce diable de mur, d'un haut! Tiens, femme voici la toile, il faut songer à tout.

Ils reprirent le chemin de leur domicile.

— Tu as bien fait, comme je te l'avais recommandé? dit-elle.

— Oui.

— Eh bien, c'est fini... Ce petit étudiant que j'ai eu autrefois pour amant... tu sais bien?

— Lequel?

— Ce blond imberbe avec des allures de fille... Il m'a dit qu'à Clamart : aussitôt pris, aussitôt pendu... on se sert tout de suite du cadavre pour les leçons, le lendemain on vous coupe tout ça!

Et puis pas de crainte de la police... ça disparaîtra tout seul... même que les os, on les vend pour apprendre dessus.

L'autre est du même âge; ça ira comme sur des roulettes.

— Mais cette marque... que porte l'enfant?

— On n'y fera pas attention... tu as toujours cette fameuse bague? Eh bien, on l'appliquera sur le bras de notre enfant à nous; c'est pas malin, il est blond comme l'autre, à nous la fortune.

— Que t'es bavarde, la Maria!...

Ils étaient de retour rue Lacépède, chez eux. Ils ouvrirent la porte qui roula, en criant, sur ses gonds.

— Faudra graisser ça!...

— Bah! un agent des mœurs comme toi, ça rentre à l'heure que ça veut, répliqua-t-elle.

Ils prirent un long couloir tortueux et sale et montèrent au cinquième étage, où se trouvait le réduit de ce couple qui trafiquait de l'amour comme du crime!...

Sagette — un de ces hommes qui font de Paris leur proie immense, Maria — une de ces filles qui vont en journée la nuit, dévorée du besoin d'aimer et du besoin de parvenir — s'étaient associés pour exploiter le cadavre d'un enfant!...

— Vas-tu n'as pas peur, Sagette? demanda Maria à son amant — quand ils furent couchés dans le taudis sombre.

— Peur! ricana Sagette, et de quoi? L'agent des mœurs n'est-il pas le maître de Paris?

Transportons-nous le lendemain, vers midi, dans un des vieux hôtels de la rue de Varenne.

Les meubles, d'un style sévère, riches sans affectation, montraient à eux seuls que les personnages que nous allons mettre en scène avaient le double privilège de la fortune et de la race.

C'était la fin du déjeuner; un domestique raide, compassé dans sa livrée marron à boutons d'argent portant une couronne de marquis, offrait du Château-Lafitte.

Trois convives seulement : le marquis Hubert de Santeuil, la marquise sa femme, et Paul Gaillon.

— Alors, ma chère amie, vous persistez dans cette fantaisie bizarre, absurde?...

— Absurde! voilà bien le mot d'un mari.

— Soit, je vous accompagnerai.

— Et vous n'aurez pas peur, mon cher Hubert? je tremble déjà pour vous. Qu'en dites-vous, monsieur Paul?

— Mais il n'y a vraiment pas de quoi, répondit celui-ci.

Le marquis Hubert de Santeuil avait une chevelure grisonnante et sa moustache blonde taillée en brosse rendaient encore plus terreux ses yeux bleu-clair; il avait sur sa physionomie un mélange de fatigue et d'ennui qui se traduisait par

Paris. — Imprimerie Jules Boyer (Soc. gén. d'imp.), 41, rue des Jeûneurs.

LES MYSTÈRES DE CLAMART

Grand Roman Dramatique par C. MONTEREL

Mon fils!... mon fils!... mon pauvre fils!!. . (Voir page 8.)

PROLOGUE

UN AGENT DES MŒURS

Par une nuit noire et humide du mois d'avril 1855, un homme et une femme sortirent du n° 20 de la rue Lacépède.

Il était une heure du matin.

L'homme portait la casquette de l'ouvrier et avait jeté sur ses épaules un long paletot qui le recouvrait presque en entier.

La femme était blonde et paraissait avoir 30 ans.

Sa taille se dessinait avec une certaine élégance, malgré les loques sans nom qui lui servaient de costume.

Elle avait, au premier abord, un air souffreteux qui ressemblait à de la douceur ; mais dès qu'elle soulevait ses paupières, son œil gris clair donnait à toute sa figure je ne sais quoi de faux et de haineux.

Elle portait un paquet assez volumineux, entouré de toile.

Ils avançaient à grands pas, sans dire un seul mot, comme des gens bien résolus marchant avec énergie vers un but déterminé d'avance.

Ils tournèrent dans la rue du Fer à Moulin, suivirent le trottoir de droite, et se trouvèrent en face de Clamart.

Un silence complet régnait aux alentours.

Là, à côté de magasins immenses où se fabrique le pain des troupes, et vis-à-vis d'une tannerie qui inonde l'atmosphère de ses puanteurs âcres, se trouvent, entourées par un grand mur propre, les salles de dissection de Clamart.

Du dehors, on dirait un grand jardin, très calme clos de tous côtés par un propriétaire jaloux de son bien.

Une porte donne accès aux piétons et un large et haut portail s'ouvre pour laisser entrer les voitures qui apportent les cadavres des hôpitaux.

Nos deux personnages — Sagette et Maria, deux complices amoureux — s'arrêtèrent un instant, écoutant avec anxiété.

Quand il fut bien certain qu'aucun passant attardé ne pouvait le troubler dans l'exécution de son projet, Sagette traversa vivement la rue.

Brusquement il se trouva en face de l'immense portail, — Il le mesura un instant du regard et sembla s'interroger.

— Oserai-je ? se dit-il. . Bah ! il le faut..! et puis le résultat est là pour me donner courage. Qu'est-ce que je risque, après tout ? — Rien !

Rassuré par cette perspective, il se retourna une dernière fois vers la femme qui l'attendait à quelques pas, comme perdue au milieu de l'ombre du trottoir.

A un moment il eut un tremblement ; il lui semblait que des pas approchaient ; il se ramassa sur lui-même, et, l'oreille au guet, il écouta avidement, se dissimulant dans l'embrasure de la porte d'entrée.

Mais ce n'était qu'une fausse alerte, le silence se rétablit, et d'ailleurs, Maria venait de traverser la rue pour l'enhardir.

— Dépêche-toi donc, fit-elle.

— Oui, oui..... Ne crains rien.

— Puisque je suis-là, puisque je veille... Allons ! Et Sagette, s'écria :

— Arrive qu'arrive, j'en ai assez, de cette pauvreté !

Alors il se mit en demeure d'escalader ; malgré ses souliers ferrés son pied glissa plusieurs fois, il ne se rebuta point, et, grâce à une agilité étonnante, il finit par se cramponner de la main droite au haut du portail.

Il se maintint arc-bouté, les pieds fortement appuyés contre le pilier.

Il tendit la main gauche, Maria se souleva jusqu'à lui et lui passa le paquet.

Sagette enjamba le portail et sauta dans la cour de Clamart.

Il prit à gauche et se dirigea vers une des salles de dissection.

Les portes étaient fermées ; mais il ne se laissait pas arrêter pour si peu ; il sortit un instrument de sa poche, coupa une vitre, fit jouer l'espagnolette et pénétra par la fenêtre.

Une violente odeur de cadavres faillit le suffoquer, il eut un haut-le-corps, puis, se remettant, il déplia le paquet qu'il portait à la main...

C'était un tout jeune enfant mort !

Il prit le cadavre et le jeta sur une table, au milieu de débris humains informes.

Sagette ferma la fenêtre et s'éloigna rapidement.

Il escalada de nouveau le portail, mais en sautant dans la rue, il faillit se démettre un pied.

— Ce diable de mur, d'un haut ! Tiens, femme, voici la toile, il faut songer à tout.

Ils reprirent le chemin de leur domicile.

Tu as bien fait comme je te l'avais recommandé ? fit-elle.

— Oui.

— Eh bien, c'est fini... Ce petit étudiant que j'ai eu autrefois pour amant... tu sais bien ?

— Lequel ?

— Ce blond imberbe avec des allures de fille... il m'a dit qu'à Clamart aussitôt pris, aussitôt pendu... on se sert tout de suite du cadavre pour les leçons, le lendemain on vous coupe tout ça !

Et puis pas de crainte de la police... ça disparaîtra tout seul... même que les os, on les vend pour apprendre dessus...

L'autre est du même âge ; ça ira comme sur des roulettes...

— Mais cette marque... que porte l'enfant ?

— On n'y fera pas attention... tu as toujours cette fameuse bague ? Eh bien, on l'appliquera sur le bras de notre enfant à nous ; c'est pas malin, il est blond comme l'autre, à nous la fortune !

— Que t'es bavarde, la Maria !...

Ils étaient de retour rue Lacépède, chez eux. Ils ouvrirent la porte qui roula, en criant, sur ses gonds.

— Faudra graisser ça !...

Bah ! un agent des mœurs comme toi, ça rentre à l'heure que ça veut ! répliqua-t-elle.

Ils prirent un long couloir tortueux et sale et montèrent au cinquième étage, où se trouvait le réduit de ce couple qui trafiquait de l'amour comme du crime !!...

Sagette — un de ces hommes qui font de Paris leur proie immense ; Maria — une de ces filles qui vont en journée la nuit, dévorée du besoin d'aimer et du besoin de parvenir — s'étaient associés pour exploiter le cadavre d'un enfant !...

— Vrai, tu n'as pas peur, Sagette ? demanda Maria à son amant — quand ils furent couchés dans le taudis sombre.

— Peur ? ricana Sagette ; et de quoi ? L'agent des mœurs n'est-il pas le maître de Paris ?

.   .   .   .

Transportons-nous le lendemain, vers midi, dans un des vieux hôtels de la rue de Varenne.

Les meubles, d'un style sévère, riches sans affectation, montraient à eux seuls que les personnages que nous allons mettre en scène avaient le double privilège de la fortune et de la race.

C'était la fin du déjeuner ; un domestique raide, compassé dans sa livrée marron à boutons d'argent portant une couronne de marquis, offrait du château-Laffitte.

Trois convives seulement : le marquis Hubert de Santeuil, la marquise sa femme, et Paul Gallac.

— Alors, ma chère amie, vous persistez dans cette fantaisie bizarre, absurde?...

— Absurde ! voilà bien le mot d'un mari !

— Soit, je vous accompagnerai.

— Et vous n'aurez pas peur? mon cher Hubert, je tremble déjà pour vous ! Qu'en dites-vous, monsieur Paul?

— Mais il n'y a vraiment pas de quoi, répondit celui-ci.

Le marquis Hubert de Santeuil avait 45 ans; sa chevelure grisonnante et sa moustache blanche taillée en brosse rendaient encore plus ternes ses yeux bleu — clair; il avait sur sa physionomie un mélange de fatigue et d'ennui qui se traduisait par une profonde apathie et une indifférence complète de tout ce qui ne le gênait pas dans ses habitudes.

La marquise, au contraire, se montrait dans toute la force et l'exubérance de ses vingt-cinq ans.

Une curiosité intense brillait au fond de son grand œil noir, ombragé par ses cheveux bruns qui retombaient capricieusement sur son front.

Ses lèvres rouges et légèrement épaisses cachaient à demi une double rangée de dents fines, très blanches.

Paul, à qui la marquise s'était adressée en dernier lieu, se nommait Paul Gallac.

On l'appelait généralement docteur; il se contentait, pour le moment, d'être un des plus brillants élève de l'Ecole de médecine de Paris.

Le marquis avait été très lié avec son père; aussi Paul était reçu en véritable enfant de la maison.

Il était naturellement un peu sombre et farouche.

Son nez droit, son menton légèrement carré marquaient une énergie vivace et une volonté indomptable lorsqu'il s'agissait d'arriver à un but désiré.

— C'est donc bien curieux, cet amphithéâtre de dissection de Clamart? reprit le marquis.

— Mon Dieu ! fit Paul, cela dépend du point de vue auquel on se place. Pour moi, je ne considère les cadavres que comme des sujets utiles à la science.

— Vraiment ! dit la marquise; cela ne vous cause aucun trouble ! vous plongez votre scalpel dans la chair d'un être humain sans la moindre émotion...

— Assurément.

— Vous êtes des monstres ! et vous dites que vous avez du cœur !

Paul lança un regard brûlant sur Marcelle. Le déjeuner était fini. On passait à la serre pour prendre le café.

Paul donnait le bras à la marquise.

— Pourquoi voulez-vous aller là-bas? demanda-t-il tout bas.

— Vous aussi, vous êtes contre moi !...

— Hélas! vous savez bien que je me ferais tuer pour un de vos désirs, fût-il même insensé !

— Oh ! oh !

— Pourquoi prenez-vous plaisir à me torturer! Ah ! marquise, prenez garde ! quand mon amour m'aura enlevé toute raison...

— Des menaces !

— Je vous aime trop pour vivre ainsi.

Le marquis s'approcha, alors muets tous les trois, ils prirent la tasse en porcelaine de Chine que le valet de pied leur présenta, tour à tour, sur un plateau.

Ils restèrent là, silencieux. Au milieu de ces plantes exotiques, aux feuilles allant du vert clair au vert fauve, ils songeaient.

Paul jetait sur la marquise des coups d'œil rapides puis, il baissait les paupières pour cacher les ardeurs qui le consumaient.

Marcelle porta à ses lèvres un verre de marasquin, elle but par petites gorgées et s'essuya lentement la bouche avec un mouchoir en dentelles.

Le valet de pied rentra :

— La voiture de madame est avancée.

Le marquis sembla sortir d'une rêverie profonde : une espèce de torpeur qui l'envahissait après ses repas.

Marcelle mit un mantelet que sa femme de chambre lui apporta, et les deux hommes endossèrent leur pardessus.

On monta dans le coupé. C'était un beau dimanche de printemps, mais l'air était encore frais malgré le soleil qui riait déjà au milieu des feuilles naissantes des arbres.

Au grand trot des deux purs sang, un quart d'heure suffit pour franchir la distance qui sépare la rue de Varennes de la rue du Fer à Moulin.

La voiture s'arrêta devant le portail de Clamart que nous connaissons.

Paul descendit et offrit la main à la marquise.

Tout à coup Marcelle eut comme un frémissement, au moment où elle mettait pied à terre ; ses yeux se fixèrent effrayés, à quelque pas devant elle, sur un homme qui rôdait, avec des allures louches, le long du mur.

— Lui ! lui !...

— Qui ? fit Paul.

— Rien... rien ! un trouble passager...

— Rentrons.

— Non ! au contraire, je veux plus que jamais, s'écria Marcelle avec une voix étrange !

Paul se détacha en avant, dit quelques mots au gardien, qui s'inclina au passage des visiteurs.

L'homme qui avait causé un pareil effroi à Marcelle, se voyant reconnu, prit vivement le tournant de la rue.

C'était Sagette !...

Il fit quelques pas en avant, puis il s'arrêta subitement.

Il pâlit affreusement et se remit en marche vers Clamart.

— Malheur ! elle va voir l'enfant, hurla-t-il, perdus !.. Nous sommes perdus !

Et il répétait en avançant toujours :

— Perdu !... Elle m'a reconnu !... Perdu !...

Arrivé devant la porte, il s'enfuit de nouveau comme un coupable, en se contentant de marmotter entre ses dents des paroles inintelligibles :

— Tant pis, reprit-il, comme en se parlant à lui-même !.. C'est fait, c'est fait !... Il n'y a plus à revenir là-dessus. Aussi c'est la faute de la femme, toujours des idées bêtes, celle-là. Elle le paiera, s'il m'arrive quelque chose !...

Enfin, j'ai eu une idée de venir... je me méfiais sans savoir pourquoi... Les pressentiments !!...

Il vaut mieux pourtant que je l'ai vue... on avisera... mais comment ?..

Sagette, comprenant que sa présence rue du Fer-à-Moulin ne pouvait que lui nuire, se décida à rentrer chez lui pour informer la Maria de ce qu'il venait d'apprendre.

Marcelle était effrayée maintenant de sa fantaisie bizarre : elle aurait cru être plus forte.

Après tout il n'y avait pas de quoi trembler, elle allait se trouver en face de la mort, c'est vrai ; mais ces cadavres mutilés et à demi déchiquetés n'imposaient pas ce respect du parent ou de l'ami, enveloppé d'un linceul, auprès de qui on s'agenouille en pleurant.

Et pourtant ces restes de je ne sais qui, ces hommes, ces femmes, ces enfants, pauvres abandonnés qui meurent à l'hôpital, et qui n'ont personne pour réclamer leur dépouille. Ces malheureux qui appartiennent, corps et âme, au scalpel, à la science ! Ces déshérités de la fortune ont eu, eux aussi, une jeunesse souriante et pleine de promesses.

Ils ont souffert, ils ont aimé ! Dans ces terribles combats pour l'existence, dont l'issue est un morceau de pain ou le suicide, ils ont dépensé les forces vives de leur intelligence, ils ont usé les trésors cachés de leur tendresse !

Quelquefois aussi ils ont partagé leur dur grabat avec une créature qui, malgré ses haillons sordides, n'en rayonnait pas moins à leurs yeux du plus pur éclat de l'amour.

Saluez ! Ces morts inconnus et vulgaires élèvent l'âme ! Ce cadavre étendu sur la dalle glacée est la poésie de la misère !...

Dès son entrée dans la première cour, Marcelle sentit son cœur se serrer.

A droite, le vestiaire garni des blouses bleues et blanches, maculées de sang, que les étudiants endossent pour préserver leurs vêtements.

A côté, une buvette : la concierge et sa fille causent en riant et débitent la prune à l'eau-de-vie et le petit verre de cassis. Cela réconforte le carabin novice dont la main tremble au début et qui a des étourdissements devant les chairs molles et béantes.

Le large portail venait de s'ouvrir. Marcelle se rangea pour laisser passer une des voitures de l'Assistance publique, chargée de cadavres.

On les distingue facilement : elles roulent lourdement avec un bruit sourd, sur les larges pavés.

La voiture fila tout droit, au milieu d'une allée d'acacias.

Les visiteurs tournèrent à gauche et arrivèrent au jardin anglais planté avec une correction irréprochable et bordé d'un treillis en fer.

L'allée du milieu conduit aux salles de dissection.

— Nous y voilà, dit Paul, entrons...

— Ma foi non ! répliqua le marquis, je préfère me promener en vous attendant.

— Soit, dit Marcelle à son mari.

— Décidément, cela ne me paraît pas drôle, c'est sale.

— A votre aise.

— Et puis cela n'est pas d'une gaieté folle.

— Vous préférez l'Opéra et le foyer de la danse.

Le marquis regardait, à travers les vitres des fenêtres larges et hautes, la salle nue blanchie à blanc, dont le seul ameublement se composait de tables en zinc surchargées, les unes de cadavres entiers, la bouche et les yeux grands ouverts et les bras retombant inertes jusque sur le carreau ; les autres couvertes de débris humains, entassés pêle-mêle.

Paul et Marcelle franchirent le seuil de la salle n° 1.

Marcelle, fièvreusement agitée, moitié par la curiosité, moitié par la peur,

Lui, habitué à ce spectacle, était uniquement préoccupé d'une chose : son amour pour la marquise !

Nerveuse, elle se rejetait quelquefois en arrière avec un long frisson suivi d'un soupir angoissé; d'une main convulsive, elle serrait inconsciemment le bras de son cavalier.

Elle prenait plaisir à ces petites frayeurs qui secouaient tout son être d'une agitation inconnue.

Sous les pressions réitérées de cette main qu'il aurait voulu couvrir de baisers avides Paul se sentait devenir fou.

Marcelle se laissait aller sur lui pendant cette promenade lente, fatiguée par les émotions multiples que lui causait chacune de ces tables où gisaient confusément des jambes, des bras, des têtes et des thorax béants.

Paul la tenait amoureusement appuyée contre lui et s'oubliait dans le charme exquis de ce doux abandon.

Elle avait l'air d'être à lui en ce moment, de lui appartenir.

Et cependant elle le repoussait toujours.

Pourquoi ? Elle le haïssait donc !

Il la regardait longuement ; son œil, empli d'abord d'une soumission respectueuse, brillait maintenant d'une colère longtemps concentrée.

Marcelle surprit son regard et eut peur.

— Qu'avez-vous, mon ami ?

— Je vous adore, Marcelle.

— Ce n'est que cela, dit-elle en souriant, je le savais déjà, c'est de l'histoire ancienne.

— Eh bien, oui ! mais j'en meurs ! Soyez bonne pour moi...

— Je vous aime beaucoup, je vous assure...

— Oh ! vous me déchirez le cœur ! ne me raillez pas.... Ne me poussez pas à bout, je vous en conjure.

— Parce que...

— Parce que vous ne savez pas ce dont je suis capable.

— Monsieur !

— Oh ! je suis bien à plaindre... J'ai juré bien de fois de vous fuir, de m'éloigner pour toujours... Je suis revenu plus passionné, plus affolé que jamais...

Oh ! il est trop tard, vous me chasserez, si vous le voulez, comme un misérable ! Mais sachez-le, pour vous avoir rien ne m'arrêtera.. et s'il faut aller jusqu'au crime, je suis prêt !...

Paul était effrayant, sa parole partait en sifflant, comme une flèche acérée, entre ses lèvres décolorées.

Marcelle essaya de sourire.

— Vous vous moquez, mais je vous prendrai de force, dussé-je me tuer ensuite...

— Et où se passera cet exploit amoureux ?

Paul serra violemment le bras de la marquise, de sa main crispée, et l'entraîna vers une table du fond.

Une jeune femme était couchée rigide; ses cheveux blonds retombaient sur sa poitrine, et ses lèvres entr'ouvertes laissaient voir ses dents d'une blancheur éblouissante.

Marcelle, surprise, ne songea pas à résister.

Paul s'arrêta, sombre, désespéré devant ce tableau navrant.

— Je vous aurai là... sur cette dalle !

Après un long silence :

— Eh bien ! mon cher Paul, je vous aime trop pour me fâcher ; mais rappelez-vous bien de ceci : je serai toujours votre amie et jamais votre maîtresse.

— Peut-être !

Paul fit tous ses efforts pour reprendre un peu d'empire sur lui-même ; le marquis s'était approché d'une fenêtre et les regardait ; ils ne tardèrent pas à le rejoindre.

— Eh ! ma chère, vous avez tressailli, toute brave que vous êtes, convenez-en !

— Non...

— Qu'en dites-vous, Paul ?

— Madame de Sauteuil a été très impressionnée par ce spectacle nouveau pour elle. Il ne faudrait pas renouveler ce genre d'émotions ; sa santé délicate ne résisterait pas à ces secousses trop vives.

— Vous croyez ? Eh bien ! je veux vous prouver le contraire, nous allons visiter encore les salles qui sont en face de nous.

— C'est de la folie ! exclama le marquis.

— Comme c'est la dernière fois que je viens ici, n'est-ce pas, M. Paul ?

— Certes !

— Je veux en rapporter une idée bien exacte. Le beau profit de cette aventure extravagante si je ne puis pas faire frissonner mes bonnes amies au récit de ma promenade.

Ils traversèrent le jardin et arrivèrent devant les salles n° 2 et n° 4.

— Venez-vous, M. le marquis ? fit Paul qui ne se trouvait pas assez sûr de lui pour rester seul avec une femme qui le fascinait si étrangement.

— Non, merci ; excusez-moi, je vous confie encore ma femme ; seulement vous voyez à quoi vous vous exposez en piquant la curiosité de Marcelle par des détails sur ces sujets bizarres. D'ici peu elle voudra visiter la Morgue !...

Marcelle et Paul s'éloignèrent du marquis.

— Vous tenez absolument à entrer ; je vous avertis que toutes les salles se ressemblent et que le décor est invariablement lugubre...

— Peu importe.

Il poussa la porte, qui s'ouvrit toute grande, laissant voir une double rangée de tables.

Par les fenêtres un rayon de soleil jetait sa traînée lumineuse et se promenait brillant sur les sujets blafards.

Marcelle, un peu habituée, examinait avec plus de calme, et faisait à Paul un nombre incalculable de questions.

Elle allait et venait presque souriante ; mais tout d'un coup elle se précipita palpitante vers une table : au milieu de débris informes se trouvait le cadavre d'un enfant dont le bras gauche était marqué d'une fleur de lys !...

Elle se jeta sur lui, le saisit avidement, puis affolée, terrifiée par le contact glacé du mort, elle voulut s'enfuir, ses jambes se dérobèrent sous elle.

Alors sa bouche se crispa et elle tomba à demi-morte dans les bras de Paul, en poussant ce cri au milieu des sanglots qui la suffoquaient :

— Mon fils !... mon fils !!... mon pauvre fils !!!.

FIN DU PROLOGUE

LES MYSTÈRES DE CLAMART

Grand Roman Dramatique par C. MONTEREL

Elle tomba raide au pied du lit. (page 14).

PREMIÈRE PARTIE
LES AMOURS D'UN CARABIN

CHAPITRE PREMIER
Les passions de Mademoiselle de Saunay

La nuit tombait doucement, dans la fraîcheur d'une soirée de printemps.
Le château de Saunay disparaissait dans la brume : on ne pouvait distinguer ni ses hautes tourelles, ni ses toits en éteignoir. Dans la vallée endormie, l'église,

modeste et bien faite pour la prière, jetait les premières notes de l'*angelus*. — La campagne était ensevelie dans une mélancolie douce.

Seule, dans une des grandes pièces du rez-de-chaussée, Mademoiselle de Saunay — songeait, le front dans ses mains.

Une lumière tremblait à côté d'elle, laissant tout autour de sa flamme vacillante des taches d'ombre ; la salle était triste et morne ; les portraits dans leurs cadres avaient des airs de deuil ; les vieux meubles poussiéreux prenaient, avec la nuit, des formes effrayantes.

Marcelle de Saunay, élevée et grandie au milieu de ces témoins immobiles du passé, — rêvait à sa jeunesse, à la vie, à l'espérance. C'était une grande fille, — très brune ; ses cheveux embroussaillés lui couraient sur le front ; des éclairs passaient, par instants, dans ses yeux, hardiment fendus.

Ses narines fines et roses se dilataient avec de petits frémissements d'aile ; un pli profond se creusait près de ses lèvres.

Vêtue d'un peignoir, sa poitrine ressortait dans toute sa splendeur naissante, — pleine de promesses : Mademoiselle de Saunay était mûre pour les joies et les passions du cœur.

Elle n'avait rien de la jeune fille : l'allure décidée, le geste volontaire, la parole impérieuse, elle en imposait ; elle possédait au plus haut point la grâce qui commande — et non pas la grâce qui séduit.

Dans le pays on l'aimait précisément pour cela. Orpheline, elle était maîtresse à Saunay, par droit de naissance. — Saunay, deux mille habitants, était tout entier à sa dévotion. Entourée des vieux serviteurs de sa famille, elle conservait le prestige et la supériorité de ses ancêtres, les bienfaiteurs de la contrée.

On se découvrait devant elle, et elle trouvait un mot charmant pour chacun. Pendant ses longues promenades à cheval, dans la plaine, elle s'arrêtait sur le seuil des maisons les plus pauvres, tendait la main à celui-ci, et aidait celui-là.

Toujours en mouvement, sur les routes, dans les bois, on aurait pu croire qu'elle avait peur de sa solitude, et besoin de dépenser les forces vives de ses vingt ans...

Mademoiselle de Saunay avait, il est vrai, soif de vivre. En vain cherchait-elle dans des exercices quotidiens une diversion à ses rêves ; en vain s'efforçait-elle de vaincre son tempérament exalté : elle se retrouvait toujours en face d'elle-même, inassouvie et inquiète.

Errait-elle seule dans les bois, — l'air lui fouettait le sang. S'enfermait-elle chez elle, dans sa chambre silencieuse, avec un livre préféré, — mille pensées diverses la bouleversaient, et finalement elle tombait dans une de ces rêveries troublantes d'où elle ne ressortait que pâle et douloureusement émue.

La vie, impatiente, — bouillonnait en elle.

Un immense besoin d'aimer, de s'attacher, lui saisissait le cœur, — et elle était seule, sans ami, sans affection.

Saunay n'offrait pas de grandes ressources ; dans le voisinage, personne avec qui se lier ; le château de Santeuil était désert depuis longtemps, et le jeune comte, un voisin avec qui Marcelle avait été presque élevée, habitait Paris.

Elle détestait la ville : il fallait à ses ardeurs l'air fort et pénétrant de la campagne.

Le soir où commence ce récit, Marcelle était donc à la fin de sa journée — solitaire comme toujours.

— Que faire? que devenir? pensait-elle! Je vais mourir ici, — Personne ne m'aime donc? Ah! pourquoi suis-je née? Ai-je demandé à naître, moi! — Je suis plus malheureuse que la dernière des créatures! Et elle fondit en larmes, surexcitée encore par cette exagération de ses douleurs...

Mais soudain on frappa à sa porte. Elle se leva précipitamment: l'intendant du château entra, sur la pointe des pieds.

— Excusez-moi, mademoiselle Marcelle, dit le vieil Antoine; il y a là un voyageur qui voudrait vous parler...

— Son nom? s'écria Marcelle, toute joyeuse de cette visite imprévue.

— Jean Dubois.

A ce moment un jeune prêtre se présenta sur le seuil de la porte. Sur un signe de Marcelle il s'avança.

— Pardonnez-moi d'abord, mademoiselle, de venir à cette heure tardive vous importuner. Je suis le desservant de l'église de Saunay, et voici la lettre que monseigneur Favrol m'a remise pour vous:

Marcelle prit la lettre et la lut lentement. C'était une lettre de recommandation banale comme toutes ses pareilles. Monseigneur Favrol adressait le prêtre à mademoiselle de Saunay, en la priant de vouloir bien lui faciliter les premiers ennuis d'une installation.

— Soyez le bienvenu, monsieur l'abbé, fit Marcelle avec un sourire, et asseyez-vous là, près de moi, plus près encore. Nous serons mieux pour causer. Que pensez-vous d'abord de Saunay?

— C'est charmant, ce nid de verdure.

— C'est triste aussi, — quelquefois. — Vous n'y verrez pas grand monde et votre troupeau sera petit... monsieur l'abbé.

— Je l'en aimerai davantage, répondit Jean Dubois, avec une voix sonore.

Jean Dubois débutait. — C'était un de ces vigoureux paysans du Midi, chaud de teint et de cœur. Mais l'habitude de la réflexion, de l'étude et de l'église, avait jeté sur sa physionomie une gravité sérieuse. Son œil bleu était caressant et doux. Plus rien n'apparaissait de sa première nature, il se contenait à merveille, et adoucissait, avec tout le soin d'un homme qui s'étudie, sa robustesse native.

Par instants cependant un éclair s'allumait dans ses yeux; son visage s'animait étrangement et la vie revenait; on sentait des orages sous la sérénité de son maintien.

Mademoiselle de Saunay l'observait curieusement, avec une vague sympathie dans le regard. Elle prenait lentement possession de lui et le tenait intimidé, sous le charme de sa parole pleine d'abandon.

— Je ne vois pas trop où vous pourrez découvrir un coin fait à souhait pour vous, monsieur l'abbé. On est pauvre à Saunay, on travaille fort dans les champs, on est toujours au dehors et...

— Je serai bien n'importe où: l'essentiel est que la petite église de Saunay possède un prêtre fidèle et attaché. — Mais vous, mademoiselle... vous habitez...

— Seule, répondit Marcelle d'une voix sombre.

— Et vous aimez...

— J'aime le grand ciel libre et pur : cela me suffit. Parfois il est vrai.

— Ah! oui, je sais, murmura Jean Dubois, la tristesse!...

Un silence se fit. — Puis :

Marcelle répondit doucement :

— Oui !

— Mais vous avez quelque chose à adorer, un but à poursuivre, une bonne œuvre à accomplir...

— Rien!

— Vous m'effrayez, mademoiselle de Saunay !

— Vraiment? — Suis-je bien effrayante? — Mais nous sommes là à causer comme si nous nous connaissions de longue date...et j'oublie que, fatigué par la route...

— Merci, je n'ai besoin de rien... répliqua Jean...

Mais sa pensée était ailleurs.

Cette chambre à peine éclairée, l'ombre mystérieuse qui flottait autour d'eux et les enveloppait, cette jeune fille qu'il voyait pour la première fois et qui pourtant le traitait presque en vieil ami, — lui laissaient l'âme inquiète.

— Je vais me retirer, mademoiselle, fit-il tout d'un coup, en se levant.

— Vous n'y pensez pas, monsieur l'abbé. — Plus personne ne veille sans doute à cette heure dans Saunay; il vous sera difficile de trouver...

— Cependant...

— Monsieur l'abbé, fit lentement Marcelle, vous m'êtes envoyé par monseigneur Favrol : j'ai donc la confiance de ce vénérable prélat. — Voulez-vous accepter mon hospitalité aussi simplement que je vous l'offre? — Voici six ans que la chambre de mon père, le marquis de Saunay, est restée hermétiquement close; les meubles sont à la place où il les a laissés; son grand lit...

— Mademoiselle...

— Vous acceptez ?...

— Je n'ose...

— Réfléchissez-y bien, monsieur l'abbé, Saunay n'est pas habitué à recevoir des hôtes imprévus, nous n'avons pas encore de presbytère et... Allons! un bon mouvement!

— Eh! bien, soit! répondit Jean, après un instant de réflexion, et merci.

Mademoiselle de Saunay appela Antoine, fit préparer la chambre du marquis, et, tendant la main à Jean Dubois, lui souhaita bonne nuit, — en châtelaine.

— Au revoir, monsieur l'abbé, et à demain. Vous serez debout de bonne heure, et je vous ferai les honneurs de Saunay, avec le premier rayon de soleil...

Et l'abbé prit congé de mademoiselle de Saunay.

Précédé par Antoine, il s'engagea dans des corridors interminables. Le bruit de ses pas retentissait au loin sous les voûtes.

— Encore un escalier, monsieur l'abbé, et nous y sommes.

Ils s'arrêtèrent enfin devant une grande porte de chêne, cadenassée. Antoine fit sauter le cadenas et ouvrit.

Un air fraîchissant vint frapper le visage de l'abbé : il semblait à Jean Dubois qu'il pénétrait dans une cave.

— Vous n'avez besoin de rien ? monsieur l'abbé, demanda Antoine.

— Merci.

Et Jean resta seul, dans l'immense chambre. Tout d'abord il éprouva comme un serrement de cœur. Ce silence lui pesait lourdement. — Il arpenta en long et en large toute l'étendue de la pièce : des bruits étranges le troublaient. Par hasard il s'approcha de la haute fenêtre : un paysage de nuit se déroulait devant lui, plein d'ombre et de mystères ; Saunay était enseveli dans un repos profond ; la lune brillait pâlement.

Par un mouvement instinctif, Jean recula de quelques pas, et scruta la pénombre tout autour de lui.

Dans un coin, un prie-Dieu ; Jean s'agenouilla.

Il était vraiment touché de la grâce, et, dans la première ferveur de sa vocation, il croyait aveuglément, — comme il faut croire. Quand il était parti de son village, sa mère lui avait dit en pleurant :

— Sois toujours loyal, juste et fort ; ne te laisse pas écarter du chemin que tu t'es choisi. N'aie pas trop d'ambition, reste un brave garçon, attaché fidèlement à son Dieu, à son pays et à sa mère !

Ces recommandations lui revenaient maintenant qu'il était seul, livré à lui-même, et dans leur souvenir il trouvait comme une espérance consolante. Un peu rassuré et délivré de cette vague inquiétude qui lui avait saisi tout d'abord le cœur, il se déshabilla et se coucha.

Sa lumière éteinte, il ferma les yeux et essaya de dormir sur le grand lit, à baldaquin où brûlait discrètement une veilleuse...

Il reposait depuis une demi-heure environ, lorsque soudain une petite porte dérobée sous une tapisserie s'ouvrit sans bruit, une forme blanche se glissa dans la chambre obscure...

C'était mademoiselle de Saunay !...

Elle s'avançait avec précaution, les cheveux dénoués, l'œil démesurément ouvert, elle était admirablement belle ainsi ; une pâleur mate s'étendait sur tout son visage et lui donnait une vague expression d'angoisses. Ses mains tremblaient ; de profonds soupirs soulevaient son peignoir mal fermé...

Mademoiselle de Saunay s'était introduite chez Jean Dubois, — furtivement, comme un voleur ; elle jetait des regards effarés autour d'elle, ne distinguant rien. — Puis, insensiblement elle s'habitua à cette demi obscurité ; les objets prirent une forme, — elle reconnut jusque dans ses moindres détails la chambre du marquis...

Et Jean Dubois dormait ! — la tête sur un bras...

Effrayée de ce silence, mademoiselle de Saunay faillit s'évanouir.

— Que viens-je faire ici ? murmura-t-elle, presque à haute voix. Et elle voulut se sauver...

Mais une force invincible la tenait clouée dans cette chambre, elle se sentait subitement devenir esclave ; le sang lui afflua aux joues...

— Il dort !

Et elle s'approcha lentement, à pas tremblants, du lit...

— Il dort! répéta-t-elle, comme en se parlant à elle-même.

Et machinalement elle étendit le bras vers lui.

Tout ce qu'elle avait de tendresses refoulées, de besoins immenses, d'affections contenues, éclatait d'un coup. Mademoiselle de Saunay avait été frappée en un instant par un de ces amours violents qui consument, et tuent. Ce jeune prêtre, tombé comme par miracle au milieu de son affreuse solitude, lui apparaissait avec tous les charmes, toutes les séductions, toutes les perfections. Sur l'heure, son âme, assoiffée d'idéal, s'était donnée à lui : il avait suffi simplement d'un moment d'entretien, d'un court tête-à-tête, après une journée de désespérance et d'ennui.

Mademoiselle de Saunay ne se rendait pas un compte exact de la situation; son esprit troublé n'avait plus la notion juste des choses. — Elle ne se discutait pas, elle n'essayait plus de réagir : la fatalité la poussait en avant. — Elle obéissait.

C'est ainsi qu'elle était venue trouver Jean Dubois, — la nuit! — Elle ne savait pas au précis pourquoi : mais elle avait besoin de le voir, de l'entendre; sans s'inquiéter de la manière dont on interpréterait sa visite, elle était sortie de sa chambre, se traînant le long des murs, et était accourue vers lui!...

Cependant, tandis qu'elle se tenait là, à son chevet, il rêvait peut-être à sa vieille mère, à la vie nouvelle qu'il allait commencer, au coin du village où il était né...

À un moment, Marcelle se pencha davantage sur lui; elle sentit son haleine tiède, et tout son être en fut secoué!...

Jean Dubois poussa un soupir, et sa main, par hasard, vint effleurer la main de mademoiselle de Saunay...

Alors, éperdue, affolée, elle lui prit passionnément la tête, et brûla ses lèvres d'un baiser...

Puis, plus glacée qu'une morte, pâle et inanimée, elle tomba raide au pied du lit...

Jean Dubois, réveillé en sursaut, se dressa sur son séans et écouta : plus rien.

La chambre était redevenue tranquille et silencieuse.

— J'ai bien entendu pourtant, se dit Jean, le bruit d'une chute! Oh! là! Qui est ici?

Son interpellation demeura sans réponse.

— Qui est là? reprit-il d'une voix forte.

Même silence.

Alors il fit de la lumière, et, les yeux encore troublés par le sommeil, promena son regard autour de la chambre...

— C'est étrange! suis-je le jouet d'un rêve? Mais non, c'est impossible, j'ai bien entendu...

Et il se pencha...

Mademoiselle de Saunay était toujours sans connaissance sur le parquet!

Jean Dubois ne la reconnut pas d'abord; il vit une masse à ses pieds et crut à un crime. Précipitamment il sauta de son lit, par le haut, et passa sa robe.

Quand il revint à mademoiselle de Saunay, il eut un mouvement de stupeur.

— Elle? ici... dans cette chambre... mais...

Il s'agenouilla près d'elle et lui saisit la main : elle était froide; il essaye de la ranimer, mais en vain.

— Si j'appelais ? se dit-il.

Par une délicatesse inconsciente il n'en fit rien, et resta près d'elle.

— Au loin, l'horloge de l'église sonnait trois heures du matin.

Pour se donner du courage, il alluma tout ce qu'il y avait de bougies à sa portée, et bientôt, grâce aux candélabres, la chambre du marquis fut emplie d'une vive lumière.

Marcelle cependant ne faisait pas un mouvement.

— Serait-elle morte ? pensa Jean.

Et il mit sa tête sur la poitrine de mademoiselle de Saunay, — mais il se redressa presque aussitôt, étrangement troublé par la chaleur de vie qui se dégageait de ce cœur palpitant...

Marcelle reprit lentement ses sens, — d'elle-même.

Quand elle ouvrit les yeux, elle ne comprit pas : Jean était debout, devant elle : elle ne vit que sa longue robe noire de prêtre...

Puis, elle poussa tout d'un coup un cri déchirant, et fondit en larmes.

— Oh ! monsieur l'abbé !... fit-elle en sanglotant, et en cherchant involontairement sa main...

Mais lui, immobile et froid, ne bougeait pas. — Un silence terrible régna entre eux. — Marcel, le affaissée, repliée sur elle-même, était comme une image vivante du désespoir : elle semblait avoir honte d'elle-même, elle semblait s'accuser...

— Monsieur l'abbé !... s'écria-t-elle d'une voix suppliante.

— Que vous est-il donc arrivé, mademoiselle ? dit Jean ; je vous avoue que je suis aussi surpris qu'inquiet...

— Je ne sais... une crainte folle... mon imagination...

— Et personne pour vous protéger ; mais il y a des domestiques dans la maison et vous...

— Par grâce, laissez-moi encore ici quelques instants, seule avec vous. Je vais mieux, je le sens ; tout à l'heure... je...

Elle se releva péniblement et s'assit.

Jean Dubois considéra longuement cette femme presque abandonnée, les cheveux défaits et retombant les boucles pesantes sur les épaules. — Pour la première fois, il se sentit ému malgré lui ; un nuage lui passa devant les yeux...

Il se détourna.

— Eh bien ! monsieur l'abbé, vous me fuyez ? demanda Marcelle, la voix pleine de caresses.

— Vous fuir ?

Il revint. — Ce fut une longue causerie, douce et familière. Ils se racontèrent mutuellement leur jeunesse, leurs rêves, leurs aspirations. Jean devenait plus affectueux : elle le conquérait lentement.

— Enfin nous sommes amis, — de vrais amis ? interrogea Marcelle en le fixant dans les yeux.

Elle ajouta, plus bas,

— Et vous me pardonnez !

— Vous pardonner ? — Et quoi ?

Mademoiselle de Saunay comprit son imprudence. — Elle avait trop tôt présumé de son empire sur lui.

— Vous allez voir, Monsieur l'abbé, dit-elle rapidement pour donner une autre direction à ses pensées, comme vous serez heureux à Saunay ; le jour va poindre bientôt, nous vous installerons dès ce matin ; s'il vous faut quelque chose, le château de Saunay vous est ouvert ; si vous avez besoin d'un ami... Mademoiselle de Saunay... Malgré elle, elle en revenait toujours à la liaison affectueuse qu'ils devaient nouer. C'était son idée fixe...

Jean Dubois ne savait que répondre. Il était dans la situation d'un homme qui a peur de l'inconnu, et que pourtant l'inconnu attire irrésistiblement.

A un moment, ils se trouvèrent tout près l'un de l'autre ; leurs têtes se touchaient presque...

Ils étaient confondus, — peut-être dans une commune pensée, doucement absorbés par leur intimité naissante ; Marcelle ne songeait plus à sa position singulière, à cette heure, dans cette chambre avec un jeune prêtre, — quand soudain un coup de feu retentit sous la fenêtre.

Marcelle se leva d'un bond... et se précipita pour voir.

— Eh ! bien ? demanda Jean anxieusement...

— Oh !

— Mais...

— Je l'ai vu qui fuyait... Je l'ai vu, vous dis-je, c'est lui !

— Qui, lui ? s'écria Jean en lui serrant les poignets...

— Sivrani ! Sivrani !

Et Mademoiselle de Saunay retomba sur une chaise, — la face contractée, en murmurant encore d'une voix sourde :

— Sivrani !

Jean n'osait plus élever la voix.

Il resta immobile devant Marcelle, — les yeux troubles.

— Oh ! soupira-t-elle, je suis donc maudite ? Cet homme me poursuivra toujours ! Maudite ? — Oh ! je tremble ; c'est mon mauvais génie ! Mon Dieu, mon Dieu, qui me protégera !

Jean aurait voulu répondre :

— Moi.

Mais une secrète frayeur le tenait éloigné de Marcelle ; il se sentit étrangement faible devant cette jeune femme, et soudain des timidités d'enfant le laissaient presque stupide.

Cependant, la pensée qu'un danger pouvait menacer Mademoiselle de Saunay l'enhardit un peu.

— Cet homme... hasarda-t-il...

— Oh ! non ! Monsieur l'abbé, ne m'interrogez pas ! Non non, je ne peux pas vous dire !... Je ne peux pas ! — Si vous saviez ce que c'est...

Jean Dubois, tout pâle, les mains frémissantes, s'approcha d'elle davantage, puis après un long silence :

— Il est donc bien redoutable, cet homme ? fit-il.

Lâche! lâche! répéta la jeune fille (voir page 24.)

— Oui !

— Son nom ?

— Sivrani !

— Que vous réclame-t-il ?

— Mais...

— Je veux savoir...

— Non !

— Eh bien ! je vous délivrerai de lui, je vous le jure, s'écria Jean d'une voix étrange.

Et mademoiselle de Saunay lui donna toute son âme dans un sourire.

CHAPITRE II

Les deux amants

Sivrani était un de ces hommes de sac et de corde qui n'ont qu'un seul but dans leur vie, une seule ambition : arriver à la fortune par n'importe quel moyen.

Ce personnage jouera un trop grand rôle dans ce roman pour que nous laissions ignorer au lecteur même les actes de son enfance qui, pris séparément, pourraient paraître insignifiants.

Sivrani naquit dans un petit village des environs de Bastia ; son père était Corse et sa mère appartenait à une famille originaire d'Italie.

Il avait 12 ans lorsque ses parents vinrent s'établir à Bordeaux, où son père avait trouvé une place de caissier chez un marchand de bois en gros.

Élevé en plein air, en sauvage, eut eut toutes les peines du monde à l'assujettir au régime du lycée, même comme externe.

Cependant ses maîtres appréciaient son intelligence, bien qu'elle ne fût pas soutenue par un travail régulier, et que son caractère sournois fût loin d'inspirer la sympathie.

Par moment, il s'enthousiasmait à l'idée de projets bizarres, puis il redevenait taciturne. Pendant trois ans on n'eut pas à se plaindre de lui, il paraissait calme et soumis.

Cela ne devait pas durer, et une occasion se présenta bientôt qui lui permit de se jeter, tête baissée, dans l'existence de vagabondage qu'il rêvait.

Les grandes foires de novembre, qui attirent Bordeaux et les environs sur la place des Quinconces, venaient de commencer.

Parmi les baraques qui excitaient le plus l'attention des curieux, une entr'autres se faisait remarquer par son exhibition de clowns et de femmes en maillots couleur chair et en casaques aux couleurs vives, pailletées d'or. La danseuse de corde était surtout la coqueluche des Bordelais.

L'affiche la désignait sous le nom d'Elloa : une gamine de 17 ans, à la mine éveillée sous ses cheveux frisottants, la taille svelte et les attaches très fines, qui faisaient ressortir un bras et une jambe moulés.

Les foires durent trois semaines ; le soir où les baraques quittèrent Bordeaux, entassées sur les grandes voitures vertes de saltimbanques traînées par des chevaux maigres et efflanqués, Sivrani ne rentra pas chez lui.

On le chercha en vain durant plusieurs jours.

Un grand garçon de 15 ans ne se laisse pas enlever comme une jeune fille.

Amoureux d'Elloa, il avait réussi à se faire enrôler dans la troupe, et il partait, emportant une centaine de francs qu'il avait volés dans le secrétaire de son père.

Le directeur consentait à l'utiliser, et on devait lui apprendre divers exercices pour qu'il pût débuter à la ville prochaine.

Au bout d'une quinzaine de jours, l'apprenti baladin s'enfuit, une nuit, avec Elloa à laquelle il avait promis monts et merveilles.

Le père de la ballerine, l'hercule de la troupe, les trouva après trois jours de recherches, installés dans une auberge des environs.

Il administra au couple amoureux une solide volée de coups de poings, ramena sa fille et confia Sivrani à la gendarmerie.

Le mauvais drôle fut reconduit de brigade en brigade jusque chez son père, qui se montra peu soucieux de conserver un fils dont l'escapade s'était compliquée de plusieurs vols.

Il l'envoya au pénitencier agricole de Sainte-Foy.

A vingt et un ans il sortit de là, perverti au moral et au physique, ambitieux, haineux et paresseux.

Il se dirigea vers Paris ; là il eut la bonne fortune de devenir le secrétaire d'un député influent de la Corse, qui fut un des dévoués partisans du coup d'État.

Sivrani s'engagea hardiment dans cette aventure.

Il flaira une situation en cas de réussite, et comme il n'avait rien à perdre, il se montra admirateur à outrance de celui qui allait de nouveau faire triompher le régime impérial.

Il devint un des espions les plus habiles et les plus redoutables de la capitale.

Rien ne lui échappa, aucune manœuvre de ses adversaires ne passa inaperçue pour lui, il était au fait des marches et contre-marches de tous les hommes influents.

L'empire le récompensa ; — outre une forte somme d'argent, on le conserva dans la police secrète.

On l'envoya en province et nous le retrouvons à Saunay, d'où il rayonnait sur les environs.

Un poste difficile, le pays était fermement républicain, à part quelques villages qui obéissaient au mot d'ordre des riches propriétaires, en général dévoués au comte de Chambord.

Sivrani mena adroitement la campagne, intimidant ceux-ci, convertissant ceux-là. Il arriva à être une vraie force dans la contrée.

Il fallait compter avec ce personnage dont on ne connaissait en rien les moyens d'existence, qui semait l'or à tort et à travers et qui, sur un signe, avec un mot envoyé à la préfecture, pouvait troubler le repos des plus honnêtes familles.

Sivrani avait acheté un petit domaine avec une fort jolie maison d'habitation voisine du château de Saunay.

Dès son arrivée, il se présenta avec un aplomb superbe au château de Saunay ; Marcelle refusa de le recevoir.

Il ne se tint pas pour battu et réitéra ses visites ; la porte lui fut obstinément fermée.

Mademoiselle de Saunay allait souvent, dans l'après-midi ou le matin de bonne heure, faire une promenade à cheval ; chaque fois elle était certaine de rencontrer Sivrani, qui s'empressait de la saluer avec obséquiosité.

La jeune fille ne lui répondait même pas, voulant bien lui montrer tout le mépris qu'elle avait pour un aussi triste individu.

Il ne se rebuta pas. Mais un observateur attentif aurait pu voir une lueur sauvage passer dans les yeux de Sivrani lorsqu'il se rencontrait avec Marcelle.

Celle-ci ne le remarqua nullement.

Que pouvait, en effet, lui vouloir cet homme? Que signifiait sa conduite envers elle?

Marcelle crut uniquement à un grand désir de faire sa connaissance et, par là, de mettre un pied dans le camp légitimiste dont sa famille était l'un des fermes soutiens. Sivrani pensait autrement.

Il était assailli nuit et jour par la vision de cette superbe jeune fille qui ne montrait pour lui qu'une indifférence hautaine.

L'amour violent qu'il ressentait lui paraissait absolument sans espoir. Mais il ne pouvait s'empêcher de tressaillir en voyant passer Marcelle, au galop de son cheval noir, enveloppée d'un tourbillon de poussière!

— Quelle folie! se disait-il.

Encore si je pouvais la voir, lui parler... mais rien de tout cela ne m'est possible.. elle me ferait jeter dehors par ses laquais...

Et il reprenait, s'entêtant dans son idée de l'avoir, de la posséder..

— Cependant elle est seule! Est-ce qu'un homme doit avoir peur d'une femme? Et puis, qu'est-ce que je risque?.. on étouffera l'affaire à Paris...

Je dirai que c'était pour les besoins de la cause... parbleu!

A nous deux, mademoiselle de Saunay!

Sivrani eut un ricanement effrayant; fièrement campé devant la glace de la cheminée, seul dans son salon, après dîner, il s'admirait complaisamment.

Il était de haute taille, très robuste. Sa barbe noire taillée en pointe, et ses moustaches soigneusement relevées lui donnaient l'air matamore et un peu commun.

Mais son nez était régulier et d'une finesse remarquable; le front bien découvert; seuls, les yeux bleus, dont il dissimulait la vivacité par un clignotement souvent répété, manquaient de franchise et jetaient une note disparate sur le ton harmonieux de son visage.

— Oui, c'est cela... je vais cesser pendant quelques jours de l'obséder de ma présence, et à la première occasion je me montrerai... Bah! les femmes aiment à être violentées.

La bonne entra:

— Monsieur, dit-elle, il y a une personne qui veut vous voir absolument...

— Ah! oui... fit Sivrani... je lui avais bien défendu... enfin introduisez-la

Un moment après une jeune femme se présenta suppliante.

— Que viens-tu faire ici? lui cria-t-il, se retournant à peine.

— Je voulais te voir... Oh! tu me délaisses! que t'ai-je fait?

— Pas de scènes! je n'ai pas eu le temps... voilà tout, et puis tu sais bien que tes visites peuvent me compromettre... si tu reparais encore ici jamais plus je ne retourne chez toi.

— Je n'ai pas cru mal faire... je t'aime et je ne puis pas vivre sans toi... tu sais pourtant combien je suis obéissante et dévouée... mais tu m'as promis pour notre enfant... que je sens battre dans mon sein...

— Oui, tu es une bonne fille, Catherine... mais je ne suis pas mon maître, il faut sauver les apparences.

Allons j'irai te voir demain.

Sivrani s'approcha d'elle, la serra dans ses bras et l'embrassa longuement, la magnétisant du regard.

— Je t'aime bien, mon Sivrani !

— Moi aussi ; seulement il faut que tu aies confiance...

A demain, ma mignonne.

— A demain !.. oh ! ce sera un fils ! tu l'aimeras bien, n'est-ce pas ?...

Et elle sortit en lui envoyant un baiser plein d'amour.

— C'est bien cela, dit-il, en suivant encore Catherine des yeux lorsque la porte fut refermée, les femmes que l'on veut ne vous aiment pas et celles qui vous aiment trop sont assommantes.

Ah ! Marcelle... l'avoir ici.

Seuls à seuls... une heure seulement !

Jamais !... peut-être...

Il y a d'autres moyens et il ne sera pas dit qu'une femme, même la plus belle et la plus noble, pourra me résister lorsque tant de gens tremblent devant moi !

Quelques heures avant que Jean Dubois vînt demander l'hospitalité au château de Saunay, Marcelle rentrait tranquillement à cheval, après une journée passée chez son oncle, le baron d'Aury, qui habitait à quelques kilomètres de là.

Elle était soucieuse : à chacune de ses visites on lui parlait de mariage; on se liguait contre elle et on lui démontrait facilement que dans sa situation, orpheline, habitant un château un peu à l'écart, elle ne pouvait tarder plus longtemps à prendre un mari.

D'autant mieux qu'elle n'avait que le choix ; les prétendants jeunes et vieux arrivaient de tous côtés.

Marcelle songeait : et sans savoir pourquoi cette préoccupation constante de sa famille lui était, en ce moment plus que jamais, insupportable.

Non, certes, elle ne les aimait pas tous ces hommes riches et titrés dont on lui cornait les oreilles.

Elle n'aimait personne. Etait-ce sa faute si aucun homme ne l'avait impressionnée vivement, si elle ne s'était pas encore sentie émue devant les compliments et les déclarations de tous ceux qui soupiraient après sa main?

Ah ! comme elle l'adorerait cependant, celui-là qui le premier ferait luire à ses yeux un avenir de bonheur !

Que de tendresses enfouies au fond de son âme elle dépenserait pour lui !

Que de trésors d'affection et d'amour elle lui prodiguerait.

Elle se donnerait à lui passionnément, follement !

Marcelle s'oubliait dans cette rêverie aimée ; son cheval, sentant les brides flottantes, avait pris une allure plus lente.

Cependant la nuit tombait peu à peu ; une pluie fine perlait le long voile bleu de la jeune fille ; elle ressaisit les rênes et tourna au plus court par un sentier qui traversait le bois et aboutissait juste à la grande allée du château.

Au moment où elle s'enfonçait dans ce chemin légèrement excavé, un homme déboucha d'un fourré, se jeta à la tête du cheval, et, saisissant les rênes des deux côtés du mors, l'arrêta du coup.

C'était Sivrani.

— Je vous aime ! je vous aime ! et je vous tiens en ma possession !...

— Misérable ! s'écria la jeune fille, et d'un coup du pommeau de sa cravache qu'elle lui asséna sur la tête, elle le fit rouler à terre.

Alors elle frappa vigoureusement son cheval, qui la ramena chez elle en quelques minutes.

Elle descendit toute tremblante, malgré la présence de son vieux domestique qui l'attendait dans la cour du château.

Elle monta chez elle rapidement et ouvrit une boîte de pistolets pour voir s'ils étaient en bon état. Puis, brisée d émotion, elle se jeta tout habillée, sur son lit.

Pendant ce temps, Sivrani se relevait sans blessure dangereuse, il se tâtait, constatant bien qu'il n'avait rien de cassé, lorsqu'un jeune prêtre passa près de lui, en le saluant.

Sivrani, intrigué par l'apparition de cette figure nouvelle dans le pays, le suivit un instant du regard.

Le prêtre venait de tourner à gauche et prenait le chemin qui menait au château.

— Ah çà ! où va-t-il, celui-là ? Je veux le savoir...

D'un pas rapide il suivit la direction que le prêtre avait prise, et c'est avec une stupéfaction marquée qu'il le vit frapper à la porte de l'habitation de Marcelle et entrer.

Sivrani attendit une heure environ, et, ne le voyant pas ressortir, une colère terrible s'empara de lui.

— Ah ! vraiment ! elle donne des rendez-vous aux autres ! Eh bien ! elle va en avoir, du scandale !..

Alors il se dirigea d'un pas rapide vers son habitation.

— Pour sûr il y passera la nuit... j'ai tout le temps !

Néanmoins il précipita sa course vagabonde à travers les bois, s'écorchant les mains aux broussailles, glissant sur le terrain détrempé et, dans les éclaircies, recevant la pluie qui tombait à torrents, en pleine figure.

Rien ne l'arrêta, une rage insensée lui prêtait des forces surhumaines.

Enfin il arriva chez lui tout mouillé, harrassé de fatigue.

Au lieu de se reposer, il prit à peine le temps de boire coup sur coup plusieurs petits verres de cognac, puis, saisissant son fusil, il repartit furtivement dans la direction du château.

— Que faire ?... songeait-il. Voici bientôt trois heures du matin.. Oh ! je me croyais plus fort... Deux heures de marche qu'il m'a fallu pour aller et autant pour revenir... je suis anéanti... je n'ai plus le courage de prendre une décision... Cependant c'est le moment ou jamais !

Il rôdait sous les fenêtres du château encore plongé dans l'obscurité de la nuit.

— J'aurais dû rester ici et essayer de pénétrer dans la chambre de Marcelle, elle n'eût pas osé crier de peur d'éveiller ses gens et de faire du scandale...

Sivrani en était là de ses réflexions, lorsque soudain une clarté parut à l'une des fenêtres.

A ce moment, en effet, Jean Dubois entendant un corps tomber au pied de son lit, venait d'allumer une lumière et reconnaissait Marcelle, évanouie, inanimée.

Sivrani se tint immobile, l'œil avidement fixé vers cette chambre, regardant anxieusement.

Il aperçut sur les rideaux blancs de la fenêtre la silhouette de Marcelle s'approchant du jeune prêtre, il crut voir leurs deux têtes se rapprocher comme pour un baiser !...

Affolé, l'œil hagard, ne sachant plus ce qu'il faisait, mais poursuivant toujours son idée de couvrir mademoiselle de Saunay de ridicule, il épaula son fusil, pressa la détente, le coup partit et une balle alla se perdre au loin dans les arbres...

Il se dissimula derrière une haie et disparut en courant...

— Vous n'avez pas été effrayée, mademoiselle ? demandait le vieil Antoine, le lendemain en servant le déjeuner.

— Non, mon ami.

— Il n'y a pas de quoi s'inquiéter, ce sont des braconniers sans doute qui chassent dès la pointe du jour.

— Et monsieur l'abbé ?

— Il est parti de bonne heure ; il a dit qu'il reviendrait sous peu remercier mademoiselle...

— Ah !

— Je l'ai conduit jusqu'au presbytère, il va s'occuper de son installation... Il a l'air d'un bien digne jeune homme.

Marcelle, rêveuse, ne répondait pas. Elle resta triste et songeuse toute la journée, attendant avec impatience la visite du prêtre.

Il ne vint pas.

— Ce sera pour demain, pensa-t-elle.

Mais la journée du lendemain s'écoula également sans que Jean se fût montré au château.

Alors Marcelle tomba dans une espèce d'irritation nerveuse ; elle eut des crises de colère ; elle, si bonne d'ordinaire, gronda le vieil intendant avec beaucoup de vivacité.

A cette période d'excitation succéda un immense accablement, elle pleura à chaudes larmes.

Puis son ardente imagination reprit le dessus, elle eut des désirs fous de revoir Jean, de lui parler ne fût-ce qu'un instant !

Elle le voulait !...

Au bout de trois jours, vers quatre heures de l'après-midi, Jean Dubois se présenta et fit demander si Mlle de Saunay voulait le recevoir.

Il demeura impassible, parlant de diverses choses sur un ton indifférent ; Marcelle affecta, de son côté, un calme apparent.

Il se leva et prit congé d'elle.

Elle le regarda s'éloigner sans oser le retenir, sans lui dire le mot qui brûlait tout son être.

Mais lorsqu'il ne fut plus là, elle ne put se faire à l'idée de le laisser partir ainsi; cette séparation, même momentanée, lui brisait le cœur.

Elle sortit rapidement et prit un chemin détourné pour le rencontrer.

Au milieu de l'allée, elle aperçut Jean entrer précipitamment dans la charmille comme pour l'éviter, il était trop tard, elle l'avait vu.

— Jean! Jean! cria-t-elle en se mettant à courir vers l'endroit où il avait disparu.

Le prêtre sortit d'un fourré et se présenta brusquement; elle s'arrêta essoufflée, interdite...

Au loin le soleil descendait lentement, marquant le couchant de larges lueurs rougeâtres et venant étendre sur les arbres une nappe de clarté pâle et tremblottante.

Lui, immobile, le regard fixe; elle, accablée, prosternée devant lui.

— Oui, dit-elle, me voilà... je vous aime!

— Mademoiselle!

— Ne me laissez pas seule. Je suis vraiment malheureuse.

— Que puis-je y faire?. Croyez-m'en, quittons-nous.

— Jamais! et elle se rapprocha de lui, il fit un pas en arrière.

— Oh! ne me fuyez pas! je vous suivrai partout.

Marcelle s'avança vers lui et voulut l'entourer de ses bras.

Jean évita son étreinte et s'enfuit avec un mouvement de désespoir.

— Lâche! lâche! répéta la jeune fille avec des sanglots de rage.

Ils n'étaient pas seuls, cette scène avait eu un témoin : Sivrani qui, voyant le prêtre parti, s'avança brutalement vers Mlle de Saunay.

Celle-ci, glacée de terreur à la vue de cet homme, eut cependant assez de force pour pousser des cris perçants.

— Au secours! à moi! au secours!!

Jean Dubois n'étais pas encore assez loin pour ne pas entendre, il revint rapidement et se présenta à Sivrani, menaçant.

— Ah! c'est lui! dit-il, rentrez, Mademoiselle, je vous en prie.

Marcelle obéit. Les deux hommes n'attendaient que l'absence de la jeune fille pour s'élancer l'un sur l'autre.

Ils se voyaient pour la première fois, et malgré cela on pouvait lire dans leurs yeux une haine implacable.

Sivrani souriait. — Jean était très pâle. — La lutte fut terrible. — Sivrani paraissait plus fort; Jean était plus adroit.

Le jeune prêtre parvint à lui sauter à la gorge; et là, nerveusement, déployant une force furieuse, il étreignit le cou de ce colosse, qui, bientôt privé de respiration, alla rouler à terre, à demi étouffé, le corps inerte comme un cadavre.

Jean le laissa râler et disparut vers le village, effrayé de l'acte qu'il venait de commettre.

Mais il n'avait pas raisonné, il n'avait pas réfléchi, il s'était laissé emporter! l'homme prenait le dessus sur le prêtre! l'amant se montrait dans toute la passion d'un amour violent!

Le soir de ce même jour, une femme voilée s'avançait à grands pas dans la direction du presbytère.

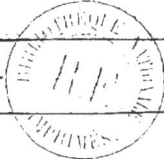

Le vieil intendant galopait à bride abattue. (Voir page 34.)

Il pouvait être dix heures. L'obscurité était complète, la lune n'apportait pas le moindre rayon de sa pâle clarté.

Un silence glacé s'étendait sur la campagne : les paysans, habitués à se lever dès l'aube du jour, dormaient profondément.

Arrivée au presbytère, la femme s'arrêta : à travers les planches mal jointes d'une fenêtre perçait un filet de lumière.

Elle dégagea sa main de dessous les plis d'un lourd manteau et frappa plusieurs fois ; les coups, amortis par le gant, ne s'entendaient pas, elle frappa plus fort...

— Qui est là? fit une voix.

— C'est moi.

Le prêtre alla ouvrir la porte, la jeune femme s'y précipita vivement en enlevant le voile qui la rendait méconnaissable.

— Marcelle! Marcelle, ici! répéta Jean Dubois.

— Oui. Et elle entra dans le petit salon. Une bougie éclairait faiblement cet intérieur modeste.

— Que venez-vous faire ici, malheureuse enfant! Si on vient à l'apprendre, vous êtes perdue à jamais!

— Que m'importe!... Pourquoi vous ai-je rencontré?

— Oublions chacun de notre côté...

— Jamais... car je suis bien sûre que vous m'aimez aussi...

— Marcelle!...

— Auriez-vous pris ma défense, sans cela, contre ce misérable? Auriez-vous montré ce courage?... non! non!

— Eh bien oui! je t'aime... je t'aime!

— Ah! merci!

Et Marcelle, à demi pâmée, se laissa tomber dans les bras de l'homme qui, pour la première fois, avait fait tressaillir tout son être de sensations inconnues...

. . . .

A la suite de cette scène, Mademoiselle de Saunay ne quitta presque plus son château et resta comme enfermée dans son bonheur.

CHAPITRE III

Une Fille-Mère

Malheureux de son amour pour Mademoiselle de Saunay, Sivrani n'avait cependant pas le tempérament à demeurer sans passion.

Il aimait à l'aventure, la première venue, pour un jour, pour une heure. Il avait besoin de vivre, et dans son désespoir de ne pas posséder celle qu'il adorait comme un fou, — il allait de la brune à la blonde, sans que l'une pût précisément se vanter de l'avoir attaché plus que l'autre.

Neuf mois s'étaient écoulés : Sivrani n'avait cependant pas abandonné Catherine ; ses relations avec elle en étaient toujours au même point ; il l'aimait davantage parce qu'elle était la filleule du défunt marquis de Saunay, — et qu'elle se rapprochait ainsi plus que les autres de Marcelle.

Et puis Catherine, par sa jeunesse, par sa confiance même, avait pris peu à peu un véritable empire sur lui ; certains jours elle le charmait et si parfois son humeur fougueuse s'accommodait mal des tendresses de la jeune fille, à d'autres moments il se laissait doucement bercer.

Séduite par cet air de grand seigneur qu'il arborait à certains moments, vaguement flattée aussi d'avoir été choisie entre toutes par cet homme redouté dans le pays, — elle l'aimait aveuglément.

C'était son premier amour!

Et puis elle allait être mère!

Ce sentiment de la maternité, encore faiblement dessiné en elle, la liait pour ainsi dire à cet homme : elle lui avait tout sacrifié.

— Voyons ! lui disait souvent sa mère, tu es grande maintenant, Catherine ; il faut songer à t'établir ; pense donc quelle joie j'aurais à te voir pour jamais à l'abri !

Tiens, ma fille, tu sais bien Christian... qui veut t'épouser... prends-le ; c'est un brave garçon qui t'aime... tu seras heureuse avec lui !...

— Mère !

Et la mère reprenait d'une voix plus sévère...

— Ah ! oui ! je comprends ! ce monsieur... cet étranger qui est venu on ne sait d'où s'établir un matin dans le pays !... tu te laisses prendre à ses...

— Mère ! répondait Catherine, les mains jointes,... puisque je l'aime !... je ne peux pas résister...

Et elle n'avait pas résisté !

On commençait déjà à s'occuper d'elle à Saunay ; les bonnes âmes du pays, disaient seulement qu'elle prenait un bel embonpoint pour une fille de son âge !...

Sivrani ne rompait pas avec elle : elle était la première, — après Mademoiselle de Saunay !

Il avait beau faire, beau chercher à bannir l'image de Marcelle de son souvenir : son amour persistant le poursuivait malgré lui. — Parfois il se disait qu'il devrait abandonner Marcelle, ne pas courir après un bonheur impossible : il devenait alors plus aimant, plus affectueux pour Catherine...

Mais ses résolutions duraient peu ; quand il passait devant Saunay ; quand il voyait les hautes fenêtres du château briller comme des diamants au soleil ; quand il se rappelait mille détails insignifiants en apparence ; quand surtout il songeait à Jean Dubois qu'il haïssait d'une haine farouche, — tout son être se révoltait ; le sang lui montait au visage ; il demandait Marcelle à tous les échos !...

Souvent il parlait d'elle ; même en face de Catherine, il ne pouvait surmonter sa passion — lorsque brusquement elle lui revenait dans toute son ardeur !

Catherine, — admise journellement au château, et l'amie intime de mademoiselle de Saunay, — ne se doutait guère de l'intérêt que Sivrani pouvait avoir à la questionner.

La pauvre enfant ne soupçonnait pas que quand son amant lui demandait :

— Et mademoiselle Marcelle ?...

Il aurait voulu dire :

— Ne t'a-t-elle pas parlé de moi ?

Il l'interrogeait sur tout ce qui se passait au château : il savait ainsi les tristesses de Marcelle et les fréquentes visites de Jean Dubois...

Catherine ne comprenait pas pourquoi il la pressait de la sorte de questions ; elle se rendait bien vaguement compte d'un danger imminent ; mais l'influence de Sivrani était telle qu'elle n'osait pas lui résister. — Il la fascinait sous son regard et la tenait comme dominée sous une puissance infernale.

Un soir elle vint le trouver chez lui, à l'improviste, il la fit asseoir près de lui — nerveusement. La chambre était petite, bien close ; une faible lumière brûlait sur un guéridon.

Sivrani, debout devant Catherine, semblait en proie à une fièvre violente ; il gesticulait des bras, et des mots incohérents sortaient de sa bouche. — Jamais elle ne l'avait vu en pareil état.

— M'aimes-tu ? fit-il tout-à-coup.

— Je t'aime !...

— Écoute donc !

Il la prit dans ses bras, et la serra fortement. — Puis :

— Es-tu capable de me prouver cet amour ?

Catherine répondit résolument :

— Oui !

— Eh bien !...

Mais il s'arrêta — effrayé peut-être de ce qu'il allait dire.

Il se sentait devenir vaguement odieux. — Dans la petite chambre où ils étaient enfermés en tête-à-tête, tout était silencieux. — Catherine, vaincue sous son œil fauve, lui appartenait, elle était sa chose ; son regard de Corse jetait par instants des flammes : on eût dit que l'enfer brillait dans sa prunelle.

Droit, debout devant sa maîtresse tremblante — il était vraiment effrayant !

— Sivrani ! murmura Catherine, tu me fais peur !...

Il ne répondit pas, mais lui broyant les doigts, furieux, écumant, comme pris d'une rage subite :

— Eh bien, voyons ! hurla-t-il, tu es l'amie de mademoiselle de Saunay ; tu connais ses plus secrètes pensées ; vous échangez vos impressions, vos désirs et vos secrets, tu lui dis qui tu aimes ; elle te dit à son tour... Je veux savoir, m'entends-tu ? je veux savoir — le nom de cet homme là ! il me le faut ! il me le faut, vite ! allons !

Il eut un grincement de dents... La face hideusement contractée, les lèvres grimaçantes, il répéta :

— Allons !

Puis soudain, riant aux éclats d'un rire sinistre :

— Mais je le sais aussi, moi ! Parbleu ! si je le sais ! C'est lui, lui, l'homme à la soutane... cet...

Il se tut. Catherine, plus pâle que la mort, demandait presque grâce du regard...

Mais il ne put se maîtriser entièrement : un hoquet convulsif le saisit : il murmura plusieurs fois :

— Jean !... Je le hais !... Je me vengerai !...

Il voulait se venger de la scène du bois !...

Un silence terrible régna dans la chambre ; Sivrani, blême et frissonnant, s'était posté devant sa maîtresse... Quand Catherine leva enfin les yeux sur lui, abîmée de douleurs, il ne vit pas l'expression de souffrance indicible répandue sur son visage...

— Sivrani !

D'un bond elle se suspendit à son cou, et noua ses deux bras sur ses épaules...

Elle resta ainsi longtemps — perdue dans ses pensées profondes et tristes.

— Sivrani ! murmura-t-elle, la voix pleine de sanglots ; — tu ne m'aimes donc plus ? Tu n'aimes plus ta petite Catherine ?

Il ne trouva rien à répondre !

— C'est bien, reprit-elle lentement. Je pars ; tu ne me reverras jamais ! — Mais que t'ai-je fait ? O mon Dieu ! dis-le moi ! que je sache au moins pourquoi tu me condamnes à mourir ! car je le sais, je mourrai ! je ne puis vivre sans toi ! — C'est donc vrai ! Comment aussi n'ai-je pas deviné ! ce n'est pas moi que tu aimes, c'est l'autre ! l'autre ! Voyons, à mon tour de t'interroger ! Je veux savoir la vérité entière — dussé-je en mourir ! Je veux savoir de toi-même l'étendue de mon infortune !... le nom de celle qui...

Et Sivrani jeta d'une voix vibrante le nom de Mademoiselle de Saunay !

Les genoux fléchissants, le geste désespéré, Catherine se dirigea sans mot dire vers la porte. Il la regarda faire — impassible.

— Adieu ! murmura-t-elle...

Et elle disparut.

Mais presque aussitôt, affolée, les cheveux défaits, le visage inondé de grosses larmes, admirablement belle dans cette expansion éloquente de sa douleur — Catherine revint vers lui. Elle le prit violemment, l'étreignit avec passion et s'écria :

— Non, non ! c'est impossible ! je ne puis te quitter de la sorte ! je ne peux me séparer de toi ! J'aime trop mon bonheur et mon amour, pour m'occuper de ma dignité ! Tu me jugeras comme tu voudras ! tu me mépriseras si tu veux : mais je t'appartiens, mais je suis ton esclave, mais je t'adore ! — Ecoute, mon bien-aimé ! je sens que jamais rien ne me séparera de toi ; je sens que tu es ma vie même. Tu me ferais souffrir cent mille tortures, tu inventerais pour moi des supplices effroyables, tu me traiterais comme la dernière des misérables... eh bien ! n'importe ! je ne veux pas te perdre ! je m'attache à toi ! commande, j'obéis ! envoie-moi où tu voudras, fais-moi faire ce qu'il te plaira — je t'appartiens ! Plutôt l'infamie, la honte et le déshonneur que la perte de mon amour ! Songe donc que je n'ai que toi au monde ! songe que du jour où tu m'a prise, je t'ai donné tout ! Oh ! pardonne-moi ! pardonne si je t'ai offensé !... sois bon, sois généreux...

Elle roula à ses pieds !

— C'est bien, dit Sivrani en la relevant.

Il avait triomphé. — Ce qu'il voulait, c'est avoir une alliée dans le camp ennemi.

Longtemps il avait hésité à se servir de l'amitié de Catherine pour Mademoiselle de Saunay ; mais enfin, à bout de patience, lassé par de longs mois d'attente, il s'était décidé !

Catherine soumise — il l'en aima davantage ce soir-là, — et quand elle rentra chez sa mère, elle put presque se faire illusion...

Elle avait l'âme brisée ; elle se sentait sacrifiée et asservie : mais une espérance lui restait encore : le temps et le charmant petit bébé rose qu'elle allait pouvoir présenter bientôt aux baisers de celui qui était à la fois son bourreau et son Dieu !

Elle s'enferma et se jeta sur son lit. Sa mère dormait dans une pièce voisine.

Après une heure de réflexions douloureuses, de rêverie cruelle et de tristesse, elle essaya de dormir : le sommeil ne venait pas. Elle ouvrit la fenêtre, et laissa sa chambre s'emplir toute grande de l'air fraîchissant de la nuit.

La rue était déserte ; un chat miaulait au loin, on entendait l'eau de la fontaine tomber goutte à goutte au fond du réservoir ; la place de Saunay s'étendait dans l'ombre et les maisons du village se confondaient dans une ligne obscure...

Mais tout à coup un bruit de pas interrompit le silence.

Catherine prêta l'oreille.

Les pas approchaient et bientôt elle put distinguer le point brillant d'une lanterne allumée.

Une seconde après, on frappait à la porte de sa maison...

Catherine réveilla sa mère, descendit précipitamment l'escalier et ouvrit.

C'était Gertrude, la vieille gouvernante de Mademoiselle de Saunay.

— Venez vite, Mademoiselle Catherine, c'est pressé ; on vous attend avec impatience ; mademoiselle Marcelle veut absolument vous voir. Elle est un peu souffrante, et vous savez, l'imagination se frappe facilement quand on est seule !...

Catherine ne demanda pas d'autres explications et suivit la vieille.

Elles traversèrent Saunay, se parlant à voix basse.

Quand elles arrivèrent devant la petite porte du château :

— Et surtout prenez garde, mademoiselle, de ne pas effrayer ma maîtresse, dit Gertrude avec un air craintif. — Ah ! quel affreux malheur !

— Mais...

— Vous verrez !

Elles montèrent l'escalier qui conduisait à la chambre de Marcelle, et Catherine entra seule.

Mademoiselle de Saunay était couchée. Un désordre singulier régnait autour d'elle ; des bougies brûlaient dans un candélabre. Sur la table de nuit, des fioles débouchées, des tisanes, des onguents.

Le visage boursouflé, Marcelle disparaissait presque sous l'épaisseur des draps amoncelés !

— Enfin c'est toi ! dit-elle d'une voix affaiblie ! Assieds-toi là, près de moi, — Ah ! je sens que cela va déjà mieux !

Catherine s'installa à son chevet — et attendit. — Puis comme Marcelle ne prenait pas la parole,

— Tu as donc été souffrante ? fit-elle.

— Oh ! oui !

Il y a si longtemps que nous ne nous sommes vues ! Tu ne sortais plus ! On se demandait ce que tu avais ! Est-ce qu'on laisse ainsi ses amis dans une pareille ignorance ?

— Hélas !

— Tu as quelque raison sans doute... mais tu aurais bien pu m'excepter de cette indifférence générale. Ne suis-je pas ton amie ? ta seule véritable amie ?

— Oui, — et c'est pour cela que je t'ai fait venir...

— Tu a des chagrins ?

— Plus que des chagrins. — Ah ! depuis que je suis née, je ne fais que souffrir ! Pourtant l'épreuve qui me frappe à cette heure dépasse de bien loin celles que j'ai traversées déjà !...

— Ah ! ma pauvre Marcelle, ne sois pas si triste ; moi-même, vois-tu, j'ai à peine assez d'énergie pour paraître courageuse et forte. Moi aussi j'ai sur le cœur d'horribles mélancolies, des craintes et des soucis qui m'ôtent le sommeil. Si tu savais ce que mon sourire cache parfois d'amères tristesses...

— Tiens, répliqua froidement Marcelle, je le sais !

— Tu sais ?...

— Oui !

— Mais...

— La vérité, — c'est pourquoi je t'ai envoyé chercher. Je m'explique. — Ma chère petite Catherine, nous nous connaissons depuis longtemps, n'est-ce pas ? Nous nous aimons, nous sommes entre nous presque comme des sœurs. Eh bien ! aujourd'hui l'heure est venue de nous parler franchement, à cœur ouvert, de nous plaindre ensemble et de nous consoler mutuellement...

— Marcelle !...

— Oui... je sais. On m'a dit que...

— On t'a dit...

— Que... tu allais devenir mère... Oh ! rassure-toi, mon amie, je ne te demande pas ton secret : je ne veux pas connaître le nom de celui...

— O mon Dieu ! sanglota Catherine.

— Enfant ! tu as honte ?... Mais tu as aimé... tu as succombé...

Catherine la supplia de ne pas continuer ; elle se leva, marcha fort dans la chambre, mais Marcelle la rappela vivement auprès d'elle, se dressa sur un coude, et presque défaillante elle lui dit à l'oreille :

— Moi aussi... j'ai succombé !

Et elle retomba affaissée.

— Quoi ! exclama Catherine tu...

Et toutes deux demeurèrent un instant confondues dans leur mutuelle angoisse.

Ces deux jeunes filles, unies par une même faute et par les mêmes préoccupations, offraient cependant un contraste frappant.

Mademoiselle de Saunay avait dans son malheur et dans sa chute une attitude presque fière, que la maladie ne réussissait pas à amoindrir ; elle attendait la catastrophe — avec courage, et retrouvait, pour se relever à ses propres yeux, cet orgueil de race profondément ancré dans elle.

Catherine, au contraire, déchue, n'avait pour s'excuser que son amour éperdu pour Sivrani... Il en résultait dans tout son maintien comme un vague abandon désespéré !

Marcelle avait de ses aïeux cette bonne opinion de soi-même et cette confiance hautaine qui tiennent parfois lieu de courage. — Elle ne se laissait pas abattre par son infortune et l'acceptait presque avec joie.

— Oui, c'est vrai, reprit-elle, nous sommes toutes deux en avance sur l'avenir, on pourra nous jeter la pierre et nous écraser sous le mépris ; mais n'importe, nous avons chacune une consolation dans notre propre cœur. Je ne rougis pas, quant à moi, de ce dont je devrais rougir, je ne cherche pas, pour mon compte, à pallier la vérité, je n'ai pas peur d'être mère ouvertement... mais il est d'autres personnes...

Catherine devint plus attentive.

— Tu comprends, mon amie Catherine, que pour les quelques parents qui restent encore à Mlle de Saunay; que pour l'honneur de son nom jusqu'ici sans tache, — tu comprends que je ne peux pas avouer mon enfant ouvertement... Oh! s'il n'y avait que moi! Je m'en irais loin, bien loin, on ne saurait pas que..... mais aujourd'hui c'est impossible! Je suis orpheline, c'est vrai, mais enchaînée par le nom que je porte! — Toi, mon amie...

— Oh! moi! s'écria amèrement Catherine, moi! crois-tu donc, Marcelle, que je ne souffre pas, que je ne tremble pas en approchant du terme fatal? crois-tu donc que je ne me sente pas mourir de honte et de désespoir quand je songe à l'immense douleur que va ressentir ma mère, ma pauvre mère, lorsqu'elle apprendra enfin ma faute, lorsqu'il me sera devenu impossible de la lui cacher plus longtemps!.. Pauvre mère! elle qui a dépensé tant de peines et tant de soins pour me bien élever, elle qui ne m'enseigna jamais que le devoir et l'honneur, elle qui avait mis en moi toute l'espérance de ses vieux jours, voilà donc comme je la récompense!... Oh! mon Dieu! Et se laissant tomber dans un fauteuil, la jeune fille se mit à pleurer, le visage plongé dans ses deux mains!!!

— Catherine, appela Marcelle d'une voix douce, Catherine ne pleure pas ainsi, cela me fait trop de chagrin, vois-tu!... Oh! je comprends bien ta souffrance, mon amie; mais je crois que tu t'exagères le mal, si toutefois il y a eu un mal véritable dans l'amour que nous avons éprouvé et avoué toutes deux!...

Et la fière mademoiselle de Saunay, se redressant un peu sur ses blancs oreillers de guipure, belle de ces premières douleurs de la maternité qui mûrissent si bien la femme, semblait défier d'un regard orgueilleux tous les mépris et tous les reproches!

— Écoute, Catherine, reprit-elle en faisant signe à son amie de se rapprocher d'elle, écoute, ne sens-tu pas déjà dans ton cœur des tendresses infinies pour ce petit être auquel tu vas bientôt donner le jour?... Ne sens-tu pas que tu l'aimes déjà de toutes les forces de ton âme, et que tu l'aimeras éternellement, qu'il aura désormais et toujours la première place dans tes affections, que tu lui seras toujours dévouée, que tu seras toujours prête à le défendre ou à le soutenir quoi qu'il fasse; plus tard, en grandissant, ne sens-tu pas que tu l'adoreras toujours, qu'il récompense par l'ingratitude ou par la reconnaissance ton dévouement de chaque instant!... Ne sens-tu pas cela, Catherine?

— Oh! si! dit la jeune fille, en joignant les mains dans un geste d'idéale tendresse, oh! si, je l'aime déjà tant, mon enfant!

— Eh bien! Catherine, toutes les mères aiment comme cela!... Que crains-tu donc?... Sans doute, mon amie, la tienne éprouvera tout d'abord un grand chagrin en apprenant que tu as failli, — ou aimé, plutôt!... Mais est-ce que pour cela elle t'en aimera moins, elle!... Est-ce qu'au moment où tu as le plus besoin de son affection, de ses secours, est-ce qu'à ce moment où tu vas aussi devenir mère, elle songera à te condamner, à t'abandonner?...

Elle ouvrit une boîte de pistolets, en saisit un, l'arma et tira. (Voir page 39.)

Oh ! non, non, Catherine, ne crains pas cela !... tu sens, n'est-ce pas, combien on aime ses enfants !... Ta mère t'ouvrira ses bras, Catherine, pour pleurer avec toi, — mais aussi pour sourire avec toi, avec ton enfant, — qui est un peu le sien... Hélas ! que n'ai-je aussi ma mère !... Oh ! je suis sûre qu'elle m'aimerait assez pour me pardonner, pour m'encourager, pour me sauver !... Car enfin, je ne puis avouer que moi, Mademoiselle de Saunay, j'ai déshonoré mon nom, j'ai flétri la mémoire de mes ancêtres, j'ai souillé et taché odieusement un blason toujours si pur et si respecté !... Je ne puis pas, je ne puis pas !...

Et, malgré son indomptable orgueil d'elle-même, malgré son courage hautain, Marcelle, un moment abattue, pencha sa tête sur sa poitrine, et pleura !

Ce fut alors au tour de Catherine à consoler son amie; oubliant sa propre douleur, elle se rapprocha vivement de Marcelle, et lui entourant affectueusement la taille de ses deux bras :

— Marcelle, dit-elle d'une voix émue, Marcelle, ne te désole pas; tu sais combien je t'aime, n'est-ce pas?... tu le sais; eh, bien! je suis prête à tout pour te sauver, dis-moi seulement ce que je dois faire, dis-moi quels moyens je dois employer, — je te le répète, Marcelle, je suis ton amie, ta sœur, je t'appartiens entièrement!... En doutes-tu donc, que tu ne réponds rien ?... ajouta la douce Catherine en regardant son amie d'un air de reproche....

— Oh non ! je ne doute pas de ton cœur, ma bonne Catherine, s'écria Marcelle; je ne doute pas de ton dévouement, et c'est pourquoi j'ai mis tout mon espoir en toi, en toi seule!... Écoute-moi bien, voilà ce que j'ai projeté. Tu comprends, n'est-ce pas, que mon enfant ne peut absolument pas rester au château, ne fût-ce qu'un jour!... La moindre anomalie dans les habitudes de la maison suffirait pour donner l'éveil!... J'ai donc décidé ceci : Il me faut une personne sûre, qui me soit sincèrement attachée, à moi et à mon enfant ; car, si sa discrétion absolue m'est précieuse, ses bons soins pour mon cher enfant me le sont encore bien davantage!... De plus, tu comprends, Catherine, que je ne puis pas me séparer tout à fait de mon bébé; je veux le voir sourire, l'entendre bégayer, le voir grandir, je veux enfin le sentir près de moi, tout près, à la portée de mes caresses et de mes baisers. Il faut aussi que la personne à qui je le confierai puisse expliquer sa naissance d'une façon qui me permette, à moi, de venir le voir souvent, très souvent, sans risquer d'éveiller l'attention !... En résumé, Catherine, j'ai espéré en toi, j'ai cru que tu m'aimerais assez pour vouloir te charger de mon enfant, pour l'élever avec le tien, pour l'aimer comme le tien, et enfin pour dire... pour dire qu'ils sont à toi tous les deux !

Me comprends-tu ?

— Oui.

— Puis-je compter sur toi ?

— Entièrement.

— Et... ta mère?... Catherine.

— Oh ! je te réponds d'elle comme de moi, elle t'aime tant, aussi!... je vais lui apprendre tout, en rentrant, tout à l'heure... Va, tranquillise-toi, Marcelle, personne ne connaîtra jamais le secret de la naissance de ton enfant, personne ! je le jure!... Je le nourrirai avec le mien, ils auront tous deux les mêmes tendresses et les mêmes soins, je les aimerai autant l'un que l'autre, Marcelle.

— Oh ! merci, merci !

Et, attirant vers elle son amie, mademoiselle de Saunay, l'embrassa avec effusion.

Puis, les deux jeunes filles continuèrent à causer, échangeant avec une égale confiance leurs craintes et leurs espoirs !

Elles devaient être mères à peu près en même temps. Le délai était proche, surtout pour Marcelle. Il fut donc convenu que si l'enfant de mademoiselle de Saunay venait au monde le premier, on le transporterait immédiatement du château dans l'humble maison de Catherine, où il resterait absolument caché et ignoré jusqu'au moment où celle-ci, devenue mère à son tour, annoncerait qu'elle venait de donner naissance à deux jumeaux !

. . . .

Quelques jours après cet entretien, Marcelle de Saunay qui, depuis longtemps déjà ne quittait plus sa chambre ni même son lit, — se sentit prise soudain de douleurs plus violentes et plus aiguës que jamais !

Pendant la nuit, ses souffrances ayant encore augmenté d'intensité, la jeune fille fit appeler à son chevet Antoine, le vieil intendant, et lui donna ordre de partir au plus vite chercher un médecin !

Quelques minutes après, ayant sellé à la hâte le meilleur cheval de l'écurie, le vieil intendant galopait à bride abattue sur la route de Saunay.

La nuit était effrayamment noire et ténébreuse !

Au ciel, pas une étoile, mais des amoncellements de nuages sombres.

Des deux côtés du chemin que parcourait Antoine, de grands arbres s'élevaient, gigantesques, prenant dans l'obscurité des formes fantastiques !...

Tout à coup, comme s'il était sorti de terre, un homme se dressa au milieu de la route : c'était Sivrani !!!

Il sauta brusquement à la tête du cheval, le saisit par la bride et le força à s'arrêter tout net !

Puis, avant que l'intendant ait le temps de pousser un seul cri, il s'élança sur lui, le bras levé, et lui plongea dans le cœur un poignard qu'il tenait à la main !...

L'intendant roula à terre, — tué raide !...

Alors, sautant sur le cheval resté libre et l'éperonnant furieusement :

— Et maintenant, s'écria Sivrani, — maintenant, je vais lui ramener un médecin de ma façon !!!

CHAPITRE IV

La nuit de l'accouchement

Nous sommes à Caperlac — la ville voisine de Saunay — dans le faubourg Saint-Jean ; suivons une ruelle étroite qui part du pont ; les façades des maisons légèrement penchées les unes sur les autres obscurcissent l'horizon.

Arrêtons-nous devant une habitation à un seul étage ; au-dessus d'une porte en chêne noircie par le temps et parsemée de gros clous en fer, une enseigne de sage-femme est accrochée au mur.

Le dessin représente une dame en bonnet de linge, dont le châle à carreaux tombe raide sur une robe noire ; la dame tient dans ses bras un magnifique bébé rose, nu comme un petit Saint-Jean-Baptiste.

A l'entrée, une vieille femme vous dévisage prudemment par le judas, et après avoir demandé d'une voix aigre ce que l'on désire, elle ouvre la porte et vous introduit dans un cabinet qui donne sur un jardin entouré de murs élevés.

C'est madame veuve Trijard, une des sages-femmes les plus adroites de Caperlac. On a bien jasé sur son compte, et les commères prétendent qu'il y a souvent du louche chez elle, mais on n'a jamais rien prouvé contre elle, ce sont de simples on-dit.

Ce cabinet de consultations renferme, pour tous meubles, une bibliothèque, un divan et deux chaises, plus une table adossée contre le mur et encombrée de bocaux renfermant des fœtus conservés dans l'esprit de vin, de boîtes entassées pêle-mêle, contenant des herbes médicinales et des fleurs assorties pour tisanes.

Vers minuit, la Trijard était assise là, à cette table, vérifiant son livre de comptes, lorsque l'on frappa à la porte à coups redoublés.

— Qui cela peut-il être ? fit la vieille en se levant ; arrivée au judas, elle l'ouvrit.

— Que demandez-vous ?

— C'est moi, Sivrani !... fit une homme enveloppé d'un long manteau.

— Ah ! très bien, voulez-vous entrer un moment ?

— Non, il faut me suivre.

— C'est bien, répondit madame Trijard, habituée à ces courses de nuit — le temps de faire seller ma pauvre Blanchette... Ah ! elle en voit de rudes ! je viens seulement d'arriver : quinze kilomètres après souper...

— Je vous attends à l'angle de la rue.

La Trijard le rejoignit bientôt.

— Votre petite Catherine ?...

— Non ! il ne s'agit pas d'elle... encore.

— Qui donc...

— Mademoiselle de Saunay...

— Mademoiselle de Saunay ! reprit la vieille, terrifiée. Mais au moins... vous ne voudriez pas...

— Allons, assez... vous serez largement payée, et, d'ailleurs, on ne vous demande que de faire votre métier...

— Oh ! ne vous fâchez pas... monsieur Sivrani...

— Voyons, avec moi, toutes ces explications sont inutiles, je vous connais, n'est-ce pas ?...

— Oh ! oui...

— Moi seul je sais, avec preuves à l'appui, que madame Trijard pourrait passer un mauvais quart d'heure, si je voulais...

— Diable d'homme ! pensa-t-elle.

— Eh bien ! voilà le plan de conduite que vous allez suivre.

— Parlez.

— Mademoiselle de Saunay a envoyé chercher un médecin par son intendant, ce médecin ne viendra pas...

— Ah ! fit la vieille.

— Il est inutile qu'il y ait des hommes cette nuit au château...

— Alors l'intendant ?...

— Ne reviendra pas, non plus...

— Brrou !...

— Qu'avez-vous ?...

— Il fait froid, cette nuit, et puis ces chemins écartés de toute habitation ne sont pas sûrs...

— Ils le sont pour nous D'ailleurs nous approchons, dans quelques minutes nous serons arrivés à destination. Donc écoutez-moi bien, je veux enlever l'enfant à qui mademoiselle de Saunay va donner le jour.

— Seigneur dieu !

— Je compte sur vous...

— O mon doux Jésus... c'est impossible...

— Alors demain le juge d'instruction sera peut-être curieux de savoir ce que vous faisiez au hameau de la Tremblay, il y a environ un mois...

— Bon ! que désirez-vous ?

— Vous allez vous trouver seule avec mademoiselle de Saunay, on a voulu entourer cet événement du plus grand mystère — il y aura peut-être Gertrude, sa gouvernante — peu importe !

Une fois l'accouchement terminé, vous donnerez un narcotique à la mère, — la vieille Gertrude s'endormira seule — et vous prendrez l'enfant que vous m'apporterez au rendez-vous que je vous indiquerai.

C'est très simple...

— Vous êtes terrible !... je ne sais vraiment...

— Voyons, madame Trijard, ne chicanons pas sur les mots, un enlèvement ne vous compromet pas beaucoup plus qu'un avortement et vous n'en êtes pas à votre coup d'essai.

— Parlez plus bas...

— Tenez, nous sommes arrivés, vous n'avez plus qu'à suivre cette allée tout droit. Je vous attends ici. A bientôt.

La sage-femme prit la route désignée, pendant que Sivrani descendait de cheval et cherchait un arbre où il put attacher la bride de sa monture qui, se sentant près de l'écurie, se cabrait d'impatience.

Sivrani avait dit vrai, madame Tréjard fut reçue à la porte du château par Gertrude, qui l'introduisit aussitôt dans la chambre de sa maîtresse.

— Et le domestique ? fit la gouvernante.

— Je ne sais... il est venu chez moi tout inquiet, il ne trouvait pas de médecin ; ces messieurs étaient en tournée ; il aura attendu...

— Probablement... venez vîte.

Sur son grand lit de chêne à colonnes torses, Marcelle se tordait dans les douleurs les plus violentes.

Madame Trijard s'installa comme chez elle, habituée, durant ces moments pénibles, à voir ses moindres demandes prises pour des ordres.

Elle adressa à Marcelle quelques paroles mielleuses d'encouragement et de consolation.

Celle-ci n'entendait rien ; son œil grand ouvert, sa pupille plus dilatée que de coutume donnaient à son regard je ne sais quel égarement bizarre.

Au bout d'une heure environ Marcelle accoucha d'un garçon.

— C'est un garçon, mademoiselle, lui dit la sage-femme d'un air triomphant.

— Un fils ! fit Marcelle avec un sourire d'une tendresse indéfinissable : elle essaya de se soulever mais elle retomba, épuisée.

Cependant une force inconnue réagit sur tout son être accablé de fatigue et de souffrance. Elle fit signe à la sage-femme de s'approcher, et, prenant une bourse qu'elle avait placée d'avance sur sa table de nuit.

— Tenez, madame, voici mille francs ..

— Oh ! mademoiselle...

— Vous garderez le silence le plus complet sur ce que vous venez de voir.

— Sur mon honneur, mademoiselle...

— Ce n'est pas tout... vous venez souvent dans le village, sans doute?... Connaissez-vous l'habitation de Catherine Lebert?...

— Très bien.

— Prenez mon enfant et portez-le chez elle ; puis comme elle aussi aura besoin de vos soins d'ici peu, vous y resterez jusqu'à ce qu'elle soit délivrée. Et si on vous questionne dans le pays, vous direz qu'elle a eu deux jumeaux.

— Je comprends, fiez-vous à moi.

— Allez, si vous vous acquittez bien de cette mission, vous recevrez encore mille francs de récompense. Adieu, madame.

Et Marcelle, après avoir embrassé avec transports son enfant, le remit entre les mains de madame Trijard.

Celle-ci emporta le précieux fardeau enveloppé soigneusement et rejoignit Sivrani au rendez-vous qu'il lui avait fixé.

— Eh bien ? fit-il.

— Le voici, ce pauvre chat. Ah ! je n'ai pas eu de difficulté pour l'enlever ; on m'a chargé de l'apporter moi-même chez Catherine.

— Chez Catherine?...

— Oui... Ah ! vous allez être un père doublement heureux, votre maîtresse doit passer aux yeux de tout le monde pour avoir mis au monde deux jumeaux...

Que dites-vous de cela ?

— Tout va à merveille, pensa Sivrani, je suis sûr de l'obéissance de Catherine, laissons faire les choses.

— Eh bien, madame Trijard, reprit-il, je ne vous retiens plus, faites votre commission, adieu.

— Qu'est-ce qui lui prend ? songea la vieille femme en se dirigeant vers la maison de Catherine, qui se trouvait à l'autre extrémité du village.

Pourquoi s'en va-t-il ainsi ? Ah ! le gueux ! il doit encore machiner quelque coquinerie. En voilà un que je verrais disparaître sans le regretter une seule minute. C'est une peste qu'un homme pareil dans un pays, et si quelqu'un pouvait nous en débarrasser, il serait le bienvenu. Mais comment oser même lutter? Il est tout puissant !

Ah ! c'est moi qui n'hésiterais pas à attacher la corde pour le pendre. Il sait tout ce qui se passe.

Madame Trijard marchait rapidement, la nuit était toujours très obscure, et elle ne trouvait pas sa conscience assez tranquille pour ne pas se sentir frissonner de temps à autre en passant devant les bouquets d'arbres qui longeaient le chemin.

Enfin elle arriva au but de sa course, elle frappa discrètement à la porte.

La mère de Catherine veillait, anxieuse, préparant tout d'avance pour les premiers soins à donner à l'enfant.

Elle vint ouvrir à madame Trijard et la conduisit dans une chambre du fond.

Catherine était au lit et sommeillait. Près de la fenêtre deux berceaux attendaient les nouveaux-nés.

— C'est un beau garçon, dit la sage-femme en montrant le fils de Marcelle.

— Pauvre cher petit !

Les femmes causèrent à voix basse pour ne pas éveiller Catherine. Madame Trijard raconta ce qui s'était passé et les ordres qu'elle avait reçus.

— Et votre fille, il ne doit pas y en avoir pour longtemps ?

— Peut-être dans la nuit de demain ; mais il y a une chambre toute disposée à recevoir la personne que mademoiselle Marcelle m'avait annoncée. Venez avec moi, je m'occuperai de soigner l'enfant.

— Vous devez être bien fatiguée, vous aussi ?

— Non, je ne songe à rien, le malheur qui me frappe est tellement grand : ma pauvre fille séduite, déshonorée ! j'en deviendrai folle ! j'en deviendrai folle !

— Pauvre dame ! soupira hypocritement la Trijard. Appelez-moi s'il y a du nouveau.

Et elle ferma la porte de sa chambre, pendant que la mère de Catherine se retirait en essuyant deux grosses larmes qui roulaient sur ses joues amaigries par les longues veilles et les chagrins cruels.

Marcelle s'était endormie profondément après avoir ordonné à Gertrude d'aller prendre un peu de repos.

Elle était en proie à un sommeil fiévreux : ses poings étaient fermés convulsivement et sa face congestionnée.

De temps à autre elle avait des soubresauts brusques, comme si un cauchemar horrible la poursuivait sans relâche.

Tout d'un coup elle se dressa sur son séant, d'un bond elle sauta hors du lit.

— De l'air ! de l'air !

Elle se dirigea vers la fenêtre, l'ouvrit et aspira avidement l'air frais de la nuit.

Elle jeta un regard dans l'allée qui s'étendait au-dessous des fenêtres, un homme était là, immobile ; elle l'aperçut aussitôt !

— C'est lui, le misérable ! il me poursuit partout... malheur à lui !

Et avec une promptitude effrayante, elle ouvrit la boîte des pistolets, en saisit un, l'arma et tira.

L'homme était arrêté devant Marcelle. Il tomba foudroyé.

Alors Marcelle, toujours sous l'empire d'un rêve affreux, remit le pistolet à sa place et regagna son lit, marchant automatiquement, comme frappée de somnambulisme.

La vieille gouvernante se réveilla en sursaut et se précipita dans la chambre de sa maîtresse.

— Mademoiselle ! mademoiselle !!

Marcelle ne bougea pas, un sommeil de plomb pesait sur elle.

Gertrude cria plus fort :

— Mademoiselle ! mademoiselle Marcelle !!

Marcelle ouvrit vaguement ses yeux cernés :

— Quoi ?... que me veux-tu ?

— Vous n'avez donc pas entendu ?

Marcelle écoutait, mais ne comprenait pas ; elle ne pouvait se débarrasser entièrement de la torpeur qui la tenait clouée sur son lit.

En vain cherchait-elle à se rappeler... sa mémoire lui faisait absolument défaut, ses idées se brouillaient dans son cerveau et une brume épaisse voilait son regard...

Gertrude reprit :

— Mademoiselle... un coup de fusil a été tiré ici, dans le parc, tous vos gens sont sur pied, une émotion indescriptible règne dans le château... Antoine, votre vieil intendant, n'est pas revenu de la ville !

— Ah !... fit Marcelle ; un soupir souleva sa poitrine, elle commençait à comprendre qu'une chose étrange, inouïe, dont elle pouvait peut-être devenir la victime, se passait sous ses yeux, sans qu'elle le sût, sans qu'elle pût en prévenir les dangers.

Alors, elle oublia incontinent ses fatigues et les terribles sensations par lesquelles elle venait de passer. Un nuage obscurcissait encore ses pensées ; et, malgré elle, malgré l'effort qu'elle s'imposait, elle n'arrivait qu'à brouiller dans sa tête les souvenirs confus de cette nuit cruelle : elle n'avait conscience que d'un long cauchemar qui la faisait frémir sans savoir pourquoi, elle sentait son cœur serré comme dans un étau, puis par moments sa poitrine oppressée se soulevait.

Inquiète, troublée, Marcelle n'osait parler, lorsque soudain, une crainte traversa son esprit :

— Mon fils ! mon fils... où est-il ?

— Mademoiselle, vous l'avez confié vous-même à la sage-femme pour le porter chez Catherine,

— Ah ! oui, je me souviens... Gertrude, envoie quelqu'un savoir de ses nouvelles...

— J'irai moi-même... mais il est en sûreté, ne craignez rien...

— J'ai peur, je ne sais pourquoi...

— C'est la fièvre qui vous reprend. Allons ma chère demoiselle, soyez raisonnable, songez qu'en restant bien tranquille vous pourrez vous lever bientôt et aller l'embrasser.

— Cher ange !...

— Ah ! mon dieu, fit Gertrude, et votre fenêtre qui est ouverte, j'aurai oublié de la fermer.

— Ah ! oui, c'est vrai... dit Marcelle, qui ne se souvenait de rien.

— Vous auriez pu prendre du mal, et par ma faute !

— Non, l'air me fait du bien...

Gertrude ferma la fenêtre, puis, revenant vers sa maîtresse :

Les deux enfants souriaient aux anges dans leur sommeil.

— Le jour va paraître, je vais au village prendre des nouvelles du cher petit, et je reviendrai très vite, malgré mes vieilles jambes.

— Oui, ma bonne Gertrude ; je te promets d'essayer de dormir en t'attendant, je vais rêver à mon fils.

La gouvernante sortit.

Les rideaux de la fenêtre étaient tirés, la chambre était dans l'obscurité la plus complète.

Marcelle se sentait doucement envahir par le sommeil, elle songeait à son fils, et un doux sourire entr'ouvrait ses lèvres encore pâles :

— Mon fils !... j'ai un fils... comment l'appellerai-je, ce trésor adoré ?... comme son père ! Jean ! Oh ! il ne peut venir, lui, en ce moment... qu'il me tarde d'être mieux pour le revoir... voici trois longs jours... que je souffre sans lui... et s'il pouvait seulement se douter de l'épreuve terrible que je traverse ! Il serait là, là tout près, à mes côtés, et son sourire, ce sourire si doux et si pénétrant, égaierait la morne solitude de mes souffrances !

Que fait-il à cette heure ? Certainement qu'il pense à moi, je le vois dans sa petite chambre, assis près de sa table et rêvant, lui aussi, d'avoir un fils ! — Un fils ! mon Dieu, quelle joie, et que je vous bénis ! Oh ! je sais bien que je suis coupable d'avoir ainsi aimé, et que le châtiment pourrait venir un jour ! Mais je serai si bonne et dévouée au père, si attentive et aimante pour l'enfant, que le ciel me pardonnera ! Oui, il pardonnera cette faute en faveur de l'attachement passionné que je montrerai à notre petit Jean ?

Jean ! Il s'appellera Jean, c'est décidé ! Nous en ferons un homme, de ce cher petit ange ; il grandira sous nos yeux, je ne me séparerai jamais de lui ; à moi son premier sourire, et ses petites mains qui imploreront une caresse de la mère ! Si je pouvais aller l'embrasser ! Il est dans son berceau maintenant, dormant tranquillement, paisible et sans inquiétude de l'avenir ! Je le vois, je le sens près de moi ! — Oh ! quand serai-je debout ! J'ai des envies folles de me lever, de courir chez Catherine ; je voudrais le serrer dans mes bras, le couvrir de baisers... Mais hélas ! je suis clouée sur ce lit... je ne puis faire un mouvement...

Marcelle, épuisée par ce rêve où tous ses bonheurs promis défilaient devant elle comme une consolation délicieuse, s'endormit le cœur et l'esprit remplis de ces deux êtres adorés qui étaient son unique préoccupation — et son unique espérance !!!

CHAPITRE V

L'hôtel du Midi

Le village de la Tremblay est perché sur une colline assez élevée dominant une plaine qui s'étend au loin jusqu'à la Dordogne ; à égale distance de la rivière et du village se trouve une route départementale.

Cette route va, d'un côté, sur Caperlac, et de l'autre vers Périgueux en passant par Saunay.

A quelque distance de là se trouve le château de Sauteuil.

Son propriétaire ne faisait que de rares apparitions à la Tremblay, et, à part le mois de novembre où il venait présider quelque battue générale dans la forêt des environs, le marquis de Sauteuil restait de préférence à Paris.

La Tremblay avait peu d'attrait pour lui ; lorsqu'il quittait la capitale, aux époques de l'année où il devient mauvais genre de se montrer encore sur les boulevards, c'était pour aller, l'été, aux bains de mer, et l'hiver, à Menton.

On se demandait même si le marquis reviendrait jamais dans ses terres, son ancien condisciple, son meilleur ami, le docteur Gallac, qui était son unique société à la Tremblay, étant mort l'an passé d'une chute de cheval. Cet homme de bien, dont tout le monde appréciait le talent et l'excellent cœur, laissait une veuve et un fils âgé de 20 ans, qui terminait ses études au lycée de Bordeaux.

Ce fut justement cette fin cruelle qui décida monsieur de Sauteuil à revenir en Périgord plus tôt que de coutume,

Il voulait s'occuper du fils de son ami et aider de ses conseils madame veuve Gallac.

Paul avait subi avec succès ses examens au baccalauréat, il voulait être médecin comme son père, et il fut décidé qu'il partirait pour Paris à la fin des vacances.

La perte de son mari avait péniblement affecté madame Gallac, sa douleur avait été immense, et au fond de son cœur elle conservait pieusement le souvenir de celui qui n'était plus.

Mais, en femme héroïque, elle comprenait que son devoir lui commandait de faire taire son chagrin, et d'ailleurs elle ne faisait qu'exécuter les dernières volontés de son mari en se dévouant corps et âme à l'éducation de son fils.

— Quel sacrifice pour moi, me séparer de Paul ! disait-elle au marquis.

— Il le faut, ma chère madame ; n'est-ce pas dans son intérêt ? Il va devenir un homme, un homme utile, le digne successeur de son père. — Et puis, à Paris, je serai près de lui, j'en prendrai soin.

— Oh ! oui, je vous en prie ; ce me sera une consolation de savoir qu'il a un ami dévoué, qu'il n'est pas tout seul abandonné au milieu de la foule indifférente.

— Ne craignez rien. Je suis venu exprès dans l'idée de le ramener avec moi à Paris, je lui servirai de guide pour son installation, et lorsque ses études lui donneront un moment de loisir, il sera toujours le bienvenu rue de Varennes.

— Merci, monsieur le marquis, vous ne pouvez vous figurer combien je vous suis reconnaissante de vos bontés !

— Eh bien, Paul, dit M. de Sauteuil en s'adressant au jeune homme, nous partirons à la fin de la semaine, il faut que tu sois à l'ouverture des cours et que tu te mettes à même, en travaillant, de devenir un vrai savant.

— Votre amitié me prête un trop grand rôle, je ne suis pas aussi ambitieux ; je tâcherai cependant de suivre les conseils que mon père m'a donnés, et il en est un qui m'est bien facile, c'est de vous aimer comme il le faisait lui-même.

— Cher enfant ! tu n'oublieras pas trop ta mère, là-bas ? reprit madame Gallac en l'embrassant avec effusion.

— Tu sais bien que cela me serait impossible !...

Huit jours après, Paul partait en compagnie de monsieur de Sauteuil.

Il eut un grand chagrin de laisser seule sa vieille mère, de se séparer d'elle pour la première fois.

Mais les mille péripéties du voyage, la pensée qu'il allait enfin habiter Paris dissipèrent peu à peu ce serrement de cœur.

Une curiosité insatiable s'éveillait en lui, un désir inassouvi de connaître ce Paris dont son père lui avait tant parlé, dominait tout son être.

Il commençait seulement à être un homme, puisque jusqu'ici il n'avait pas encore pu vivre à sa guise ; enfermé au collège, puis à la campagne, sans cesse sous les yeux de sa famille, il n'avait jamais pu user de cette liberté qui lui apparaissait maintenant dans tout son éclat.

Une chose le gênait et froissait ses aspirations chastes, ses rêveries d'amour qui se perdaient dans les nuages de la fantaisie : M. de Sauteuil lui parlait de femmes, en camarade, froidement et ironiquement. Le marquis n'avait plus vingt ans, aussi ses remarques, ses observations, le fruit de l'expérience, choquaient Paul qui ne comprenait qu'à demi, et qui, ne pouvant croire au mal, se plaisait à traiter d'inventions tout ce bagage de réalités poignantes que l'on déballait devant lui.

— Alors, monsieur le marquis, si un jour j'aimais une femme, je suppose, vous croyez qu'il est impossible qu'elle me paie de retour franchement et loyalement.

— Je ne dis pas cela, mon cher ami, vous êtes jeune et beau garçon, et plus d'une femme vous jurera un amour éternel, quitte à vous tromper le lendemain...

— Eh bien, je vous assure, dit Paul dont l'œil noir brilla d'une colère subite, je vous assure que si jamais je devenais passionnément épris d'une femme, courtisane ou grande dame, — puisque vous-même vous avez employé ces deux expressions, — je l'aurai malgré tout, et elle m'appartiendrait une heure, une minute dussé-je en mourir après... et si elle me trompait, si elle était parjure à sa foi, à ses promesses, je la tuerais !

— Paul, un peu de calme... mais je suis heureux de vous voir vous emporter ainsi; assez tôt, hélas ! vous deviendrez un blasé et un sceptique ; gardez le plus longtemps possible ces ardeurs juvéniles que j'ai eu moi aussi, et que je vous envie !

M. de Sauteuil força Paul, malgré sa résistance, à descendre à son hôtel de la rue de Varennes, en attendant qu'il eût trouvé un logement dans le quartier où l'appelaient ses travaux. Il le garda plusieurs jours avec lui, tout heureux d'assister aux enthousiasmes et aux admirations que chaque nouveauté causait à son jeune ami.

Enfin, il fut décidé que Paul habiterait rue de l'Ecole de-Médecine, au nº 25, un hôtel garni, dans lequel il avait retenu une grande chambre, suffisamment meublée, au premier, et donnant dans la rue par deux grandes fenêtres.

Sur la façade de l'hôtel on lisait, écrit en grosses lettres noires légèrement estompées par le temps : Hôtel du Midi.

On entrait dans un corridor assez éclairé, et à l'entresol se trouvait le bureau de l'hôtel. Des casiers contenant le bougeoir en cuivre et les clefs des chambres avec leurs numéros, pendues à des clous.

Au milieu, une table en acajou recouverte d'une toile cirée, toujours dressée, soit pour les repas, soit pour écrire sur le livre de compte les dépenses de chaque pensionnaire.

Sur un des côtés, un dressoir, quelques chaises clissées et un grand fauteuil à la Voltaire.

L'hôtel du Midi était tenu depuis quelques mois par madame Sivrani. Une de ses tantes lui avait légué cette propriété par testament: tant que son mari avait vécu, elle l'avait affermé.

Mais elle était veuve et n'ayant pas suffisamment de quoi vivre à Bordeaux, elle était venue à Paris avec ses deux filles, Louise et Marthe, qui composaient son unique famille, car son fils, Sivrani, que nous avons retrouvé à Saunay, n'avait pas donné signe de vie à ses parents depuis sa sortie du pénitencier.

Madame Sivrani était pleinement compensée de l'abandon de son fils par l'affection à toute épreuve de ses deux charmantes filles.

Louise, l'aînée, pouvait avoir 18 ans au moment de son arrivée à Paris.

C'était une blonde à la taille svelte et distinguée ; son caractère un peu mélancolique, son penchant à la rêverie empreinte d'une pointe de tristesse, contrastaient avec la bonne gaîté et les frais éclats de rire de sa sœur Marthe : une brunette vive et alerte, qui, malgré ses 17 ans, ne songeait pas du tout à abandonner ses mines éveillées et son franc parler d'enfant gâtée.

Elle jetait un rayon de joie dans l'existence de sa mère qui, le soir, bien souvent, se prenait à songer et à pleurer au souvenir des années heureuses d'autrefois.

Elle avait son mari, alors ! son cher époux qui ne s'était jamais lassé d'entourer sa vie entière d'une tendre sollicitude !

Et puis, elle avait aussi un fils, absent aujourd'hui, qui avait déserté le foyer de la famille pour courir les aventures, et faire Dieu sait quoi !

Un fils peut, emporté au milieu du courant par ses passions, par ses vices, oublier sa mère, une mère a toujours une affection inaltérable pour l'être qu'elle a porté dans son sein, pour l'enfant qu'elle a choyé tout petit et qu'elle s'est plu à admirer en le voyant peu à peu devenir un homme !

Ah ! elle songeait à lui bien souvent !

Le soir, lorsque ses filles étaient couchées et qu'elle restait seule au bureau attendant les locataires qui rentraient chez eux, sa figure se voilait par moments d'une douleur indéfinissable.

Elle était comme endormie sur son fauteuil, mais ses paupières n'étaient que baissées, son esprit cherchait et travaillait sans cesse.

— Oh ! si je l'avais avec moi, pensait-elle, ce serait la consolation suprême de mes vieux jours. Faudra-t-il que je perde ce dernier espoir ?

— Bonsoir, madame, dit tout à coup une voix sonore.

C'était Paul Gallac qui rentrait, il causait quelquefois au bureau ; cette famille composée de ces trois femmes seules, sans soutien, avait tout de suite attiré sa sympathie.

Louise surtout, peut-être à cause de sa tristesse naturelle, lui paraissait intéressante. Mais il évitait de lui adresser la parole, parce qu'un jour il l'avait vue rougir subitement à son approche.

Or, Paul était un honnête garçon ; il ne pouvait songer au mariage et il l'estimait trop pour en faire sa maîtresse.

D'ailleurs l'aimait-il ? Il le craignait chaque jour davantage ; il la trouvait fort gentille, et il n'en faut pas d'avantage pour jeter le trouble dans un cœur de vingt ans, et puis ils se rencontraient souvent : on se lie vite à cet âge-là, l'amitié commence pour céder bientôt la place à l'amour.

Quoi qu'il en soit, Paul se trouvait gêné en face de Louise et cependant les seuls moments heureux de sa journée étaient ceux où il pouvait la voir et lui parler.

D'ailleurs il ne faisait aucun mal, elle n'était jamais seule, et Marthe venait sans cesse jeter sa note espiègle dans leur conversation entrecoupée de longs silences pendant lesquels la parole cède la place au langage du cœur.

Ils causaient ensemble de leurs projets d'avenir, ils traçaient une existence idéalement heureuse et si bien arrangée d'avance que le malheur ne pourrait pas les atteindre.

— Moi, disait Louise, je voudrais habiter la campagne, avoir une petite maison bien close avec des volets verts, comme on en rencontre en voyage, une prairie, de grands arbres et tout au loin un ruisseau qui murmure sa gamme plaintive.

— J'ai tout cela à la Tremblay, répondait Paul, oh! Louise, quelle charmante vie on y mènerait à deux !

Ils en restaient là de leur doux entretien, détournant les yeux l'un de l'autre après un serrement de main furtif et un de ces regards qui appellent un baiser.

Paul Gallao ne pouvait passer devant le bureau de l'hôtel sans s'arrêter un instant, soit qu'il montât chez lui ou qu'il en descendît, une habitude impérieuse le poussait à s'asseoir dans cet intérieur modeste au milieu de cette famille qu'il aimait plus qu'il ne le pensait lui-même.

Si les jeunes filles n'étaient pas là, il causait un brin avec Mme Sivrani, et c'était déjà une satisfaction pour lui de se trouver en face de la mère de celle qu'il aimait.

Un soir, il rentrait vers minuit et demi — plus tard que de coutume, M. de Sauteuil l'avait amené à l'Opéra ; dans le bureau il aperçut deux hommes à la mine suspecte, vêtus d'une longue redingote frippée qui battait un méchant pantalon noir, leurs chapeaux de soie légèrement défrisés laissaient apercevoir à certains endroits des places blanches d'usures, Mme Sivrani leur montrait un grand livre sur lequel ils prenaient des notes.

Ils partirent sans refermer la porte, insolents, le chapeau campé sur l'oreille avec des airs de matamores.

— Ce sont des agents de la police ? demanda Paul.

— Oui, M. Gallac; ils viennent voir s'il n'y a pas de femmes seules dans l'hôtel.

— Quel horrible métier ! reprit le jeune étudiant, qu'elle honte pour des hommes bien portants et valides de gagner leur existence en guettant de malheureuses filles, comme un chien qui suit un lièvre à la piste.

— Que voulez-vous, il en faut.

— Oui, mais je suis étonné que l'on puisse en trouver, et Dieu merci, ce n'est pas ce qui manque, paraît-il ! Oh ! dire que la race humaine peut descendre aussi bas, en arriver, ainsi que quelques-uns le font, à se faire soudoyer par des prostituées sous peine de les dénoncer, pour qu'elles soient immédiatement jetées à St-Lazare. Mais c'est indigne !

— Vous avez bien raison, mon cher monsieur Paul.

— Oh ! j'ai un dégoût profond pour ces gens-là depuis que je les connais, depuis que j'ai été à même de les apprécier. Ainsi, dans mon pays, nous avions un agent de la police secrète qui espionnait tout le monde, c'est son métier, parbleu !

lui était pour la politique, c'est plus chic, paraît-il; ce n'en était pas moins un être abject et méprisable...

— Vous ne m'en aviez pas parlé...

— Non... Oh! maintenant que je vous connais, je suis bien sûr qu'il ne vous touche en rien.

— Ah!

— On peut porter le même nom qu'un scélérat, n'est-ce pas? sans...

— Alors il se nomme?...

— Mais... Sivrani, exactement comme vous... Mon Dieu, vous pâlissez, qu'avez-vous?

Madame Sivrani, à demi évanouie, les bras inertes, restait comme assommée sous le coup qui la frappait.

— Mon fils! un misérable! Oh!... et elle étreignit sa tête dans un geste de dégoût.

— Son fils! fit Paul, le frère de Louise!...

— Madame, excusez-moi, si j'avais cru, si j'avais pu supposer...

— Non, je préfère savoir... mais de grâce, n'en dites jamais un mot devant mes filles, les pauvres petites, ce n'est pas leur faute!

— Je n'en parlerai jamais plus...

— Si, je vous en prie, racontez-moi tout; je suis sa mère, moi. Je puis tou entendre, j'aurai davantage à lui pardonner, car il m'a déjà rendue bien malheureuse!

Paul, pressé de questions, fut obligé de s'exécuter, il s'était trop avancé pour revenir sur ses premières paroles, mais il s'efforça de pallier le désastreux effet qu'il avait produit.

Madame Sivrani insistait sans cesse:

— Et les femmes, il doit y avoir u ne femme compromise, quelque scandale, enfin!

— Non, je ne sais pas, j'ignore...

— Si! si! cela ne lui ressemblerait pas sans cela, il y a quelqu'infortunée qu'il a séduite, qu'il torture... vous voyez, je devine...

— Oui, une grisette, Catherine, du moins le bruit en courait dans le pays... pauvre fille...

— Ah! pauvre fille! pourquoi? achevez...

— Elle doit être mère...

— Et il ne l'épouse pas...

— Non, il en aime une autre... mais celle-là...

— Ne l'aime pas?

— Non! Elle a refusé de le recevoir et l'a fait chasser par ses gens... C'est mademoiselle de Saunay, la plus belle et la plus riche héritière du pays.

— Et c'est tout...

— Oui.

— Il ne s'est pas vengé de cet affront?

— Il se serait brisé, s'il avait tenté quoi que ce soit contre mademoiselle Marcelle.

— Vous croyez... défiez-vous! je l'ai élevé, je le connais, il est capable de tout, le misérable!...

— Calmez-vous, madame, il est tard, prenez un peu de repos et oubliez cette conversation pénible, il n'est peut-être pas aussi coupable que vous le dites. Vous le jugez sévèrement...

— Non, non ! je lui avais donné toute mon affection, pendant son enfance je l'ai entouré de soins et de tendresse. Voilà comment il me paie de retour, en déshonorant notre nom respecté et sans tache...

Mais je vous retiens, monsieur Paul ? Bonsoir...

Paul sortit en s'inclinant devant cette douleur qu'il avait fait naître bien innocemment.

Madame Sivrani demeura un instant muette, le regard vaguement fixé en face d'elle, puis tout-à-coup sa poitrine se gonfla et ses yeux s'emplirent de larmes.

— Oh ! malheureuse que je suis ! murmura-t-elle, n'avoir qu'un fils sur lequel reporter son affection et le savoir perdu à jamais... Mon Dieu ! qu'ai-je fait au ciel pour être éprouvée aussi cruellement ?...

Oh ! peut-être que tout n'est pas fini entre nous ; si je le revoyais, s'il venait, il trouverait des excuses, des raisons qui expliqueraient sa conduite... et je ne demande qu'à lui pardonner, qu'à le tenir serré dans mes bras...

Il se fait tard, si mes pauvres filles me savaient encore ici, elles seraient inquiètes, rentrons doucement.

Madame Sivrani ouvrit la porte de sa chambre et disparut en la refermant avec précaution pour éviter le moindre bruit.

CHAPITRE VI

Les deux cadavres

Le lendemain de cette nuit fatale qui avait vu tant d'événements se dérouler avec une rapidité infernale, c'était la foire à Caperlac.

Les paysans abandonnaient ce jour-là, les travaux des champs pour aller vendre à la ville les produits divers de la campagne; ils s'avançaient par groupes, parlant fort, supputant déjà les bénéfices probables et vantant à qui mieux mieux le bétail de leur étable et les fruits de leur jardin.

Endimanchés et raides dans leurs costumes de Cadi, ils marchaient pieds nus au milieu de la poussière épaisse du chemin, tenant à la main leurs souliers ferrés qu'ils ne reprenaient qu'au moment d'entrer dans le premier faubourg de la ville — par économie.

Les femmes les suivaient, portant à chaque bras un grand panier en osier rempli d'œufs frais ou de poulets liés par les pattes deux par deux, et tendant en dehors du panier leurs becs desséchés par la soif.

Tout ce monde laborieux était parti avant le jour pour arriver bon premier au marché.

Le soleil commençait cependant à poindre discrètement derrière un rideau de nuages, qui traversaient l'horizon avec une lenteur mesurée.

Dans ce demi silence de la campagne les bruits de la ville qui s'éveille arrivaient tout particulièrement clairs et sonores.

Il venait d'apercevoir un cadavre. (Voir page 49.)

Les paysans marchaient indifférents à ce spectacle magnifique du lever de la nature, éclairée par les mille reflets de l'aube naissante.

Quand soudain l'homme qui se trouvait en tête s'arrêta immobile, il venait d'apercevoir un cadavre étendu dans une mare sanglante...

Les autres paysans, appelés par leur compagnon, s'avancèrent vivement.

— Mais c'est Antoine, le vieil intendant du château ! s'écriaient-ils à mesure qu'ils s'approchaient de l'infortunée victime.

— Peut-être n'est-il pas mort ? fit l'un d'eux.

On essaya de le soulever ; sa tête et ses bras inertes retombèrent lourdement.

— C'est peut-être une chûte de cheval ? dit une femme en faisant observer qu'il avait des éperons à ses bottes.

— Non, répliqua un des assistants qui avait palpé le cadavre. Il y a eu un crime de commis, voyez, il a reçu une blessure en pleine poitrine, il est tout maculé de sang à cet endroit-là.

Et ce n'est pas un maladroit qui l'a assassiné, il a été frappé juste au cœur !

— Pauvre Antoine ! reprit un autre, on ne lui connaissait pas d'ennemis dans le pays ; un homme si avenant pour tout le monde !

Les fermiers du château rejoignirent le groupe à ce moment-là, ils se rendaient eux aussi à la ville avec leurs bœufs et leurs charrettes chargées de sacs de blé.

On plaça Antoine sur une des charrettes, le bouvier rebroussa chemin et reprit la route de Saunay.

Le soleil montait à l'horizon, le jour était grand quand le convoi arriva devant le château.

Au moment où la porte d'entrée s'ouvrait pour laisser pénétrer la dépouille mortuaire du vieil intendant, un spectacle horrible s'offrit à la vue des nouveaux arrivés : sur un brancard porté par deux hommes se trouvait le cadavre de l'abbé Jean Dubois.

On venait de le rencontrer sous les fenêtres de Marcelle, gisant inanimé, la tête fracassée par une balle.

Car, dans son délire furieux, c'était bien sur lui que Marcelle avait tiré, ne sachant pas ce qu'elle faisait et uniquement obsédée par la pensée de ce Sivrani qu'elle haïssait, et qu'elle croyait voir partout la poursuivant sans relâche de son amour menaçant.

Elle avait tué celui pour lequel elle avait une véritable adoration ; sa main, que naguère Jean couvrait de baisers brûlants d'amour, n'avait pas tremblé en tenant le pistolet homicide, et ses yeux qui s'emplissaient à sa seule vue de douces tendresses, n'avaient pas hésité à diriger le coup fatal.

Il était bien mort.

Jean, craignant de donner l'éveil aux gens du château, n'avait pas vu Marcelle depuis qu'elle s'était alitée et qu'elle ne pouvait plus, comme d'habitude, venir vers 10 heures du soir lui ouvrir la petite porte du jardin.

Ah ! que de soirées passées dans des causeries charmantes ! Que de tête-à-tête exquis ! que de rêveries ! que de projets irréalisables qui leur faisaient oublier leur situation pour ne songer qu'à un avenir riant de promesses !

Jean, inquiet, n'avait pu résister au désir de se rapprocher du château, ne fût-ce que pour la savoir plus près de lui.

Blotti sous un arbre en face des fenêtres de Marcelle, il suivait du regard les ombres projetées sur les rideaux par les personnes qui allaient et venaient dans la chambre.

Il entendit la sage-femme arriver, puis il la vit repartir ; alors les bougies s'éteignirent ; une veilleuse seule éclairait l'appartement de sa clarté pâle et tremblante.

— Elle doit reposer, pensa-t-il, pauvre chère femme ! quand pourrai-je de nouveau lui dire combien je l'aime !

Et notre enfant ? oh ! mon Dieu ! que je voudrais le serrer dans mes bras... C'est peut-être un fils ! dire que je ne sais rien, qu'elle est là, abandonnée à des mains mercenaires et qu'il ne m'est pas permis de me trouver à ses côtés pour lui donner courage et la soutenir dans cette crise par mon amour !

Elle dort peut-être... Allons, malheureux paria, déshérité de toutes les joies de la famille... oublie que tu es homme, que tu as un cœur fait pour aimer... tout cela n'est pas pour toi... regagne ton presbytère, humilie-toi et prie...

Oh ! Seigneur ! est-ce vrai que pour vous servir, que pour être digne de vous, nous devons avoir une âme de pierre, insensible aux douces paroles de la femme et aux premiers bégaiements, si pleins de charme, de l'enfant qui s'éveille à la vie...

Jean en était là de ses craintes, de ses angoisses, lorsqu'il entendit un bruit de fenêtre qui s'ouvre, il s'avança un peu en dehors de sa cachette, mais il eut à peine le temps de faire un pas, il tomba raide mort. Marcelle venait de tuer son amant, son bien unique, sa seule espérance de bonheur dans l'avenir.

C'est là qu'on le retrouva le lendemain matin.

Chacun dissertait à propos de ces deux assassinats en une même nuit ; tout le monde était plongé dans une consternation profonde.

Un effroi général envahissait les plus braves. On se perdait en suppositions invraisemblables pour arriver à déterminer quel avait pu être le mobile de ce double crime.

Chacun demeurait muet sur ce point : les hommes se taisaient d'épouvante et les femmes, agenouillées, récitaient des *pater* et des *ave* suivis de force signes de croix.

Ils en étaient là, ne sachant ce qu'ils devaient faire, lorsque Gertrude, ne se doutant de rien, arriva de chez Catherine où elle était allée prendre des nouvelles de l'enfant de Marcelle.

On la mit vite au courant de la terrible réalité qui se déroulait devant ses yeux.

Gertrude sentit son cœur se serrer dans une angoisse inexprimable.

— Mon Dieu ! s'écria-t-elle, il ne faut à aucun prix que mademoiselle Marcelle se doute de ce malheur immense... mais comment faire... Ne parlez pas si haut vous autres ! vous pourriez réveiller mademoiselle qui est souffrante.

Nous allons placer M. l'abbé et Antoine dans une chambre du bas, et pendant ce temps je tâcherai de préparer ma maîtresse à cette triste nouvelle...

Ah ! mon Dieu ! je ne sais pas, ma tête se perd !..

Ciel ! mademoiselle !...

C'était en effet Marcelle qui, entendant un bruit de cris et de sanglots dans la cour du château, s'était levée et avait aperçu à travers les persiennes la scène que nous venons de décrire.

A la vue de Jean étendu sans connaissance sur une civière, un nuage de sang avait passé devant ses yeux, et elle avait été obligée de s'appuyer à un fauteuil pour ne pas tomber à la renverse.

Que signifiait cela ? que se passait-il ? Par un effort inouï, elle rassembla le peu de forces qui lui restait, elle s'enveloppa rapidement de sa robe de chambre et descendit pieds nus, les cheveux en désordre, l'œil hagard.

A son apparition, un cri sortit de toutes les poitrines, on se précipita vers elle pour la soutenir.

Marcelle, affreusement pâle, marchait d'un pas saccadé, tendant les mains en avant, comme si elle se fût avancée dans l'obscurité.

— Mademoiselle! dit Gertrude, mademoiselle...

— Eh bien! quoi?

— Il faut rentrer...

— Non, non, je veux voir!... Qu'est-ce?

— Un grand malheur... votre intendant a été tué la nuit dernière...

— Ah!...

— On le rapporte sur une charrette...

— Et monsieur l'abbé..?

— Ah! vous avez vu...

— Oui, il est...

— Mort aussi!... Oh! laissez-moi...

D'un geste convulsif, Marcelle écarta les personnes qui essayaient de dissimuler à sa vue le cadavre du prêtre.

Elle se trouva en face de Jean Dubois, elle se pencha vivement sur lui :

— Mort... fit-elle... une balle à la tête... qui peut l'avoir assassiné? Ah! je sais...

— Vous savez? firent les paysans...

— Oui... c'est Sivrani!...

Et elle se laissa aller, exténuée de fatigue et d'émotions cruelles, dans les bras de ses serviteurs qui la transportèrent doucement jusqu'à sa chambre.

Une fois qu'elle fut au lit, Gertrude resta seule près d'elle après avoir envoyé chercher un médecin en toute hâte.

— Oh! ma pauvre maîtresse... sanglota la vieille servante... Comme le ciel vous accable... mais vous êtes trop bonne, trop compatissante aux malheurs qui vous entourent pour que le bon Dieu vous abandonne et ne vous vienne pas en aide afin que vous puissiez supporter les coups terribles qui vous frappent.

Marcelle, anéantie tout d'abord, était maintenant en proie à une fièvre intense ; elle ouvrait les yeux et regardait autour d'elle, mais elle ne voyait pas et n'entendait pas.

Elle avait le délire.

De temps en temps, quelques mots entrecoupés sortaient de ses lèvres ; son corps s'agitait en soubresauts douloureux, et ses bras rejetaient loin d'elle ses draps avec des mouvements crispés.

Le juge d'instruction et le commissaire de Caperlac, prévenus du double attentat commis aux environs de Saunay, venaient d'arriver en toute hâte...

Après avoir constaté que malheureusement la nouvelle n'était que trop vraie, et que Jean Dubois et Antoine étaient morts victimes d'un assassinat, le magistrat questionna tour à tour chaque paysan, entrant dans les détails les plus minutieux sur l'existence habituelle des deux hommes qu'il avait sous les yeux, s'informant de leurs faits et gestes, demandant si l'on ne soupçonnait personne dans le pays.

Evidemment le mobile du crime n'avait pas été l'argent. Il fallait se rabattre sur autre chose : les vengeances, les haines personnelles, les inimitiés qui se développent petit à petit dans un village et aboutissent quelquefois à des représailles sanglantes.

Ils en étaient là de leurs investigations ; le juge d'instruction se taisait, réfléchissant, cherchant une voie à suivre pour l'instruction de cette affaire, lorsqu'il arriva un gamin d'une douzaine d'années.

Les magistrats affectionnent particulièrement les dépositions des enfants.

— Et toi, mon petit ami, tu ne sais rien ?

— Non, monsieur.

— Qu'est-ce que tu fais ?

— Je suis berger, mon bon monsieur, c'est moi qui garde les dindons.

— Ces jours-ci tu n'as pas vu rôder aux alentours quelque individu à mauvaise figure ?

— Oh ! si fait bien.

— Ah ! et qui ?

— Un monsieur qui n'est guère aimé à coup sûr dans le pays... moi, il me fait peur... quand je le rencontre à la tombée de la nuit...

— Comment s'appelle-t-il ?

— Monsieur Sivrani...

— Allons donc, s'est impossible ! se récria le procureur, visiblement interloqué par cet aveu sans détours.

Monsieur Sivrani est un homme qui a toute la confiance du gouvernement et je puis me porter garant.

— Cependant, monsieur le juge, dès que mademoiselle Marcelle a aperçu le cadavre de M. l'abbé, elle a bien vite dit : c'est Sivrani lui même qu'elle s'est évanouie aussitôt.

— Ah ! fit-il.

Et il reprit :

— Il faut que j'interroge mademoiselle de Saunay à l'instant...

— Elle est bien malade ; ce coup imprévu l'a fait encore reculer, répondit un des domestiques, elle ne doit guère avoir ses idées.

— Vraiment, la mort de Jean Dubois l'a impressionnée à ce point ! et elle accuse monsieur Sivrani...

Une affaire très-grave, pensa-t-il.

— Tenez, monsieur, voici le docteur que l'on a fait demander.

— Parfaitement, nous allons causer ensemble. Prévenez mademoiselle de Saunay que je désire avoir avec elle un moment d'entretien.

Marcelle était maintenant dans un état de prostration complète.

Gertrude, penchée au chevet de sa maîtresse, essayait en vain d'attirer son attention, en faisant passer dans son esprit l'image riante de son fils.

— Je l'ai vu, ce cher enfant... il est gentil comme un cœur... ou plutôt ils sont gentils... tous les deux... Catherine elle aussi a eu un fils... quelques heures après vous...

Mademoiselle ! oh ! réveillez-vous, de grâce, parlez-moi... répondez-moi... Si vous les voyiez, ces bébés roses et blonds, deux vrais chérubins !... Catherine est souffrante aussi...

Ils sont tout plein mignons... je ne pouvais pas me lasser de les admirer... mais le vôtre est bien plus beau... enfin j'ai été obligée de les quitter... les deux enfants souriaient aux anges dans leur sommeil...

Marcelle ne bougeait pas.

On vint annoncer la visite du procureur impérial.

— Ah ! mon Dieu ! songea Gertrude, on va me questionner à propos de cet enfant de mademoiselle ; il ne faut pas que cela se sache.

Le docteur entra suivi du magistrat.

Il s'approcha de la malade, la regarda attentivement, et fit approcher Gertrude pour se renseigner sur les débuts de la maladie.

— Mademoiselle était souffrante hier ; mais cela allait presque mieux ce matin, lorsque à la vue de ces deux cadavres, la pauvre enfant est tombée évanouie dans nos bras et depuis, vous la voyez, elle a d'abord été très agitée, maintenant elle dort profondément sans bouger.

— Oui, une grande frayeur... dit le docteur... C'est très dangereux... il lui faut du calme... un silence complet...

Et après avoir formulé une ordonnance qu'il expliqua à Gertrude... il se rendit vers le juge qui s'était tenu à l'écart.

— Mademoiselle de Saunay est très gravement malade, je crois pouvoir diagnostiquer une fièvre cérébrale.

— Est-il impossible de la questionner ?..

— Absolument. Elle n'a pas ses idées.

Et si la maladie ne l'emporte pas, il faudra lui éviter toute émotion et attendre qu'elle soit en pleine convalescence pour retracer à son esprit ces souvenirs pénibles.

— C'est bien malheureux, car mademoiselle de Saunay aurait certainement pu me mettre au moins sur la voie...

— Elle ne passera probablement pas la nuit, ajouta le docteur parlant plus bas pour ne pas effrayer la vieille servante.

Les deux hommes se retirèrent.

Le commissaire de police attendait le juge d'instruction dans la cour ; ils se firent aussitôt conduire à l'endroit où le cadavre de Jean avait été découvert.

L'herbe était encore foulée, la place marquée par le corps se trouvait à un mètre environ du sentier séparant la charmille de la petite prairie qui s'étendait sous les murs du château.

— Le coup de feu a dû partir du bois... disait le juge.

M. l'abbé aura pris ce chemin qui raccourcit pour aller au village, et l'assassin l'aura frappé au passage... Tiens, qu'est ceci ?...

Il se baissa et ramassa un morceau de papier tout déchiré...

Ce doit être la bourre du fusil... oui... ce papier est bien noirci par la poudre et lacéré... voyons... c'est une bande de journal... y aurait-il l'adresse ? c'est le journal *la Patrie*... Ah ! Ah !... je ne puis lire...

Tout à coup une pâleur se répandit sur son visage... une partie du nom était enlevée, mais le reste se lisait très bien : or, les deux syllabes qui avaient frappé sa vue étaient : *vrani*

Aussitôt la supposition que Sivrani pouvait être le coupable lui revint à l'esprit.

Sivrani recevait, en effet, la *Patrie* et cette bande révélatrice ne pouvait venir que de lui.

Cependant, devant un aussi faible indice, le juge d'instruction se gardait encore de rien présumer et il conserva sa découverte pour lui, se promettant de rechercher activement si réellement dans les antécédents, dans la conduite de Sivrani, on pouvait trouver des irrégularités, des désordres qui fissent suspecter son honnêteté.

Avec ce flair que fournit l'habitude de poursuivre sans cesse les criminels, le magistrat avait immédiatement deviné que Sivrani devait avoir joué un rôle dans cette affaire ténébreuse. D'un autre côté, il se sentait effrayé à la pensée d'entrer en lutte avec cet homme dont il connaissait toute l'influence et qu'il savait être très-soutenu en haut lieu.

Plus d'une fois il avait reçu l'ordre d'obéir aux instructions de Sivrani, soit pour un mandat d'arrêt, soit pour une surveillance à exercer; aussi le procureur se trouvait-il fort gêné devant la perspective de le faire mander dans son cabinet pour l'interroger.

Cependant il y était résolu, et, lancé sur la piste de l'assassin, il n'attendait qu'une preuve accablante ou qu'un témoignage concluant pour ordonner une enquête.

Le juge était resté muet, livré à ces réflexions multiples, lorsqu'un des serviteurs du château accourut.

— Monsieur, il y a Mme Trijard, la sage-femme, qui est venue de Caperlac cette nuit, elle sait peut-être quelque chose...

— D'où vient-elle?

— De chez Catherine, une fille qui est accouchée ce matin.

— Ah! une fille-mère.

— Oui, on jase là-dessus, il paraît que c'était la maîtresse de ce M. Sivrani.

— Tiens !

— Oh! une brave fille, une amie de Mlle de Saunay.

— Ah! Mlle de Saunay avait des relations avec cette Catherine... Tout cela s'enchaîne. Il faudra la questionner, en attendant, dites à Mme Trijard que je désire lui parler.

Le domestique obéit, et rattrapa vite la sage-femme qui se dirigeait vers Caperlac au petit pas de sa monture.

— Mon Dieu! que me veut-on? fit-elle.

— C'est au sujet des deux assassinats de cette nuit, on veut savoir si vous n'auriez pas quelquefois entendu du bruit.

— Rien du tout. Je suis venue bien tranquillement et puis je suis pressée.

— M. le juge d'instruction a un mot à vous dire tout de suite.

— Je ne fais pas de résistance, je suis prête...

Elle suivit le valet en protestant de son ignorance des faits qu'on lui relatait.

— Je désire avoir un entretien avec vous, Mme Trijard; veuillez passer chez moi vers deux heures.

— Tout à vos ordres, M. le juge; j'y serai sans faute... je suis votre servante.

— A bientôt, madame.

La vieille s'en alla, souriant hypocritement et répétant de sa voix doucereuse.

— Tout à vos ordres...

Puis, en route, elle songea à cette rencontre fâcheuse avec ces hommes de justice.

— Je n'aime pas à y aller, dans ce diable de cabinet du juge d'instruction... ils vous font bavarder et finissent toujours par vous tirer les vers du nez...

Si j'étais sûre qu'on le coffrât pour longtemps, je raconterais bien l'histoire; mais avec ce Sivrani, il faut se méfier... il s'en sortirait, et puis moi j'avalerais le bouillon.

Non, je ne dirai rien, je ne sais rien. Cependant il n'y a que lui dans le pays qui puisse me gêner à un moment donné, si j'essayais. Oh! ce serait très-simple, c'est bien lui qui a tué l'intendant, puisqu'il me l'a avoué... il avait son cheval...

C'est aussi lui qui a tué le jeune prêtre... personne que lui dans le pays n'est capable d'un coup pareil...

Quel plan terrible machine-t-il? Oui; mais si je commence à dévoiler mes secrets, on me poussera et je serai obligée de dire que Mlle de Saunay...

Non, ma foi! j'y perdrais mille francs.

Je puis très-bien dénoncer Sivrani sans parler d'elle... Oh! je le vois encore me menaçant... je vais me venger un peu... tant que ce misérable sera libre, je vivrai dans les transes... je ne pourrai rien lui refuser et tôt ou tard je serai prise... Allons-y... je vais bien déjeuner, faire un brin de toilette et aller tout raconter au bon juge.

Deux heures sonnaient à l'horloge du palais de justice, lorsque madame Trijard, dans son plus beau costume du dimanche, se présenta devant la loge du concierge...

— Monsieur le juge d'instruction, demanda-t-elle, d'une voix mielleuse.

— C'est vous, madame Trijard, fit le gardien, et qui vous amène ici?

— Oh! ce n'est pas pour moi... mais vous savez, dans notre profession... on est sans cesse en voyage... je viens comme témoin à propos du crime de Saunay...

— Vous savez du nouveau?

— Oui et non... Qu'est-ce qu'on en dit...

— Rien... monsieur le juge d'instruction avait l'air inquiet, soucieux; ça va lui donner du fil à retordre pour découvrir les coupables...

— Assurément... il est deux heures, je ne veux pas me faire attendre.

Madame Trijard traversa un long couloir et s'arrêta à gauche devant une porte, sur une plaque blanche, on lisait en lettres noires : Cabinet de M. le juge d'instruction.

Elle ouvrit et entra dans une antichambre; l'huissier, qui avait reçu des ordres, l'introduisit aussitôt.

Conduit entre les deux gendarmes. (Voir page 59.)

— Asseyez-vous, madame, fit le magistrat. J'ai à vous adresser plusieurs questions sur cette grave affaire.

Vous avez été appelée cette nuit pour aller faire un accouchement à Saunay?

— Oui, monsieur, chez Catherine, une bien charmante fille; un grand malheur qui leur arrive à ces braves gens; la pauvre mère surtout est dans la désolation... dame! n'avoir qu'une enfant et la voir séduite...

— M. Sivrani est l'amant de cette personne?

— On le dit...

— Et vous, qu'en pensez-vous?

— Je n'en pense pas grand'chose, ce M. Sivrani est un homme si redoutable...

— Vous en avez peur... cependant il faut raconter ce que vous savez, vous serez sous la protection de la loi.

Antoine, le vieil intendant du château, était envoyé chez vous; mademoiselle de Saunay vous faisait demander pour apporter vos soins à son amie Catherine. C'est cela, n'est-ce pas?

— Oui.

— Etes-vous certaine que ce soit bien Antoine qui se soit présenté chez vous cette nuit ?

— Ce n'était pas lui...

— Ah ! qui, alors ?

— Un messager, je ne le connais pas.

— Vous connaissez tout le monde dans le pays... Prenez garde, madame, vos paroles sont graves; je vous conseille de dire la vérité tôt ou tard j'arriverai à découvrir ce que vous essayez de me cacher, et alors ce ne sera peut-être plus comme témoin que vous viendrez ici.

— Mon Dieu ! monsieur le procureur, je ne demande pas mieux... mais...

— Je vous ordonne de parler...

— Eh bien !... c'est monsieur Sivrani qui est venu me chercher... là, tant pis, c'est lâché !...

— Sivrani !

— Oui !

— Était-il à cheval ?

— Oui.

— Il venait vous quérir pour sa maîtresse, mais il devait savoir que mademoiselle de Saunay avait déjà dépêché Antoine... Voyons, c'est impossible ! il ne peut pas avoir assassiné cet homme ! dans quel but ?

— Il me l'a dit lui-même ! s'écria la vieille femme, se levant toute droite, en étendant la main en avant avec une solennité comique.

— Alors, il vous a avoué ses projets...

— Non.

— Je m'y perds... madame Trijard, vous êtes au courant de cette affaire... peut-être même êtes-vous complice.

— Jésus Dieu ! sainte mère des anges... je vous jure, mon bon juge.

— Ne jurez pas. Écoutez : vous me dissimulez une partie de la vérité... mais je vous préviens, si vous ne me donnez pas des détails complets, je vous fais arrêter...

— De grâce... je suis une honnête femme !

— Je n'en doute pas... aussi vous devez avoir tout intérêt à ce que justice se fasse...

— Mademoiselle Marcelle était souffrante aussi... cette nuit... et M. Sivrani venait pour...

— Pour ?...

— Ma foi ! j'aime mieux y aller carrément ! arrivera que pourra...

Mademoiselle de Saunay avait aussi besoin de mes soins, si Antoine a été tué, c'est que Sivrani voulait que la sage-femme qui entrerait au château fût une créature docile à ses ordres... Oh ! ne croyez pas que je me serais prêtée à ses volontés, jamais.

— Continuez.

— Sivrani voulait faire enlever l'enfant que mademoiselle Marcelle mettrait au monde.

— Dans quelle intention ?

— Je l'ignore... justement c'est moi que l'on a chargé de porter le nouveau-né chez la mère de Catherine.

— Sivrani m'attendait aux abords du château...

— Et l'enfant ? qu'a-t-il fait de l'enfant ?

— Rien. Lorsque je lui ai raconté la mission dont j'étais chargée, il s'est contenté de répondre : cela va bien, suivez les ordres de mademoiselle de Saunay.

— Et à propos de l'assassinat du prêtre, que savez-vous ?

— Oh ! pour cela rien du tout, seulement, puisque le misérable en a tué un, il peut bien avoir tué l'autre qui le gênait peut-être...

— Vous croyez que Jean Dubois était le père de l'enfant de mademoiselle de Saunay.

— Dame ! il y a des présomptions...

— Et comment expliquez-vous la conduite de Sivrani ? Où voulait-il en arriver avec mademoiselle Marcelle ?

— Il avait une haine féroce contre elle... il rôdait sans cesse autour du château... Enfin, il l'aimait, sans doute, et la jeune fille l'avait toujours repoussé avec mépris...

Mais je bavarde, je bavarde ; vous me défendrez, monsieur le juge, c'est que je ne vais pas être tranquille à présent... Ce diable d'homme, ça ne me va pas de l'avoir pour ennemi... encore s'il était en prison ?...

Et madame Trijard jeta un regard oblique sur le magistrat pour essayer de deviner ce qui allait se passer...

Le juge d'instruction se leva et lui répondit simplement :

— Vous pouvez vous retirer, madame Trijard ; jusqu'à nouvel ordre, je n'ai plus rien à vous demander.

Le lendemain matin, au moment où Sivrani se disposait à sortir, il se trouva en face de deux gendarmes qui lui présentèrent un mandat d'amener.

Sivrani ne fit aucune opposition, il affecta un grand calme et une parfaite assurance.

Conduit entre les deux gendarmes jusqu'à Caperlac, il fut écroué à la prison pour être mis à la disposition du juge d'instruction.

CHAPITRE VII

Une fête de charité

La petite ville de Caperlac, située à une lieue de Saunay, était bouleversée ; les esprits étaient réellement à l'envers, on ne s'abordait plus qu'affolé, pressé, curieux surtout. On ne parlait que du concert de charité, suivi d'un grand bal, organisé par les dames patronnesses de l'endroit.

Dès qu'il s'agissait de charité, on pouvait compter sur tout le monde ; chacun était bien forcé de verser son obole dans les bourses à fond bleu et lilas des charmantes quêteuses. Quelques-uns se dérobèrent, prétextant un voyage imprévu et urgent ; d'autres retinrent tant qu'ils le purent leur pièce de cinq francs dans leurs doigts crochus, la suivant d'un œil de regret jusqu'à ce qu'elle ne fût plus leur, et qu'elle eût produit son tintement argentin en venant se choquer aux louis mêlés de menue ferraille ; ceux-ci parlaient de leurs pauvres, ce qui permettait de rogner un peu sur l'aumône ; ceux-là n'aimaient pas la musique, et ne voulaient pas conduire leur fille unique, leur Iphigénie à ce véritable bûcher, qui s'appelle le bal et ses dangers ! Cependant les mères, désireuses de montrer des toilettes qui commençaient à se défraîchir dans les armoires, levèrent tous les obstacles entassés par l'avarice ; avec quinze mètres de mousseline — à cinquante centimes le mètre en la faisant venir du *Bon Marché*, une ceinture bleue ou rose et une fleur dans les cheveux l'enfant sera ravissante et puis elle a vingt-et-un ans, il faut songer à l'établir, peut-être trouvera-t-elle un bon parti.

Quelques maisons menant grand train à Paris, et ne venant à Caperlac qu'aux vacances, approuvèrent des deux mains. Cette fête brisait un peu l'uniformité et la monotonie de la petite ville et leur permettrait d'éclabousser les habitants par leur luxe. Les femmes commandèrent des toilettes chez Worms, insistant pour avoir quelque chose de nouveau, à sensation, « à épate ».

Les faux riches, les ruinés qui voulaient briller quand même et jeter un dernier éclat avant de sombrer dans les bas fonds de la société ; fonctionnaires peu rémunérés qui marchaient sur le pied des grandes fortunes, joueurs heureux aujourd'hui, décavés demain, étrangers dépensant beaucoup, largement et disparaissant à jamais, au grand désespoir de leurs dupes. Tout ce monde interlope qui ne peut résister longtemps à la vie à découvert que l'on mène dans les petites villes, et qui regagne bien vite les capitales où les coudées sont franches, et où l'on peut opérer en grand.

La fête étant générale et les coteries n'existant plus, les marchands, tout le commerce en était. *Madame*, qui d'ordinaire se tenait au comptoir avec la physionomie muette et impénétrable d'un sphynx, rêvait une toilette soie éclatante avec des tresses d'or de poids qui réduisit à néant toute cette noblesse impudente ; elle insistait pour que son mari l'accompagnât en culotte et en bas de soie !

Enfin, malgré les querelles de clocher, et les mesquineries inhérentes aux petites villes, la fête promettait d'être superbe et le bal magnifique.

Le programme du concert n'avait pas l'air bien attrayant au premier abord, on y remarquait :

Un solo de petite flûte, exécuté par un aveugle célèbre dans le département.

Un duo pour violoncelle et piano : le piano était tenu par une vieille demoiselle qui avait déjà appris la gamme à plusieurs générations ; elle battait la mesure avec la tête, secouant ses papillottes, ce qui, aux crescendo et aux forte, lui procurait une allure de saule pleureur violemment agité par le vent du nord. Le violoncelliste était le professeur de musique du collège qui donnait aussi des leçons en ville, courant après les cachets qui se faisaient si rares, que son pantalon et son habit avait des reflets blancs d'usure.

Un amateur qui chantait des pochades et s'habillait en femme, pour imiter Thérésa.

Les filles du professeur, deux grandes rousses, maigres, flanquées de deux bras qui n'en finissaient plus et d'une bouche qui s'ouvrait comme une huître, dans les notes élevées. Elles avaient pour spécialité le genre sentimental : dans l'espace de dix ans, ces deux créatures ont roucoulé, avec les mêmes robes, l'une verte et l'autre rouge, tous les duos style rococo, où l'amour n'existe qu'à l'état de sentiment ailé, où les personnages se tiennent toujours à la distance de leurs houlettes pastorales, et cherchent à se convaincre que la passion la plus vive se résume en déclarations stupides.

Une petite fille de huit ans jouait du violon et avait un immense succès avec un *pas redoublé* qu'elle exécutait en même temps sur le violon et avec ses petites jambes, s'arrêtant brusquement à la fin, après un grand coup d'archet, en faisant une révérence exagérée : cette révérence était une vraie trouvaille. Aussi la petite était-elle la coqueluche de la ville, on la couvrait d'oranges et de bonbons. En plein concert on se la passait de la main à la main, après avoir imprimé deux gros baisers sur ses joues qui, de roses, devenaient incarnat.

— Jamais — disait un des avoués que l'on trouvait très spirituel — cette enfant ne sera autant embrassée par son mari qu'elle l'a été par un public idolâtre !

Il y avait encore un chanteur et une chanteuse de troisième ordre — mari et femme en général — que l'on commandait à Bordeaux. On leur donnait quarante francs et leurs frais de voyage payés. Moyennant quoi on exigeait deux morceaux aussi longs que possible pour que la soirée durât un temps suffisant : on faisait un prix comme chez l'épicier et on en réclamait un peu plus par dessus le marché.

Quand la chanteuse était passable, les jeunes gens lancés, les viveurs, l'invitaient à souper chez un pâtissier qui préparait à l'occasion un petit balthazar tout à fait anodin, mais qui scandalisait les familles parce qu'on y servait des truffes à la serviette et du Champagne de huit francs dans des carafes frappées. Le lendemain, le cocodès caperlacois qui avait eu les faveurs de l'actrice, se promenait dans la grand' rue, affectant un petit air fatigué et des poses nonchalantes, qui passaient pour le suprême du chic !

Vers la fin du concert il était d'habitude de réclamer avec insistance un employé des postes, assez insignifiant sous sa chevelure blond filasse, qui avait le don de passionner le public en imitant des cris d'animaux. Son grand succès consistait à reproduire les diverses manières d'aboyer de tous les chiens de la ville. Avant de commencer il nommait le propriétaire de l'animal : si l'heureux possesseur de la bête était présent, il se levait et — à travers les bravos et les hurras de la salle, criait en battant des mains : « — Bravo ! bravo ! c'est parfait ! »

Un soir, le sous-préfet, que l'on détestait, venait d'être mis en disponibilité, — l'artiste-amateur monte sur l'estrade et annonce : *Le chien du sous-préfet.* Alors il fait entendre des sourds grognements de fureur, puis des hurlements où il peint tour-à-tour le regret, la colère, la douleur, le désespoir et la honte, épuisant la gamme des pleurs et des cris de rage, décrivant l'existence heureuse qu'il menait à la sous-préfecture : d'abord gai, bruyant, hautain avec les autres chiens de la ville et faisant un vrai ravage dans le cœur des malheureuses qui s'éprennent de lui ! Hélas ! la fortune a des revers, son maître est dégommé et lui-même, triste et confus, meurt de misère et de faim dans un suprême hoquet — le chant du cygne !

Ce fut un vrai triomphe. On proposa une quête en faveur de l'employé ; cette motion fut acceptée d'enthousiasme ; ils étaient quinze cents, on réunit trente-sept francs !

Ce programme eût été tout ordinaire sans la dernière mention se dégageant en dehors des deux parties traditionnelles, et portant ces mots, en caractères plus gros que ceux du reste de l'affiche :

« Mademoiselle X... chantera un morceau de la Juive et un air du Trouvère. »

Mademoiselle X... c'était Marcelle qui, cédant aux prières des dames patronnesses, avait consenti à chanter en public.

Deux mois s'étaient passés depuis la nuit cruelle que nous avons racontée dans tous ses détails. Le tempérament jeune et vigoureux de Marcelle avait réussi à l'emporter sur la maladie violente qui l'avait tenue au lit trois semaines entre la vie et la mort.

Mais elle était toujours douloureusement affectée par la perte de Jean ; une seule chose la décidait à vivre, à supporter à l'existence c'était son fils bien-aimé.

Dès que Marcelle fut entrée en convalescence, sa tante, madame d'Iury, qui s'était installée à Seunay, l'emmena avec elle, voulant la distraire un peu et l'empêcher de s'abandonner aux idées tristes que lui inspiraient les alentours du château où s'était passé ce drame sanglant.

Marcelle avait été interrogée par le juge d'instruction sur l'affaire Sivrani ; mais à part des présomptions contre cet homme qui la poursuivait sans cesse de son amour ou de sa haine, elle ne put rien affirmer.

Elle était au lit, malade, pendant ces deux assassinats, et s'il était présumable que Sivrani eût tué Antoine pour essayer d'enlever l'enfant de Marcelle, rien ne venait démontrer qu'il fût aussi le meurtrier de Jean Dubois.

Le juge d'instruction, malgré ses recherches sans nombre, n'avait toujours pour point d'appui que la déposition de Madame Trijard.

Les choses en étaient là.

Marcelle s'était d'abord refusée à paraître à cette fête ; mais elle n'avait aucune raison plausible ; elle ne pouvait avouer les chagrins secret qui la minait intérieurement.

Puis sa famille commençait à trouver étrange qu'elle restât ainsi à l'écart ; il était bon précisément après cette ténébreuse affaire qui allait probablement se dérouler en cour d'assises, que Marcelle se montrât en public, dans le monde.

Certes elle avait été affectée par ces crimes qui s'étaient commis si près de son château ; mais enfin Jean Dubois était un étranger pour elle et Antoine n'était qu'un serviteur dévoué.

Marcelle aussi, craignant surtout que l'on devinât une partie de la vérité qu'elle avait même cachée au juge d'instruction : son amour pour le jeune prêtre, et le violent désespoir que lui avait causé sa mort.

Le concert était déjà commencé depuis une heure, et le public, distrait, ne prêtait qu'une médiocre attention aux célébrités locales qui défilaient devant ses yeux. Tout-à-coup il se fit un grand silence et chacun tendit l'oreille : Marcelle venait d'entrer en scène, conduite par un commissaire de la fête ; capricieuse, elle n'avait pas voulu se mêler à la foule avant de chanter, elle désirait surprendre, elle y réussit à merveille.

Bizarre à l'excès, sa toilette : une robe de gaze noire, peu décolletée, n'ayant pour manches qu'un simple volant relevé par une agrafe de perles roses ; une guirlande de corail en branches serpentait le tour de son corsage et se terminait un peu, au-dessous de la hanche dans une touffe de rubans. Le tout s'harmonisait à ravir, avec ses cheveux noirs crespés, négligemment relevés et retenus en arrière par une énorme torsade. Pas un bijou ; ses oreilles, toutes mignonnes, qui se frayaient à peine un jour à travers la forêt de ses cheveux, n'étaient pas percées.

Elle chanta le fameux morceau du *Trouvère*, non point seulement en musicienne, mais surtout avec son âme. Elle fit passer dans sa voix le trouble de son cœur, elle fut émue, elle pleura, elle fit escalader à son public toute une échelle de sensations inconnues ! On aurait dit qu'elle prenait plaisir à sangloter, et à pâlir, que c'était bien sa propre douleur, ses sentiments intimes qu'elle exprimait ! C'était en effet ses rêves et ses souffrances, ses espoirs et ses craintes, qui débordaient son être et qu'elle jetait en pâture au public. Cette foule, trop fortement secouée, resta un moment plongée dans la stupeur quand Marcelle eut achevé de chanter ; puis, se réveillant soudain, elle éclata en applaudissements, en cris frénétiques ; elle s'oublia, perdit pied, devint follement enthousiaste.

On rappela la jeune fille indéfiniment. On avait préparé des fleurs, on oublia de les lui donner ; il s'agissait bien de ces détails de vulgaire politesse ! Marcelle n'avait pas besoin de ces témoignages palpables pour être certaine d'avoir ravi, transporté son public. N'y a-t-il pas, entre le véritable artiste et les spectateurs, un fluide magnétique qui les réunit en un seul être au moment où ils touchent aux régions sereines du beau et du vrai.

Marcelle, le cœur plein d'angoisse, obligée de sourire à tout le monde, souffrait profondément.

Elle suivit machinalement un commissaire qui la conduisit à la salle du bal.

Elle avait déjà dansé plusieurs fois, et elle allait se retirer prétextant une grande fatigue, lorsque le marquis de Santeuil, qui se trouvait à la Tremblay au moment des préparatifs avait été nommé président de la fête, sortit d'un salon de jeu, et vint présenter ses hommages à Marcelle et solliciter une contredanse.

Il était très agité et il réprimait à peine un tremblement nerveux général.

— Qu'avez-vous monsieur de Santeuil.

— Rien, mademoiselle !

— Mais encore...

— L'an dernier, chez madame votre tante, je vous ai dit qu'une couronne de marquise vous siérait à ravir et...

— Vous me le répétez.

— Oui, mademoiselle, acceptez, je ne puis et ne dois rien vous dire de plus, mais vous me rendrez bien heureux.

— Vous plaisantez !

— Non, réfléchissez, et si vous changez d'avis pour une cause ou pour une autre...

— Ah ! mon Dieu ! des mystères !...

— Vous viendrez demain à midi, au petit bois de la Tremblay, sur la lisière de nos deux propriétés... Adieu... non, au revoir..

— Vous partez déjà ?

— Oui, j'y suis forcé.

Quelques minutes plus tard, le notaire de Marcelle, un vieil ami de sa famille, s'approcha d'elle et lui parla bas :

— Que me dites-vous, s'écria la jeune fille, un duel pour moi !

— Oui, M. de Vernay a été souffleté tout à l'heure par monsieur de Santeuil.

— Parce que ?

— Parce qu'il racontait que vous aviez été la maîtresse de Jean Dubois...

— Le misérable ! mais j'ai des parents qui peuvent me défendre. Qui a autorisé M. de Santeuil à prendre fait et cause pour moi ?...

— Son amour...

— Noble cœur ! pensa Marcelle, si je pouvais aimer quelqu'un... non, et puis ce serait lâche de tromper un honnête homme !...

— A quel moment se passait cette scène ? reprit-elle.

— Un peu avant que vous ne valsiez avec M. de Santeuil.

— Les témoins arrangeront l'affaire.

— Quand votre voisin a décidé quelque chose, mademoiselle, il ne revient jamais sur ce qu'il a dit.

— C'est un grand malheur pour moi. M. de Santeuil n'est pas mon mari, il ne le sera jamais...

— Pardon, ma chère enfant, mariez-vous... Croyez-m'en, une jeune fille belle comme vous l'êtes ne peut pas rester seule avec de vieux parents qui l'aiment beaucoup, sans doute, qui la gâtent même un peu en la laissant libre et maîtresse de ses actes, de ses fantaisies légèrement excentriques qui effarouchent la province.

Mariez-vous... M. de Santeuil vous aime, épousez-le.

— Et s'il est tué ?

— Ah ! dame... fit le notaire, qui n'avait pas songé à cette terminaison — c'est grave.., très grave.

Marcelle jeta sa sortie de bal sur ses épaules et regagna sa voiture au bras de sa tante.

Pendant le voyage et le reste de la nuit, la jeune fille fut en proie à des hésitations, à des craintes de toute nature.

Certes, Marcelle n'aimait pas M. de Santeuil, mais elle avait pour lui de l'estime, et cette secrète sympathie qui naît de la vanité chez la femme :

En garde, Messieurs! (Voir page 72).

Cette façon pleine de délicatesse de ne point se targuer d'avoir pris sa défense, ce sang froid de beau joueur, cet homme charmant qui venait en souriant après une scène tragique mettre à ses pieds son cœur et sa fortune, simplement, dans un tour de valse, tout cela attirait Marcelle vers lui.

Mais le cadavre sanglant du jeune prêtre réapparaissait devant ses yeux, et troublée, agitée par ce souvenir cruel, mademoiselle de Saunay n'oubliait pas qu'elle avait juré à Jean un amour éternel.

CHAPITRE VII

Le Duel

Ce que le vieux notaire venait d'apprendre à Marcelle était bien, en effet, l'exacte vérité.

M. de Vernay et M. de Santeuil se battaient pour elle le lendemain.

Déjà, le rendez-vous était pris, les témoins choisis de part et d'autre, toutes les conditions du duel débattues et arrêtées.

Le marquis de Santeuil avait souffleté M. de Vernay : c'en était fait, un abîme qui ne pouvait être comblé qu'avec du sang séparait désormais les deux hommes

Voici de quelle façon avait éclaté entre eux cette tragique scène, qui s'était terminée des deux côtés par une menace tacite de mort !

Marcelle venait de chanter, et elle essayait de se dérober à la quasi-ovation que lui faisait le public, par des applaudissements frénétiques et des rappels sans fin.

Les joueurs, — et parmi eux M. de Vernay, — s'étaient arrachés aux cartes pour venir l'entendre, et, en retournant ensuite à leurs tapis verts, ils exprimaient tout haut leur enthousiasme et leur admiration pour le talent de la ravissante cantatrice.

— Quelle belle voix ! Cela vous remue jusqu'au cœur !

— Quels accents émus ! Comme elle sent ce quelle chante !

— Avec quel sentiment elle dit les phrases tristes et désespérées !...

— Ah ! ah ! ah ! ricana tout à coup une voix moqueuse, — ah ! ah ! ah ! je vous assure bien, qu'au fond, ce n'était pas le *Trouvère* que mademoiselle de Saunay croyait chanter !

— Bah ! — et qu'était-ce donc, mon cher de Vernay ?

— Parbleu ! c'était sa propre chanson à elle, ses tristesses et ses désespoirs !

— Comment, mademoiselle de Saunay aurait déjà.....

— Chagrin d'amour ?..... Mais oui ! Et pour de bon, vous pouvez m'en croire !

— Bavard !

— Soit !..... Bavard, mais à coup sûr, ni sourd, ni aveugle !

— Que signifie ?.....

Et l'on se pressait autour de de Vernay, et des curiosités méchantes s'allumaient dans les yeux !

— Enfin, que croyez-vous donc ? M. de Vernay, demanda quelqu'un, à demi-voix.

— Je crois simplement ce qui est, répondit de Vernay ; mademoiselle Marcelle est, du reste, assez changée depuis quelque temps pour qu'il ne soit plus permis de douter que......

— Que ?.....

— Eh ! parbleu ! vous me comprenez bien !.....

Des rires significatifs éclatèrent !

— Mais, qui cela peut-il bien être ? interrogea une voix.

— Ce n'est pas difficile de deviner, répondit de Vernay ; on n'a qu'à réfléchir un peu à toutes les choses étranges qui sont survenues il y a deux ou trois mois!..... Ces histoires d'intendant, de courses noctures, de coups de feu, de prêtre !!...

— Vous croyez, alors, que le prêtre?.....

— Mais parfaitement, affirma M. de Vernay en baissant un peu la voix. — Marcelle de Saunay, la belle châtelaine, était tout bonnement la maîtresse de Jean Dubois !.....

M. de Vernay n'avait pas achevé ces paroles qu'une main de fer lui frappait au visage, et que, d'une voix indignée, pleine de courroux et de mépris, le marquis de Santeuil, droit, debout devant lui, lui jetait ces mots à la face :

— M. de Vernay, vous êtes un lâche!..... Ah! vous avez cru pouvoir calomnier et salir une femme, une enfant, une orpheline, et tout cela impunément, — vous vous êtes trompé!..... Certes, je n'ai pas le droit de prendre ici fait et cause pour mademoiselle de Saunay, mais comme la bassesse m'a toujours révolté, je la soufflette pour moi-même chaque fois que je la rencontre!

Et ne pouvant contenir son indignation ni sa fureur, le marquis, d'un geste violent, lança son gant au visage de M. de Vernay !

Sous cette double insulte, ce dernier avait affreusement pâli.

Tout autour des deux hommes on faisait silence, et l'on attendait.

— M. de Santeuil, s'écria enfin de Vernay d'une voix entrecoupée par la colère, M. de Santeuil, vous me rendrez raison !... Je veux votre vie !

— Je la défendrai, soyez-en sûr, M. de Vernay ; dans un instant mes témoins seront prêts à s'entendre avec les vôtres; Monsieur, à demain ! Et le marquis s'éloigna froidement.

Quelques instants après il sortait du bal. M. de Vernay ne tardait pas à suivre son exemple.

Cette petite scène s'était passée très rapidement, et, au dehors de la salle du jeu, rien n'en avait transpiré.

Chacun des spectateurs avait compris que, jusqu'à nouvel ordre, il était préférable de cacher autant que possible la cause du duel et le duel lui-même.

Quant à Marcelle, très vivement impressionnée par la confidence du vieux notaire, elle avait dû recourir à toute sa force de volonté pour dissimuler un peu le trouble violent qui l'agitait.

Faisant sur elle-même des efforts inouïs, elle s'était d'abord contrainte à sourire, à parler, à danser comme si de rien n'était. Mais, bientôt, n'y tenant plus, elle s'était enfuie précipitamment, sans prendre congé de personne.

— Ah! ma bonne Gertrude, s'écria-t-elle en arrivant au château et en se jetant tout éplorée dans les bras de sa vieille nourrice, — ah! ma bonne Gertrude, que je suis malheureuse !

Et mademoiselle de Saunay, perdant soudain toute fierté et toute énergie, se mit à sangloter !

Jamais, peut-être, elle n'avait tant souffert. Le souvenir de Jean, de son amour perdu, de son bonheur évanoui lui revenait plus cruel, plus poignant ; et à ce souvenir s'ajoutait, — pour la première fois ! — le sentiment si pénible de sa honte, de sa chute !

Oh ! maintenant que Jean n'était plus là, près d'elle ; maintenant qu'au lieu d'ivresses et de plaisirs toujours plus ardents l'amour ne lui apportait plus que des larmes et des regrets, maintenant elle n'avait plus le courage de sa faute, elle se sentait devenir faible, lâche, peureuse !

Et puis, tout son orgueil se révoltait à la pensée qu'elle avait été ainsi abaissée, insultée devant tous !

Une colère bouillonnait en elle ! Elle voulait être vengée ! Elle avait des élans de reconnaissance passionnée pour M. de Santeuil, en songeant comme il avait pris promptement, vaillamment sa défense !

— Brave marquis ! pensait-elle, comme il m'aime !... Il ne croit pas, lui, il ne croirait jamais que... Et cependant, demain, je dois lui répondre ! Dois-je lui avouer que moi, mademoiselle de Saunay, j'ai... non, c'est impossible !... mais je ne puis pourtant le tromper, ce serait infâme !... Il se bat pour moi !... Ah ! ce duel !... je ne vis pas !... quelle en sera l'issue !... Comment attendre jusque-là !... si je savais où ils se battent, j'irais ; mais, où ?... ah ! je sais, dans le bois de San- teuil ; oh ! demain, je partirai dès le jour, je fouillerai tout le bois, jusqu'à ce que je les trouve !... mais ce M. de Vernay, que lui ai-je fait ? Je le connais à peine. Comment sait-il cela, comment ?... Oh ! je le déteste, cet homme, je sens que c'est un ennemi !... Oh ! non, je ne veux pas du déshonneur, de la honte, ni du mépris !... non, cet homme mourra !...

Toute la nuit, mademoiselle de Saunay fut en proie à une surexcitation nerveuse extraordinaire.

Aussitôt que parut le premier rayon du jour, elle s'enveloppa des pieds à la tête dans un grand manteau sombre, et partit, bravant le brouillard froid du matin.

De son côté, M. de Santeuil, avait passé une nuit très agitée.

Non pas que la perspective d'un duel, c'est-à-dire d'un danger plus ou moins grand fût capable de l'effrayer, ou même simplement de l'émouvoir.

Le marquis de Santeuil était brave.

En rentrant chez lui, après avoir échangé avec Marcelle les quelques paroles que nous avons rapportées plus haut, le marquis s'était d'abord assis devant sa table de travail, et là, ouvrant les uns après les autres tiroirs et coffrets, il mit en ordre, — en cas d'accident, les plus importants de ses papiers de famille.

Puis, vers trois heures du matin, il sonna son valet de chambre, François, un vieux serviteur fidèle, et dévoué corps et âme à son maître.

— François, lui dit le marquis d'un ton grave, — je me bats en duel dans quel- ques heures...

Le vieux valet de chambre eut un geste d'effarement !

— Un duel ! répéta-t-il !... Ah ! mon Dieu ! pourvu qu'il n'arrive pas malheur à M. le marquis !

Et de grosses larmes roulaient déjà dans les yeux du vieux domestique !

Le marquis lui prit les mains presque amicalement.

— Allons, allons, mon bon François, ne te désole pas à l'avance; ce n'est pas mon premier duel, n'est-ce pas, et l'on n'est pas perdu pour risquer une petite égratignure !

— Mais, au moins, M. le marquis me laissera l'accompagner,... je me tiendrai à distance, prêt à accourir si... Ah ! mon Dieu ! mon Dieu !

— Eh ! bien, mon pauvre François, dit en riant le marquis, — sais-tu que tes lamentations ne sont guère rassurantes !... Heureusement que je ne crois pas aux présages !... Et puis, ajouta le marquis en redevenant grave, — il faut que je me batte !...

Ecoute, je t'ai fait venir pour te remettre la clef de ce meuble.

Et le marquis désignait du geste un petit bureau en chêne placé dans un des angles de son cabinet de travail.

— S'il arrivait que je fusse blessé, ou... tué, tu irais de suite porter cette clef à M. Gastoul, mon notaire, et tu lui dirais que ce bureau contient mes papiers de famille et mes dernières volontés. As-tu bien compris ?...

— Oui, monsieur ! répondit François, à qui l'émotion coupait la parole.

— Ce n'est pas tout. Il faudrait aussi que tu te rendisses à midi au petit bois de la Tremblay, sur la lisière des châteaux de Saunay et de Santeuil ; là, tu trouveras mademoiselle de Saunay à qui tu raconteras simplement ce qui sera arrivé. — Maintenant, mon bon François, je ne te retiens plus, et tu peux aller prendre encore quelques heures de repos.

— De repos ! s'écria le brave serviteur, — de repos ! M. le marquis n'y songe pas !... Puis-je me reposer alors que tout mon cœur est plein d'inquiétudes et de craintes ! Ah ! s'il arrivait malheur à M. le marquis, je sens que je ne lui survivrais pas !...

Quand le marquis fut seul, son énergie sembla l'abandonner subitement, et d'un air de lassitude et d'accablement, il se laissa tomber sur un fauteuil.

Les lignes fermes et mâles de son visage se contractèrent douloureusement, son œil se voila, il prit sa tête dans ses deux mains et demeura ainsi longtemps absorbé dans une rêverie pénible.

A quoi songeait-il ?...

Il songeait à ce que M. de Vernay avait dit de Marcelle : « *ta maîtresse de Jean Dubois !* »

L'infâme !... Le marquis eût voulu le broyer ! Calomnier ainsi une enfant !... elle, sa Marcelle qu'il adorait de plein cœur, et depuis si longtemps on avait pu l'insulter, la dégrader à ce point !...

Et tous ces hommes qui entouraient de Vernay, buvant pour ainsi dire les odieuses paroles que le misérable prononçait en riant !... Oh ! il semblait à M. de Santeuil qu'il les écraserait tous, dans sa colère et son indignation !

Cependant un changement s'opérait lentement en l'esprit de M. de Santeuil.

Une question s'imposait à lui avec une persistance extraordinaire :

— Mais, enfin, se demandait-il à lui-même, comment ce misérable de Vernay est-il arrivé à... Il ne peut avoir aucun motif de haine contre Marcelle, voilà à peine deux mois qu'il est revenu, il doit la connaître très-peu, puisque voilà de longues semaines que Marcelle ne sort pas du château !... Il faut donc que de Vernay se soit fait l'écho de quelque bruit courant, de quelque malveillance en éveil !... Car, enfin, voilà longtemps que je connais de Vernay, je ne le connais pas méchant, bien qu'il soit très-léger et de naturel un peu sarcastique !... J'aurais dû écouter encore, tâcher de surprendre autre chose, essayer de comprendre d'où partait cette horrible accusation dont on salissait Marcelle !... Marcelle !...

Le marquis avait prononcé ce nom tout haut, avec un accent passionné !...

Il aimait la jeune fille comme un fou, et cela depuis de longues années. Lorsqu'ils n'étaient tous deux que des enfants, ils couraient en liberté dans les bois et les parcs ombreux des châteaux de leurs parents, — vrais amis et voisins de campagne.

Puis tous deux s'étaient trouvés de bonne heure orphelins ; ils avaient été séparés, alors ; Marcelle avait été envoyée au couvent, et lui était parti pour Paris, où il avait fait de longues et solides études.

Quand il était revenu à Santeuil, l'année précédente et qu'il avait revu jeune fille adorable, la petite Marcelle qu'il avait laissée gamine, le marquis avait éprouvé un étonnement délicieux, où s'était bien vite mêlé l'amour.

Quant à Marcelle, après sept ou huit ans, elle avait revu M. de Santeuil sans aucun trouble, et n'avait ressenti de son retour ni plaisir ni ennui, il lui était indifférent.

Le marquis avait beaucoup souffert. Un jour, il avoua timidement à Marcelle l'immense et profond amour qu'elle lui avait inspiré.

La jeune fille répondit de façon à lui enlever toute espérance.

Il aurait dû s'éloigner, tâcher de guérir en oubliant : il resta, heureux encore du bonheur cruel de l'apercevoir de temps à autre, rarement, à l'église ou dans un salon : Marcelle lui ayant fait comprendre qu'elle ne pouvait, sans encourir de blâme, le recevoir désormais à Saunay.

Devant ce parti pris de réserve significative, M. de Santeuil n'avait cependant pas capitulé.

Malgré son premier échec, il espérait encore, puisque si Marcelle l'avait refusé, elle avait du moins aussi refusé tous ses rivaux.

— Oh ! se disait M. de Santeuil, je l'aimerai tant, je lui ferai si bien comprendre que je suis son esclavage, qu'elle finira par s'émouvoir et par m'aimer un peu aussi, ne fût-ce que par bonté d'âme !

Et M. de Santeuil attendait, — tandis que Marcelle, devenue femme, se donnait tout entière à son amant, à Jean Dubois.

Eprouvé et fatigué de la vie de Paris, toute de fièvres, le marquis vivait un peu retiré à Santeuil : il n'était donc pas au courant de tout ce qui s'était dit ou murmuré à propos du double assassinat de Saunay et de la longue maladie de Marcelle.

Maintenant que, la première colère passée, il pouvait réfléchir plus posément, les paroles de M. de Vernay lui apparaissaient peu à peu comme une révélation.

Il se rappelait certains faits en apparence insignifiants, relatifs à la vie presque cloîtrée que menait Marcelle depuis près d'un an.

Jean Dubois....

Ce nom aussi éveillait en lui des souvenirs et des soupçons.

Il se rappelait parfaitement avoir vu souvent le jeune prêtre se promener aux alentours du château, et y entrer, — alors que lui, dédaigné, ne pouvait obtenir une parole ou un sourire de la châtelaine. Alors, ce prêtre ? — c'était donc son rival ?...

Alors, M. de Vernay disait donc la vérité ?... et Marcelle...

Mais non, tout cela était trop horrible pour être vrai !...

Et, plongé dans la demi-obscurité de son cabinet de travail, le marquis essayait de chasser de son esprit les pensées cruelles qui l'obsédaient.

Mais c'était vainement. Plus il raisonnait, plus il réfléchissait, — et plus la vérité s'imposait à lui, inexorable.

— Eh! bien, s'écria-t-il tout-à-coup, à haute voix, — eh! bien, quand cela serait, quand elle aurait succombé, dans une heure d'égarement, est-ce donc une raison pour l'abandonner, pour la laisser en butte aux calomnies grossières des rustres et des lâches? Non, mille fois non !...

Est-ce à moi de lui demander compte de sa conduite? Ai-je donc pour cela quelque droit sur elle?... Non..... Mais je l'aime, je l'aime, je veux mériter son amour à tout prix!... Elle a des ennemis autour d'elle, cela est certain, ces deux hommes, le vieil Antoine et ce prêtre, cela n'est pas naturel!... Je ne devine pas encore, mais je veillerai!... Et puis, qui sait?... Il est mort, l'autre; peut être daignera-t-elle enfin me prendre en pitié !... Je l'aime tant, je l'aime tant!...

Le reste de la nuit se passa ainsi pour M. de Santeuil.

Sa pensée appartenait tout entière à Marcelle.

Pour la défendre, il se sentait des forces et des ardeurs terribles !

Et c'est dans ces dispositions qu'il quitta le château de Santeuil pour se rendre à l'endroit du bois indiqué la veille par ses témoins aux témoins de M. de Vernay.

Il était six heures du matin. Le jour, encore terne, perçait avec peine l'épais rideau des nuées grises. Le marquis marchait d'un bon pas, avec une allure pleine de dignité et de courage.

A côté de lui, le vieux François, un peu courbé, le visage soucieux, les yeux tristes, suivait. Au bout de quelques instants de marche, à un détour du sentier, le marquis fut rejoint par ses témoins : deux honorables commerçants du pays, tout bouffis de l'orgueil de tremper pour quelque chose, — 'si peu que ce fût ! — dans une affaire d'honneur et de sang,

On arriva bientôt à la *clairière*, charmante petite éclaircie du bois de Santeuil, où devait avoir lieu le duel.

M. de Vernay était déjà là, accompagné aussi de ses témoins.

A quelque distance, en regardant à travers les arbres, on pouvait apercevoir une voiture, — la voiture de précaution, et le docteur obligé de toute rencontre.

Les préparatifs du combat durèrent peu.

Aucun des adversaires ne voulait de conciliation, et les pourparlers engagés une dernière fois par les témoins à ce sujet furent terminés.

On se battait à l'épée.

M. de Santeuil et M. de Vernay mirent habit bas.

Les deux ennemis, avant de croiser le fer, se mesurèrent un instant des yeux.

Le marquis était calme, mais d'un calme qui recouvrait des orages, car sa fine moustache noire semblait se hérisser sur sa lèvre frémissante, et, impatientes du combat, ses mains avaient des tressaillements nerveux.

M. de Santeuil était un grand et beau garçon, bien campé, bien musclé, aux attaches délicates, mais solides.

Il formait avec son adversaire le contraste le plus frappant.

M. de Vernay, en effet, avait en tous points l'apparence insignifiante particulière aux désœuvrés de tous les pays.

Même en ce moment où il vengeait son honneur, où il allait avoir à défendre sa vie, M. de Vernay affectait des airs d'insolence et de désinvolture.

Tout autour de ces deux hommes qui se préparaient méthodiquement et sans aucune émotion à s'entr'égorger, la nature douce et sereine se réveillait lentement.

On commençait à percevoir plus distinctement les mille bruits de la campagne qui s'animait.

Le jour se faisait plus clair, il y avait comme des arêtes de lumière vive sur la cime pointue des arbres.

— En garde ! messieurs !

L'assaut commença.

Il dura longtemps. Les deux combattants étaient de force égale ; seulement de Vernay, plus impétueux, se dépensait en bonds et en attaques, tandis que le marquis, toujours froid et maître de lui, semblait au contraire attendre et se ménager.

Au bout de quelques minutes de lutte, des gouttelettes de sang apparurent tout à coup sur le visage de M. de Santeuil.

Les témoins s'élancèrent aussitôt, voulant arrêter le combat, déclarant, suivant la formule, que l'honneur était satisfait.

Mais les deux adversaires ne l'entendirent pas ainsi.

Le combat reprit avec plus de rage du côté du marquis, qui croyait avoir vu une nouvelle insulte dans ce fait d'avoir été touché à la joue !!...

Tout à coup, un cri terrible, un cri de femme retentit à deux pas des combattants, et Marcelle s'élança d'un taillis, toute pâle et tremblante sous ses vêtements noirs !

— Arrêtez ! criait-elle !... Pas de sang !

Trop tard ! Le duel était terminé ! M. de Vernay était étendu sans connaissance, baignant dans le sang qui s'échappait à flots de sa poitrine, traversée d'outre en outre par un formidable coup d'épée !

On s'empressa autour de lui.

Le docteur s'agenouilla, lui posant son oreille au-dessus du cœur, essayant de constater encore quelque faible battement ; et comme le marquis, un peu ému, malgré tout, l'interrogeait du regard.

— Il est mort ! dit le le docteur.

— Mort ! répondit le marquis, mort !... Et il pâlit un peu.

Puis, tandis que l'on emportait le cadavre, M. de Santeuil alla rejoindre Marcelle qui, toute palpitante, s'était adossée contre un vieil arbre dépouillé !...

— Oh ! c'est horrible ! c'est horrible ! répétait-elle, en se cachant le visage de ses deux petites mains, pour ne plus voir ce sang, ce sang versé pour elle !

Le marquis se tenait debout devant elle, attendant un mot, un regard.

Mais Marcelle restait immobile, comme pétrifiée !...

La vieille tomba comme une massse. (Voir page 71).

Elle songeait, la malheureuse ! elle songeait que c'était là le troisième homme qui mourait à cause d'elle, la troisième victime qu'on lui immolait.

Et elle se sentait effrayée en se voyant ainsi environnée de cadavres et de sang !

Une faiblesse l'envahissait. Elle eût voulu addiquer toute sa volonté, et se réfugier dans deux bras amis, bien forts et largement ouverts.

Elle se sentait brisée, enfin, par les terribles émotions qui la secouaient sans trêve depuis quelques mois.

Tous ses besoins de repos, de tranquillité, lui venaient d'un seul coup, devant le lugubre spectacle de cet homme jeune, plein de santé et de vie un instant auparavant, et qu'elle venait d'apercevoir blême, glacé, sanglant.

— Oh! dit-elle, tout à coup, en sortant de son silence et de son immobilité, — oh! je vous en prie, M. de Santeuil, emmenez-moi vite d'ici, je sens que ma raison s'égare.

Et s'emparant avec vivacité du bras du marquis, elle l'entraîna à travers le bois.

Ils marchaient d'un pas pressé, serrés l'un contre l'autre.

M. de Santeuil était ivre d'amour. Il se grisait du parfum de Marcelle, du contact de son beau corps.

Oh! que la scène du duel, que le corps inanimé de M. de Verney étaient déjà loin de lui!

Il ne pensait plus qu'à une seule chose : son amour.

Il ne voyait plus qu'une seule chose : Marcelle.

Il y avait si longtemps qu'il la désirait ainsi, pendue à son bras, serrée tout contre lui!

Elle, cependant, semblait ne pas s'apercevoir de ce trouble.

Elle allait, rêveuse, triste, préoccupée, ne disant pas une seule parole.

On aperçut bientôt le château de Saunay. On arriva en face de la petite porte grillée du parc.

Marcelle dégagea son bras.

Mais de Santeuil lui prit vivement la main, et, la pressant avec amour :

— Marcelle! dit-il d'une voix suppliante, Marcelle! Oh! je vous aime tant!...

La jeune fille le regarda longuement. Il soutint son regard.

— Vous m'aimez?

— Oh! jusqu'à en mourir!

— Et jusqu'à pardonner?...

— Oui! répondit d'une voix ferme le marquis, qui avait compris vaguement ce que Marcelle voulait dire!

Deux mois plus tard, — juste le temps nécessaire pour faire oublier un peu la mort de M. de Vernay, Marcelle devenait marquise de Santeuil et recevait la bénédiction nuptiale des mains du prêtre qui avait remplacé Jean Dubois.

La jeune femme se croyait sauvée ; elle avait maintenant, pour la protéger, deux bras vigoureux, et un cœur plein d'amour, — M. de Santeuil l'adorait.

Aussi se reprenait-elle à espérer encore des jours de bonheur — tandis que près d'elle, dans l'ombre, son plus cruel ennemi ourdissait en silence tout un plan d'horribles et d'épouvantables persécutions!!!

CHAPITRE VIII

La mort de la faiseuse d'anges

La rue des Deux-Sœurs, à Caperlac, est une petite rue étroite et tortueuse, perdue au fond du faubourg Saint-Jean.

Sa chaussée présente un enchevêtrement confus de sillons et d'ornières ; ses trottoirs humides et glissants sont formés de pavés inégaux et disjoints par le temps.

Même au cœur de l'été, la rue demeure sombre et froide, car les hautes files de maisons qui l'encaissent absorbent l'air et le soleil. Dans l'une de ces maisons — la plus noire et la plus pauvre, habitait madame Trijard.

Elle sortait peu, la mégère, et craignait le grand jour ; enfermée dans ses quatre murs, elle vivait sans cesse à l'affût, attendant l'occasion profitable et la pratique. On se dérangeait pour la trouver ; sage-femme, elle avait une clientèle ; avorteuse et faiseuse d'anges, elle en avait une autre : ce double gain lui assurait une vieillesse heureuse et tranquille, et à l'abri des soucis d'argent — comme à une honnête femme.

Jamais personne n'avait ouvert les yeux sur son industrie horrible ; personne ne s'était avisé de découvrir le secret de sa fortune. Elle avait pu, pendant vingt ans, pratiquer sans une inquiétude, sans un remords, son affreux métier. — Un seul homme l'avait surprise par hasard : cet homme, elle le redoutait, il pouvait la perdre d'un jour à l'autre, elle résolut donc de se défaire de lui, avant qu'il la dénonçât. — La Trijard livra Sivrani.

Maintenant il était en prison, gardé à vue, sous les verrous, il n'était plus à craindre. La respectable madame Trijard ne se sentait plus d'aise, quand elle songeait que le juge d'instruction allait peut-être la débarrasser à jamais de son ennemi.

Elle reprit donc ses opérations, presque paisiblement, sûre de n'être point troublée par les menaces de Sivrani. — Elle recevait dans son taudis, à la nuit.

Les soirs où elle attendait une pratique, la porte de la maison restait ouverte, et si quelque passant était venu à rôder par là, il aurait pu voir des formes vagues s'engouffrer rapidement dans le long corridor sombre.

Les pauvres filles, tremblantes, tâtonnaient dans l'obscurité, — étouffant le bruit de leurs pas ; puis, quand elles étaient arrivées à la pièce du fond, après mille hésitations, une voix sourde leur criait :

— Ici, ma belle, par ici.

Et la Trijard, une veilleuse à la main, les faisait entrer dans son laboratoire infâme.

Ce qui s'était passé là, en vingt ans, de monstruosités et de crimes était effrayant.

— Chut, disait la Trijard ; pas de bruit ! ne parlez pas : même à cette heure, on pourrait nous entendre.

Et la patiente, déjà pâlie par la douleur — morale, consentait silencieusement, et la Trijard commençait l'opération, avec des regards inquiets.

On n'entendait dans le bouge que des soupirs étranglés mêlés à des cliquetis d'instruments ; parfois la pauvre fille, malgré elle, jetait un cri d'angoisse.

— Si vous continuez, ma belle, — je renonce à vous rendre service. La victime se taisait, les lèvres crispées.

C'était un horrible spectacle que celui de ces deux femmes — également coupables, accroupies dans le silence de la nuit. Parfois la Trijard se levait et prenait sur une petite table, un long crochet, — tandis qu'étendue sur un mauvais matelas qui montrait par endroit ses houppes bleues, — l'infortunée créature qui refusait la gloire joyeuse d'être mère, se tordait dans des souffrances terribles.

Puis, quand tout était fini, elle se levait languissante et blême, s'appuyant aux quelques meubles épars autour d'elle. D'un regard effaré, elle interrogeait la vieille comme pour lui demander si réellement le crime était consommé. La Trijard, immobile, lui faisait un signe, et lui donnait à voix basse quelques conseils expérimentés.

— Vous verrez, ma belle, que ce ne sera rien.

— Hélas !

— Vous regrettez ?

— Oui, — soupirait toujours la fille encore bouleversée.

— Fallait pas venir, alors ! Est-ce que je vous ai cherchée ? Mais vous savez, de la prudence ! — Allez-vous en maintenant, sur la pointe des pieds...

Et l'horrible mégère tendait la main !

Tremblante, la fille cherchait dans sa poche le montant du prix convenu.

— Une à une, n'est-ce pas, lui disait la Trijard ; ces damnées pièces font un tapage, et les voisins pourraient nous surprendre !

Restée seule, la Trijard remettait tout en ordre, comme si rien ne s'était passé. Puis, quand tout était rentré dans l'état ordinaire, elle enfouissait son argent dans un coffre, et se complaisait à se remplir les mains de pièces d'or qu'elle laissait retomber en cascades.

— C'est à moi, tout cet or, pensait-elle ! Je suis riche ! Oh ! je l'ai bien gagné ! Quel métier ! toujours être sur ses gardes, ne pas s'abandonner un instant ! Mais enfin, je suis arrivée ! Je pourrai donc enfin me reposer et vivre une bonne petite vie de rentière !

Un soir, la Trijard venait d'avoir la visite d'une cliente.

— C'est la dernière ! dit-elle, presque à haute voix. Je me retire des affaires, et je vais acheter la ferme de Bounard ! Que je serai donc bien là-dedans. Je n'ai plus d'ennuis devant moi ; — rien que cette maudite comparution au procès de Sivrani ! Témoigner, c'est vite dit : mais encore faut-il ne pas se compromettre ! Enfin, je m'en tirerai ! On l'expédiera au diable, et je serai tranquille pour de bon !

Elle eut un sourire hideux et son œil terne s'alluma.

Pendant un long quart d'heure elle se promena dans sa chambre, le front perdu dans une rêverie de bonheurs lointains ; elle rangeait les objets sur son passage, et prenait comme un étrange plaisir à voir et à toucher ces vieilles choses, laides et repoussantes, avec lesquelles elle avait vécu, et qu'elle était au moment de quitter pour une existence nouvelle.

Elle défit son lit, dissimulé derrière un rideau rouge et arrangea les oreillers.

Puis, sa toilette faite, son ménage presque en ordre, elle prit ses dernières dispositions. — Tout se taisait autour d'elle ; une petite pendule, qui battait régulièrement, troublait seule le silence

La Trijard se mit au lit, chercha bien sa place, tira les couvertures sur elle, s'enfonça dans l'oreiller — et souffla la chandelle.

La chambre, noire et lugubre, prit des formes étranges ; les meubles devinrent effrayants. La Trijard ferma les yeux, — et s'endormit.

Mais tout d'un coup elle se réveilla en sursaut.

Il lui semblait entendre un bruit à sa porte.

Elle prêta l'oreille. — Plus rien.

— Je me suis trompée ! se dit-elle, ce n'est rien.

Et elle essaya de se rendormir. — Mais le bruit persista, plus fort et plus net. Cette fois, la Trijard, soudainement épouvantée, fit de la lumière et attendit. — On frappa à sa porte. Elle sauta en chemise, à bas du lit.

— Qui est là ? demanda-t-elle d'une voix tremblante.

Pas de réponse.

— Qui est là ?

— C'est moi... répondit-on du dehors... moi, votre voisin...

— Gibbon ?

— Gibbon lui-même. C'est pas une heure pour vous demander un service, mère Trijard, mais le temps presse.

— C'est singulier, pensa la Trijard, ce n'est pas tout à fait la voix de Gibbon ! Que faire.

— Voyons, voulez-vous ouvrir ? — Dieu m'emporte ! Vous avez peur de moi ! Oh ! voilà qui est mal, pour de vieux amis comme nous ! Allons, mère Trijard, je vous ure que c'est très grave, ce que j'ai à vous communiquer...

Elle se décida à ouvrir.

Et Sivrani entra dans la chambre ! ! !

La Trijard crut mourir d'effroi !

— Eh bien ! siffla Sivrani, c'est moi, oui c'est moi ! Vous ne vous attendiez pas à cette visite-là, ma vieille ! Je suis ravi de l'effet qu'elle fait sur vous. Ah ! vous vous étiez dit : je veux me débarrass de Sivrani, je veux le livrer, et être aussi délivrée de lui ! Et vous avez raconté je ne sais quoi à la justice ! Mais, ma brave femme, la justice, ça me connaît ! Crois-m'en, on ne se joue pas de Sivrani ! Tu ne sais donc pas ce que je suis, ce que je peux ! Tu me croyais sous les verrous ! là, bien tranquillement sur ma paille, le nez contre la cellule ! Eh bien non ! me voici, devant toi ! Oui, regarde-moi, je suis libre ! m'entends-tu ! je suis libre !

Et il éclatait de rire.

La Trijard n'osait faire un mouvement.

Sivrani était effrayant. Une flamme courait dans ses yeux. Un peu pâli, il semblait vraiment beau à la vieille éperdue. Elle le dévisageait — et ne savait si elle devait craindre ou espérer de son attitude. Les bras croisés, il se tenait devant elle, sarcastique et railleur.

— Voilà ! reprit-il, on croit les gens sous clef — ils sont libres ! Que dis-tu de ce coup de ma façon ? Eh ! parbleu ! ce ne serait pas la peine d'être innocent. Car je suis innocent, sais-tu bien ! Tuer ce Jean Dubois, moi ! — Au fait, je peux bien te le dire, puisque je n'ai plus rien à redouter de toi, la mort de ce Jean Dubois me remplit l'âme de joie. Cet homme je le détestais !

Pourquoi ? Parce qu'elle l'aimait ! parce qu'il était son amant. Parfois il me prenait des envies terribles d'aller le surprendre la nuit, dans son presbytère, comme je t'ai surprise ici, et de le tuer comme je vais...

— Dieu ! s'écria la Trijard ! est-ce que...!

— Elle l'aimait ! C'est horrible, ce que j'ai souffert. N'adorer qu'une femme au monde, la désirer comme un fou, être son esclave, vouloir se dévouer et se sacrifier pour elle jusqu'à la mort, — et la voir aux bras d'un autre ! d'un prêtre ! Ce n'est pas seulement un homme ! Regarde-moi, la Trijard, et dis-moi si je n'aurais pas pu rendre cette jeune fille plus heureuse que toutes les vierges du paradis ! — Ah ! quel supplice ! Enfin, c'est fini, il est mort ! Mort comment, et par la main de qui ? n'importe ! Elle me reste encore ! cela me suffit ! Je la reverrai bien un jour, je veux la revoir, et alors ce sera un compte à régler entre nous deux ! Je l'aime ! je la veux après comme avant et je l'aurai ! Assez de tortures !

— Oui, répliqua la Trijard ; mais il faudra vaincre un nouvel ennemi — plus dangereux encore.

Et comme elle voulait se faire bien venir, elle ajouta :

— Mais je t'aiderai, et nous triompherons.

— Un nouvel ennemi ! s'écria Sivrani d'une voix stridente !

— Oui.

— Et il se nomme, celui-là ?

— Le marquis de Santeuil.

— Oh !

— Il va, dit-on, épouser mademoiselle de Saunay.

— C'est impossible !

— Pourtant...!

— Le marquis de Santeuil ! — Malheur à lui..! et malheur à toi ! car c'est toi qui me perds ! Si je pouvais être là, rester dans le pays, j'aurais l'œil sur eux, et je saurais bien... Mais non : je ne peux même me défendre ! Je ne peux les empêcher de... je suis fugitif ! — Fugitif ! Il ne faut pas que je l'oublie ! A cette heure, on me chasse, on me traque ! Si l'on me reprend, j'aurai beau faire, beau prouver, cette fuite sera un argument de plus contre moi !

Ah ! maudite vieille ! je vais te faire payer cher mon malheur ! Tiens !

Il lui saisit brutalement les mains, et les brisa convulsivement dans les siennes.

— Ah ! tu espérais l'impunité ? Eh bien non ! Avant de fuir pour jamais cette contrée, j'ai voulu me venger, je me vengerai, et c'est pour cela que je suis ici, devant toi ! Ah ! tu croyais ouvrir à Gibbon le carillonneur ! Eh bien ! tu as ouvert à Sivrani — l'assassin !

Allons vieille !

— Par pitié, monsieur Sivrani !

— Pitié ! pour qui ? Est-ce que quelqu'un s'intéresse à moi ? S'est-il trouvé une seule voix pour me plaindre ou me consoler ? Je serais bien bête de paraître meilleur que les autres !

— Grâce ! Que voulez-vous, monsieur Sivrani !

— Ce que je veux ?...

Il eut un ricanement féroce.

Puis subitement pris d'un accès de rage, il s'avança vers elle — menaçant et terrible.

— Pardon ! murmura la vieille, je serai désormais à vous ! je ferai ce que vous voudrez ! Je vous obéirai comme à mon maître.

— Oui, pour me livrer à la première occasion.

— Je jure...

— Ce n'est pas la peine ! — Allons ! je n'ai pas de temps à perdre.

Sur cette dernière ironie, s'excitant de son propre désespoir, il la saisit...

La vieille ferma les yeux. Mais l'instinct de la vie lui donna un regain de courage. Elle pensa à toutes les félicités qu'elle s'était promises et elle ne voulut pas mourir !

— Lâche-moi, misérable, ou j'appelle ! s'écria-t-elle affolée. On viendra bien à mon secours. Il y a du monde dans la maison !

— Appelle donc ! hurla Sivrani, en oubliant toute prudence.

Et l'empoignant fortement, il lui prit le cou et le serra ainsi que dans un étau.

La vieille ne poussa pas un soupir et tomba comme une masse, suffoquée, blême.

— Allons ! dit Sivrani, en la regardant une dernière fois, elle a son affaire ; en voilà une au moins qui ne me dénoncera plus.

Et l'ayant heurtée du pied, il éteignit la lumière et redescendit l'escalier — lentement. Quand il fut dans la rue, encore plongée dans l'obscurité la plus complète, il se sauva comme un fou.

CHAPITRE IX

Un agent de la police prisonnier

Brusquement appréhendé, Sivrani ne s'était pas d'abord rendu un compte exact de sa situation.

Et puis, il ne redoutait rien, au fond, se sachant appuyé et soutenu. La mort de l'intendant l'inquiétait bien un peu : mais il était si sûr de lui-même, de ses protections et de son habileté, que l'issue du procès ne lui semblait guère douteuse.

— On ne me poursuivra pas ! se disait-il ; on n'osera pas poursuivre un agent du gouvernement. — Eh bien quoi ? Si on me poursuit quand même, je nie : voilà tout.

Cependant quand il vit que l'instruction prenait son cours régulier, quand il ne put plus douter de sa situation d'accusé, un immense désespoir le saisit, jamais l'image de Marcelle ne l'avait poursuivi avec une pareille intensité. — Maintenant qu'il était séparé d'elle, une fièvre le brûlait — Des rêves fous lui traversaient l'esprit ; il aurait voulu qu'elle fût là, près de lui, et il la voyait souriante devant lui !

Puis, le rêve évanoui, il se retrouvait entre les quatre murs de sa cellule, un faible rayon de jour perçait à travers les barreaux. — C'était froid, triste et mélancolique.

Sivrani ne recevait la visite de personne. Depuis qu'il était en prison, il n'avait vu âme qui vive. — Seul, le geôlier qui entrait dans sa cellule deux fois par jour venait lui apporter l'espérance.

— Oh! monsieur Sivrani, lui disait-il, je suis sûr que vous sortirez d'ici blanc comme neige.

— Merci, mon brave, je n'oublierai pas que tu as été pour moi presque un ami.

Ce geôlier était un bon homme, quoique vieilli dans la prison, en perpétuel contact avec le vice ou le crime. Il avait des attentions délicates pour certains de ses pensionnaires, et affectait volontiers un ton bourru — de bienfaisant. Sivrani lui était sympathique entre tous. Sa personnalité tapageuse et redoutée dans le pays lui en imposait.

Il fit pour son prisonnier tout ce qu'il put faire ; c'est ainsi que Sivrani, favorisé, put se procurer du vin, des viandes et du tabac. Il fumait à outrance pour oublier.

Un matin, le geôlier entra plus tôt que de coutume.

— Eh bien ! demanda Sivrani avec quelque inquiétude ; il y a donc du nouveau.

— Oui.

— Ah !... que fait-on de moi ?

— Monsieur Sivrani, il paraît que votre affaire est grave.

— Imbécile !

— Bon, monsieur Sivrani, je ne vous dirai donc rien.

— Voyons, reprit le prisonnier en s'adoucissant, tu sais donc quelque chose ?

— On va vous expédier sur Périgueux.

— Périgueux ? — C'est donc...

— La cour d'assises!

— Impossible! à la cour d'assises, moi ! C'est affreux ! mon Dieu, mon Dieu!...

Le geôlier resta immobile, considérant d'un œil attendri cet homme si fort et si maître de lui d'ordinaire, maintenant abattu et désespéré !

— La cour d'assises! gémit Sivrani.

Un silence régna dans la cellule. — Le geôlier n'osait quitter Sivrani sur cette terrible nouvelle.

Cependant le prisonnier réfléchissait profondément. — Tout-à-coup il eut comme un pâle sourire d'espérance.

— Ecoute, dit-il au geôlier, puisque tout est perdu, tu peux bien me rendre un de ces services qu'on ne refuse pas à ceux qui bientôt n'auront plus rien à désirer, veux-tu ?...

— Monsieur Sivrani...

— Quoi ?

— Je suis prêt... pourvu que je ne sois pas exposé à perdre ma place ; c'est tout ce que j'ai pour moi, ma femme et mes quatre enfants.

— Sois tranquille, il ne t'arrivera rien. Voici ce dont il s'agit. Il faudrait aller porter une lettre... chez la Catherine...

— Soit, monsieur Sivrani.

— Je te donnerai...

— Je ne veux rien !

— Diable! murmura Sivrani, serait-il désintéressé?

— Faudra-t-il attendre une réponse?

La mère de Catherine se mit à l'œuvre. (Voir page 83.)

— Sans doute, trouve-moi une feuille de papier et un crayon.

Le geôlier sortit un registre de sa poche, en arracha une page ; puis il tira de son gilet un petit crayon usé et crasseux. Sivrani s'en empara, et écrivit à la hâte un billet sur ses genoux.

— Tiens, voilà, dit-il après un moment, et fais vite.

Le geôlier sortit, tandis que Sivrani se reprenait à avoir confiance.

— Je vais voir, pensa-t-il, si elle m'aime vraiment !

Et il attendit avec impatience le retour de son messager.

Pendant que le geôlier se mettait en route, une scène curieuse se préparait chez Catherine. Sa mère, seule en face du berceau des deux enfants, les examinait fixement tour à tour.

— Et dire, songeait-elle, que celui-là est le nôtre, le bâtard d'une pauvre fille séduite, et qu'il dort dans le même berceau qu'un autre bâtard ! — Ah ! l'amour quelle triste chose !

Les deux enfants prenaient déjà une physionomie ; ils étaient délicieux et souriaient.

— Ils vont grandir et bientôt peut-être on ne pourra plus les distinguer.

Allons ! Catherine a raison, il faut obéir à mademoiselle de Saunay !

Elle se leva, et alla chercher dans l'âtre un fer d'une forme particulière qui rougissait à blanc.

— Pauvre petit ! murmura-t-elle. Le faire souffrir ! c'est trop de cruauté.

Ah ! Catherine avait bien raison de ne vouloir assister à cette scène... Mais il n'est plus temps de reculer...

Elle se pencha vers le berceau...

Mais une idée subite lui poussa ; elle s'arrêta un instant, indécise.

— Oui... oui... murmura-t-elle, cet enfant, celui de ma fille... il pourrait un jour... qui sait... être riche !... tandis que... oui... cette fleur de lys... si j'osais !... j'oserai !

Elle allait commencer l'opération du marquage, quand on frappa à la porte. Elle se précipita et ouvrit...

— Vous, monsieur Noirot ?

— Oui... faites vite... je suis venu par les chemins détournés, personne ne m'a vu... Voici une lettre pour mademoiselle Catherine !... de monsieur Sivrani...

— Sivrani !

Et la mère courut prévenir Catherine, qui attendait dans une pièce voisine que l'opération fût terminée.

— Catherine... voici pour toi... une lettre...

— De lui !

Catherine ouvrit fièvreusement la missive et lut.

Ma bien aimée,

Je t'écris, parce que toi seule peux me sauver. Tu ne me crois pas coupable, j'espère ! Écoute donc ; si tu veux me revoir, si tu veux que je te revienne, il faut faire pour moi un énorme sacrifice dont je saurai me montrer digne et reconnaissant. Mes affaires sont en déroute, je ne peux trouver d'argent nulle part, et cependant il m'en faut.

Remets donc à cet homme, — le geôlier, tout ce dont tu pourras disposer... Je sais bien que ce que je te demande t'en coûtera... mais le cas est grave, et comme je te l'ai dit, toi seule peux m'en tirer. — Réfléchis.

Celui qui t'aime,

SIVRANI.

Catherine consulta sa mère : non pas qu'elle hésitât une seconde, mais elle n'avait presque rien, et il lui fallait l'aide de la vieille femme.

— Comment, tu veux !

— Mère, il le faut.

— Sais-tu seulement si cet homme ne te trompe pas ! Il en est bien capable, je n'ai pas confiance en lui.

— Mère !

— Et s'il t'abandonnait !... Nous resterions là sans ressource ? Et l'enfant, qui sait, il aura peut-être besoin... de...

— N'importe !

— Qu'il soit donc fait selon ta volonté !

Et Catherine donna ses économies au geôlier qui, sans perdre un instant, se retira, chargé pour Sivrani de tendresses et de consolations.

Quand elle se retrouva seule, la mère de Catherine se remit à l'œuvre. — le cœur palpitant.

Cependant Sivrani se mourait d'impatience.

— Comme il tarde ! se disait-il. Est-ce que Catherine refuserait, par hasard ? Tout le monde m'abandonne donc ? Ah ! misérable sort que le mien ! Enfin, j'aurais tout tenté ! Arrive qu'arrive maintenant !

Il se promenait dans sa cellule inquiet, et nerveux.

Tout à coup, l'énorme porte s'entre-bâilla et le geôlier parut avec des allures mystérieuses.

— Voici, monsieur Sivrani.

Et il tendit au prisonnier un petit sac qu'il avait dissimulé sous sa blouse.

— Enfin ! murmura Sivrani.

Il ouvrit le sac, et plongea sa main au milieu des pièces qui sonnaient joyeusement. Après un moment de silence.

— Ecoute maintenant, fit Sivrani d'un ton sérieux. Tu vois cet or, n'est-ce pas ? tu sais ce qu'il peut donner de jouissances et de tranquillité. Avec le quart de ce qu'il y a là, tu vivrais heureux, sans désirs même, avec ta femme et tes enfants. Tu pourrais quitter cette prison où l'on se meurt lentement ; tu serais ton maître au lieu d'être un chien de garde. Tu serais riche et considéré. Personne ne se souviendrait plus du geôlier, en voyant en toi le propriétaire d'une jolie petite terre, avec une maison et un jardin. Qu'en penses-tu ?

Le geôlier n'osait pas répondre ; mais ses yeux demeuraient attachés sur les pièces d'or qui chantaient entre les mains de Sivrani.

— Eh ! bien, continua-t-il, que t'en semble ?

— Monsieur Sivrani ! Je...

— Tu ne veux pas comprendre ?

— Je...

— Allons, pas d'hésitation. Tout cet or est à toi...

— A moi !

— Tout..., si tu m'aides à m'évader d'ici !

— Oh ! monsieur Sivrani.

— Tu ne veux pas ?

— Je n'ose !

— Imbécile ! Laisser s'échapper une occasion pareille ! Tant pis pour toi ! Mettons que je n'ai rien dit !

Et il fit mine de couper net l'entretien.

Mais il arriva ce qu'il avait prévu. Le geôlier, subjugué par la vue de cet or dont il n'avait jamais eu l'idée, s'avança vers lui, et lui dit à l'oreille...

— Et vous me donnerez tout cela ? monsieur Sivrani.

— Et le sac avec !

— Eh ! bien, soit !

— A la bonne heure ! je reconnais bien là tous les geôliers du diable !

— Mais que faudra-t-il faire ?

— Voici : — ce soir, quand la dernière tournée de surveillance aura été faite, tu viendras me prévenir. Ne prends pas de lumière ; tu connais assez, je pense, la maison, pour pouvoir nous guider sûrement. Tu me conduiras jusqu'à ce mur que j'ai remarqué derrière ma cellule. Il donne bien sur la rue ?

— Oui.

— Parfait. Une fois là... ah ! la sentinelle ?

— Elle se tient de l'autre côté.

— De mieux en mieux. — Une fois là... je n'aurai plus besoin de toi.., tu pourras rentrer dans ton chenil avec ton argent. — Voyons, est-ce bien difficile, ce que je te propose là ?

— Assurément non !

— Alors !

— C'est convenu, monsieur Sivrani. — Mais d'ici là, pas d'imprudence n'est-ce pas ? Le moindre mot en l'air pourrait tout perdre !

— Sois sans inquiétude !

Le soir venu, Sivrani, debout, attendait.

— Monsieur Sivrani, murmura tout à coup une voix mystérieuse, êtes-vous prêt ?

— Oui.

Sivrani, tremblant comme une feuille, sortit de sa cellule. Conduit par le geôlier, il pénétra dans la cour. L'obscurité était épaisse. Ils étouffèrent le bruit de leurs pas.

Arrivés devant le mur :

— Merci, dit Sivrani à voix basse. Laisse-moi maintenant, mon brave.

Et avec une étonnante habileté, agile comme un chat, il grimpa sur le mur, en s'aidant des moindres aspérités. Quand il fut sur le sommet, il demeura une seconde à cheval, considérant le ciel, heureux d'être libre, — puis il se laissa couler le long de la muraille, au risque de s'écorcher — et retomba dans la rue.

— Enfin ! je suis libre ! — A nous deux, madame Trijard, je ne veux pas qu'il soit dit que Sivrani a laissé sans châtiment ceux qui ont essayé de le perdre !

Il prit sa course à travers champs — haletant.

Nous l'avons vu entrer chez la Trijard et accomplir sa vengeance.

. . . .

La Trijard était encore étendue sur le parquet de sa chambre, que déjà Sivrani s'apprêtait à fuir le pays, sans même avoir le temps d'aller remercier celle qui avait contribué à son évasion, et qui l'attendait, l'âme pleine d'anxiété.

CHAPITRE X.

Le premier amour de Paul Gallac

Marcelle, devenue la marquise de Santeuil, crut commencer une ère nouvelle. Elle chercha à oublier la catastrophe terrible qui avait marqué sa jeunesse. Parfois, sur le point de se laisser aller à ses rêveries, elle réagissait brusquement, ne voulant pas tromper M. de Santeuil — même par ses souvenirs.

Quand la tentation était trop forte, quand elle avait trop envie d'embrasser son fils ou besoin de se replonger dans le passé — elle allait trouver son mari, et lui disait :

— Sortons-nous, marquis? j'ai l'ennui du grand air.

Et elle se pressait contre lui — effrayée d'elle-même.

Cependant peu à peu le repos était entré dans son âme. Elle s'efforçait d'oublier le passé, et elle y réussissait. Jamais, depuis que le marquis avait accepté la situation, avec une générosité de grand seigneur — ou de grand amoureux, jamais une allusion au passé ne s'était produite entre eux.

M. de Santeuil, un peu fatigué de la vie, retrouvait auprès de Marcelle quelques-unes de ses bonnes joies d'autrefois ; il se sentait revivre et redevenir jeune. Après avoir jeté pendant vingt ans son cœur à tous les vents, il se reprenait à espérer quelque doux repos.

Depuis son duel avec M. de Vernay, personne ne se serait plus avisé de douter de la marquise. Il vivait assez retiré néanmoins — presque heureux. A certaines heures, il est vrai, le marquis aurait eu besoin de communiquer ses impressions à un cœur ami; mais personne à qui se fier.

Combien de fois il regrettait l'absence du seul homme à qui il eût pu confier ses inquiétudes — et ses bonheurs. Paul Gallac aurait su, d'un mot, le rassurer et le comprendre. Mais depuis qu'il était parti pour Paris, Paul, emporté par le tourbillon, n'avait presque pas donné de ses nouvelles.

Paris l'avait d'abord occupé tout entier. Il passait ses journées à l'apprendre et à le connaître en détail ; les promenades à travers les rues, les visites aux musées l'absorbèrent les premiers jours ; puis quant il fut au courant, quand il sut voyager d'un quartier à l'autre par le plus court chemin — il songea à s'habituer aux mœurs et aux êtres de la grand'ville. Dépaysé comme un honnête provincial qu'il était, surpris à propos de rien, il avait la curiosité ardente.

Quand il se mit résolument au travail, la première fièvre d'inconnu était tombée. Il avait peu d'amis, et rentrait le soir de bonne heure. Il s'était pris à aimer ce vieil hôtel du Midi où il trouvait rassemblé tout ce qui lui tenait lieu d'intérieur, de famille et de tendresse. Madame Sivrani le traitait un peu comme son fils, et il était plutôt l'ami que le pensionnaire de la maison.

On avait pour lui des attentions particulières, Louise surtout.

Et, quand il s'était renfermé dans sa chambre, en face de ses livres, il bénissait le sort qui l'avait envoyé rue de l'Ecole-de-Médecine.

Cette chambre était située tout en haut, presque sous les toits. Le jour y arrivait par une petite fenêtre sans rideaux, un peu mansardée. Un grand lit de fer, une table en acajou et trois chaises de paille, formaient tout son mobilier ; sur une bibliothèque, des rangées de livres ; dans un cadre, accroché au mur, des portraits. Tout cela était triste et sentait l'hôtel.

Mais Paul Gallac avait réussi, à force d'y habiter, à donner à la chambre meublée un aspet moins désespérant. On y trouvait à chaque pas la trace du travail — et même de l'amour : quelques fleurs dans un verre. Paul en était encore à cette période où l'on collectionne les roses fanées. Louise Sivrani lui avait pris le cœur.

Il ne pouvait la voir sans qu'un frison lui courût dans les veines. Sans oser précisément aller au devant d'elle, il s'arrangeait de façon à la rencontrer comme par hasard. Parfois, quand il redescendait, il la croisait sur l'escalier.

— Vous sortez, M. Paul.

— Encore un cours !

— Toujours donc !

— Ah ! il le faut bien, mademoiselle Louise ; je ne suis pas riche, vous savez .. et je veux arriver.

— Arriver !... à quoi...?

Il ne savait plus que répondre et s'en allait à pas pressés.

— Drôle de garçon, pensait Louise.

Cependant, par son étrangeté même, Paul Gallac avait fait une vive impression sur elle, elle l'aimait sans savoir que ce fût l'amour ; un trouble la saisissait quand elle était seule avec lui — ce qui se présentait souvent. Le soir, la journée bien remplie par les soins du ménage, elle attendait avec impatience son retour, l'âme pleine de joie et de bonheur.

Quand ils se séparaient, elle frissonnait en lui tendant la main, tandis qu'une vive rougeur se répandait sur les joues un peu pâles d'ordinaire.

— Est-ce donc que je l'aime ? se demandait-elle.

Elle l'aimait avec toutes les appréhensions et les tendresses d'une âme vierge. Sans savoir où cet amour la conduirait, elle s'était habituée peu à peu à vivre avec lui, ne pensant pas qu'un jour pût venir où la séparation serait devenue nécessaire.

Exposée dans cette maison de va et vient, elle restait fidèle à son souvenir, au milieu de toutes les attentions dont elle était l'objet.

Les pensionnaires qui mangeaient à l'hôtel lui glissaient, entre deux plats, quelques compliments bien fades et banals ; parfois ils lui frôlaient les jupes quand elle servait, et la brûlaient des yeux.

Mais aucun ne pouvait se vanter d'être favorisé. Egalement indifférente à tous, Louise les laissait faire — tout entière à son amour pour Paul.

Quand il était sorti, il lui prenait parfois des envies folles de monter chez lui et de s'installer dans sa chambre, sous un prétexte ou sous un autre. Elle avait des impatiences de tout ce qui était lui.

Un soir, elle ne put résister au besoin de visiter sa chambre : elle était à bout de courage, et l'amour de plus en plus impérieux qu'elle ressentait la rendait imprudente. Elle se cachait de sa sœur — comme si elle avait eu peur d'amoindrir le charme exquis de son secret en le communiquant.

Paul Gallac était sorti. L'hôtel commençait à s'assoupir, — les pensionnaires, après dîner, étaient remontés chez eux. Louise prit l'escalier, et, un bougeoir à la main, gagna la chambre de Paul.

Elle ouvrit discrètement la porte — et entra.

Sur le seuil elle s'arrêta un instant comme pour embrasser la petite chambre, dans un coup d'œil. La table était couverte de papiers et de livres, et la chaise qu'on venait de quitter était reculée. Sur la cheminée un canif avait été oublié. Louise le saisit et le garda longtemps dans sa main. — Soudain elle frémit devant un crâne grimaçant, qu'elle trouva en face d'elle.

Puis, riant de la terreur, elle s'assit — sur la chaise de Paul.

— C'est donc ici, se dit-elle, ici, qu'il vit et travaille. C'est son air que je respire! il a touché tous ces objets! que ne puis-je rester éternellement entre ces quatre murs. Ce serait le bonheur! Mais hélas !... Je sens pourtant qu'il m'aime! Et moi !... Mon Dieu suis-je donc destinée à souffrir? Mais non... un jour... Elle se leva brusquement; ses pensées l'effrayaient.

Elle fut sur le point de descendre; mais une force invincible la retenait dans cette chambre. Elle recommença sa promenade autour des meubles, touchant à tout, regardant tout — puis elle s'assit sur le lit de Paul.

Elle sentait comme une volupté délicieuse qui lui montait au cœur. Mille sensations diverses l'agitèrent. Elle qui n'avait jusqu'ici eu aucune pensée qui ne fût pure ou chaste, se sentait des curiosités ardentes et des fièvres.

Une chaleur lui empourpra les joues.

— Mon Dieu! s'écria-t-elle, que fais-je ici!

Un trouble inexprimable s'empara d'elle.

Elle voulut se lever, ses jambes fléchirent et elle retomba sur le lit.

Mais tout à coup la porte s'ouvrit.

Et Paul Gallac parut sur le seuil.

En apercevant Louise, il étouffa un cri.

— Louise !

Louise, subitement pâle, crut mourir à sa vue,

— Monsieur Paul... je venais... je...

Les mots ne sortaient pas de ses lèvres, Paul se tint un instant immobile, puis, comme un fou, il se précipita vers elle, et lui prit fiévreusement les mains

— Monsieur Paul !...

— Louise !

Je vous en prie... ne...

Il était déjà à ses genoux.

Un long silence régna dans la petite chambre. La bougie qui brûlait sur la table n'avait plus qu'une flamme mourante, et la mèche menaçait de s'abattre dans la cire en fusion.

— Louise! c'est donc vous! si près de moi! Oh ! jamais, même dans mes rêves les plus insensés, je n'aurais osé espérer un pareil bonheur. Cette félicité est vraiment trop grande, Louise !...

Il la regarda fixement, mettant toute son âme dans ce regard...

Elle sourit vaguement, et malgré elle lui serra les mains à les rompre!

— Louise, reprit Paul, c'est vous! Mon Dieu, pourquoi suis-je si heureux. J'ai peur maintenant...

— Peur, et de quoi mon ami? demanda doucement Louise.

— C'est trop de joie. Te sentir là, près de moi, pour la première fois! Tu as donc compris! Et tu...

— Je t'aime, murmura Louise, tremblante comme une feuille.

Il savoura longuement cet aveu délicieux, la tête sur les genoux de la jeune fille.

— Oh! maintenant s'écria-t-il, j'aurai au moins un but dans la vie! Je t'aime et tu m'aimes! Après cela, que m'importe le monde! Je veux vivre pour toi seule, te donner mon cœur, mon âme et mes pensées. Je t'appartiens, ma bien-aimée! Oh. donne-moi encore ce regard qui m'enivre! Je veux ta main, ton front, tes lèvres! Donne-moi tes lèvres, te dis-je, je veux, entends-tu, je veux.

Il s'était levé droit debout.

— Paul!... murmura Louise, par pitié.

Il reprit son empire sur lui, et, subitement calmé devant cette prière adorable d'innocence, il revint s'asseoir près d'elle. Il restèrent ainsi un long instant sans se parler.

Il sentait sur son visage l'haleine de Louise; une chaleur l'envahissait; tout d'un coup, n'y tenant plus, il la prit dans ses bras, la serra à l'étouffer contre lui, et la couvrit de baisers!

Louise essaya de s'arracher à son étreinte.

Mais depuis si longtemps elle avait désiré cet instant, depuis si longtemps elle l'avait attendu sans le savoir, qu'elle n'eut pas le courage de s'enfuir.

Paul, de son côté, oubliait tout, ses résolutions honnêtes et fortes; son devoir et les terribles conséquences que pouvait avoir sa folie: Il était tout entier sous le charme, esclave de sa passion contenue jusqu'ici; l'homme avec ses instincts impérieux et ses aveuglements se montrait subitement à lui; il ne s'appartenait plus, une ardeur étrange le dévorait...

— Louise, soupira-t-il, d'une voix douce comme un chant. Je t'aime! Tu ne sais donc pas ce que c'est que l'amour. Vivre à deux, pour l'éternité et mourir dans un baiser. Nous ne nous séparerons jamais, n'est-ce pas! Tu es à moi, et je t'appartiens! C'est à moi ces cheveux blonds, rayons de soleil! A moi, ces yeux, ces lèvres, cette taille flexible! Oh! je t'ai tant aimée déjà, tant désirée, que cette fois... Louise...

L'enfant ferma les yeux et tomba dans ses bras... Une heure après, quand Louise retrouva sa mère, une pâleur vaguement rosée était répandue sur ses joues; elle était secouée de frissons nerveux; une lassitude délicieuse la tenait comme paralysée. Un monde nouveau s'ouvrait devant elle; elle avait aimé; de corps et d'âme elle s'était livrée à Paul fou de bonheur; elle avait vécu quelques minutes qui comptent pour des heures. Elle était à lui!... il lui semblait que sa vie allait seulement commencer — sur un sourire et sur un baiser!

Le lendemain quand Paul descendit, Louise l'attendait au bas de l'escalier. Il ne lui dit rien; mais la reconnaissance et l'amour brillaient dans ses yeux.

— Quand rentres-tu? lui demanda Louise.

Il se laissa couler le long de la muraille. (Voir page 84).

(Voir page 84).

— Pour le déjeuner.

Au déjeuner, ce fut Louise qui le servit; elle s'appuyait en passant sur lui, et lui touchait le bras. Elle se penchait sur lui, et il sentait sur sa tête la chaleur exquise de sa poitrine.

L'après midi, au lieu d'aller à son cours comme d'ordinaire, il demeura chez lui; la passion est exclusive.

Louise vint le retrouver, et resta auprès de lui autant qu'elle le put. Il fallait bien prendre quelques précautions.

Paul Gallac avait depuis longtemps pris l'habitude de passer une partie de la soirée en famille, dans le salon de l'hôtel.

Il restait là, sous la lampe, autour d'une table ronde recouverte d'un tapis vert et chargée de quelques livres, avec madame Sivrani, Marthe et Louise.

Et les heures passaient dans une intimité charmante.

On causait un peu de tout. Madame Sivrani s'intéressait à ses études de médecine ; Marthe le plaisantait avec une douce gaîté de jeune fille ; — Louise l'aimait !

Et lui, entre ses trois femmes vivait des jours les plus heureux de sa vie.

Madame Sivrani, toujours un peu triste, songeant à ce fils qu'elle adorait — peut-être parce qu'il était le plus ingrat de ses enfants, n'avait pas l'humeur joyeuse. On sentait ses souffrances à travers son sourire.

Souvent elle demandait à Paul ce qu'il pouvait savoir de Sivrani ; mais lui, ayant compris la première fois que ce qu'il ne pouvait dire n'était pas de nature à rendre à la pauvre mère l'illusion et l'espérance — se taisait obstinément.

Un soir, ils étaient tous les quatre réunis dans le salon de l'hôtel. — La maison était silencieuse, il se faisait tard. Le dernier pensionnaire venait de rentrer.

— Allons ! dit madame Sivrani, allons mes enfants.

Marthe se leva et plia son ouvrage. Paul et Louise s'attardaient dans un coin, perdus dans une longue et délicieuse causerie.

Madame Sivrani embrassa ses filles, et souhaita bonne nuit à Paul Gallac. — Ils allaient se séparer, quand soudain on frappa à la porte de l'hôtel !

Un silence se fit dans le couloir.

Madame Sivrani, sa lampe à la main, se dirigea vers la porte.

Un nouveau coup de marteau retentit.

Madame Sivrani avait pris la clef déjà pendue dans le bureau ; elle ouvrit...

Un homme se trouvait devant elle, immobile dans la pénombre.

Il était maigrement vêtu. Une anxiété contractait son visage.

— Eh bien, monsieur ? demanda madame Sivrani.

L'homme entra sans répondre.

Mais quand il eut avancé de quelques pas, madame Sivrani jeta un cri terrible, et faillit laisser tomber la lampe.

— Toi ! c'est toi !

— Ma mère !

Et Sivrani, ému malgré lui, sentant se réveiller tout d'un coup dans son cœur quelques vieilles affections oubliées, se jeta quelques instants après dans les bras de la pauvre femme, ivre de joie.

CHAPITRE XI

Le frère et l'amant

Madame Sivrani laissa à peine à ses deux filles le temps d'embrasser leur frère, et entraîna son fils dans sa chambre.

La pauvre mère crut mourir de joie.

— Mon Dieu, mon Dieu, s'écria-t-elle, tu m'es donc rendu, mon enfant bien aimé !

Et elle le prenait dans ses bras et elle le couvrait de baisers !

— Que je te regarde ! reprit-elle. Comme tu as changé, mon enfant ! tu as donc souffert, et sans prévenir ta mère !

— Oh !

— Mais puisque te voici, ne parlons plus du passé ! je te possède enfin ; tu vas nous rester, au moins.

— Non !

— Quoi donc, tu songerais déjà à ...?

— Je ne fais plus de projets ! Je vais vivre Dieu sait comment, et je ne voudrais pas que mon arrivée troublât le calme et la tranquillité ordinaire de ta vie.

— C'est à une mère que tu parles ainsi.

— Hélas !

— Mais explique-toi ! Je veux savoir... Tu te cacherais de moi ? Voyons, mon enfant, aie confiance. Ne suis-je pas-là, moi, pour te secourir et même pour te défendre ?

— Oui, murmura Sivrani, oui... je sais.., mais...

— Mais tu te tais ?

— Ma mère ! Ne m'interrogez pas.

— Tu as donc à rougir de.....

— Oh !

— Mais alors...

— Mère, je suis venu pour vous embrasser ! Je vais vous quitter encore. Est-ce que toutes mes actions, mes démarches, mes sorties ne vont pas être épiées ! Je ne peux pas prendre sur moi de troubler par ma présence votre maison. Car, voyez-vous, ma mère, la police...

— La police ! s'écria madame Sivrani avec un vague effroi...

— Ce mot produit un étrange effet sur vous, ma mère... je le comprends !

— Mon enfant !... est-ce que... tu es donc toujours..?

Les mots ne lui sortaient pas des lèvres. Depuis le jour où Paul Gallac lui avait appris la véritable position de son fils, cette femme honnête, fière et droite, avait véritablement souffert. Elle ne pouvait accepter la pensée que son enfant eût pu consentir à jouer ce rôle de policier que son orgueil condamnait.

— Je crois, reprit Sivrani, je crois que vous avez une question à me faire, ma mère ?

Il souriait amèrement.

— Mais je vais vous apprendre la vérité... Je suis...je suis fugitif..., on me pourchasse peut-être à cette heure. La police...

— Tu n'es donc pas, mon enfant ! s'écria-t-elle avec un indicible mouvement de joie.

Un silence régna dans la chambre où ils étaient enfermés.

— Mais alors, reprit Mme Sivrani, tu vas rester auprès moi. Il n'est pas dit que je ne saurai pas te cacher aux yeux de ceux qui te poursuivent. Tu demeureras ici, avec un peu de prudence et de temps... tu verras, mon enfant ! Où serais-tu plus en sûreté que chez moi, dans cet hôtel...

— Mère!

— Eh bien, tu te présenteras comme nouvellement arrivé à Paris, tu seras froid et réservé ; et l'on dira aux curieux...

— Oui, tu as raison, mère... Mais si on me reconnaissait..... Puis après un silence.

Au fait, dès ce soir je vais me transformer. Si on reconnaît Sivrani après ma métamorphose, on sera habile! Je vais...

— Mais, demanda Mme Sivrani avec un vague effroi... pourquoi...?

— Pourquoi je suis en fuite, n'est-ce pas, ma mère, c'est cela que vous me demandez ? — C'est vrai, je peux passer à vos yeux pour un voleur... ou un...

— Mon enfant adoré!

— Rassurez-vous, ma mère... Je suis en faute parce que... parce que.

— C'est bien !... garde ton secret. Est-ce que j'ai besoin d'explications, en vérité! Tu es mon enfant, je te crois, je t'estime et je t'aime.

— Oh ! mère !

Il faillit pleurer. Cette femme qu'il avait devant lui, et que pendant des années il avait oubliée et négligée ; cette tendresse confiante qu'on lui montrait, cet intérieur qu'il devinait plein de bonheurs reposants, et de paix sereine, — tout cela était si nouveau pour lui, et l'émouvait à un tel point, que sa rudesse d'aventurier et son scepticisme de viveur en étaient ébranlés.

— Mère!... murmura-t-il, oh! que ce nom me fait du bien à l'âme. Mère! ma mère! pourquoi donc vous ai-je quittés et si longtemps méconnus, vous autres qui allez devenir ma vie et qui ne m'avez jamais oublié, moi! — Et mes sœurs! Louise et Marthe, comme elles sont belles! Je les ai entrevues tout à l'heure! où sont-elles? je veux les voir? N'ai-je pas tout une connaissance à faire avec elles! j'ai hâte de trouver quelque bonheur auprès de vous! j'en ai été si longtemps privé!...

Sivrani était réellement ému. Pour la première fois, il comprenait et désirait le bonheur calme de la famille. Après les épreuves qu'il venait de subir, après la terrible passion qui lui brûlait le cœur, — il avait besoin de se retremper aux sources pures.

Mais au fond, pendant qu'il désirait ainsi le repos, une appréhension l'empêchait de reprendre entièrement confiance. Il ne pouvait espérer sans mélange, parce qu'un feu intérieur le dévorait.

Sa fuite, marquée par mille incidents, par mille angoisses, son amour pour Marcelle de Saunay, sa pauvreté (il avait tout abandonné), lui présentaient un avenir sans joie et un présent sans sécurité.

Cependant, la parole si douce et si pénétrante de sa mère lui allait droit au cœur!

— Viens, mon enfant! il se fait tard, lui dit madame Sivrani.

Et elle appela ses filles.

Paul Gallac était remonté dans sa chambre.

Une heure encore se passa en causerie longue et presque délicieuse.

— Allons, bonsoir, mes sœurs fit tout d'un coup Sivrani. — Mère, où me loges-tu?

— Viens que je te conduise.

Et, précédant son fils, madame Sivrani le mena au premier étage, et lui ouvrit la plus belle chambre de la maison.

Une fois seul, Sivrani se laissa tomber sur une chaise et réfléchit profondément.

Qu'allait-il entreprendre, où se cacher, quel parti prendre? Un reste d'orgueil lui défendait de vivre aux dépens de sa mère ; un reste d'amour pour Catherine lui défendait de l'abandonner aussi complètement, après cette dernière preuve de dévouement qu'elle venait encore de lui donner; il était horriblement indécis; et par-dessus toutes ces angoisses, ces remords et ces soucis, l'image de Marcelle de Santeuil planait avec obstination. — Sivrani ne pouvait s'arracher à ses souvenirs. Il avait beau se dire qu'il était en sûreté, qu'avec un peu de prudence il pouvait échapper pour l'instant aux recherches et aux investigations ; une insurmontable douleur, le troublait. Maintenant il regrettait presque d'avoir quitté le pays, de se trouver si loin de celle qu'il aimait avec raisonnement et habitude — et aussi de celle qu'il idolâtrait avec rage. Ainsi pris entre les deux amours, il ne savait ni ce qu'il allait entreprendre, ni ce que le sort déciderait de lui !...

Le lendemain, Sivrani était debout à la première heure ; il n'avait pas fermé l'œil. Son visage fatigué était sillonné de rides profondes ; ses yeux avaient un brillant fiévreux.

— Bonjour, mon frère, lui dit Louise en l'embrassant

— Bonjour, lui répondit Sivrani, distrait.

Sa pensée était ailleurs.

Sorti du pays comme un voleur, Sivrani n'avait apporté avec lui qu'un peu d'argent. Il n'avait d'autres vêtements que ceux qu'il portait, — et encore étaient-ils dans un piteux état. Avec ce qui lui restait après les longues et douloureuses étapes de sa fuite, il pensa s'habiller et acheter le plus indispensable.

— Mon cher frère, n'as-tu besoin de rien ?

— Je voudrais... -

— Ah ! je comprends... des achats !... ne suis-je pas admirablement perspicace ?

— En effet... mais...

— Allons ! je vais te chercher quelqu'un qui t'accompagnera aux bons endroits. Tu ne dois plus connaître Paris ! Tiens, attends-moi là, je reviens dans une minute.

Et sortant du bureau de l'hôtel, où Sivrani essayait de lire un journal, Louise monta rapidement les escaliers.

Arrivé devant la porte de Paul, elle frappa discrètement deux petits coups.

Paul la reconnut à ce signal convenu, et se précipita.

— Toi ! mon adorée.

— Bonjour, mon Paul. Est-ce qu'on peut entrer ?

— Folle, va !

Ils pénétrèrent ensemble dans la chambre en désordre. Paul prit la jeune fille sur ses genoux et commença à couvrir de baisers ses mains, ses lèvres et sa nuque. La jeune fille se laissait faire avec un adorable abandon.

— Tu sais, Paul, qu'hier soir mon frère est arrivé !

— Oui, je sais, dit Paul d'une voix étrange.

— Eh bien, qu'as-tu?

— Moi? rien.

— Mais on dirait...

— Quoi !

— Que tu en veux à mon frère ! méchant ! Tu n'as donc pas bon cœur, il est si malheureux !

— Malheureux, lui ? Allons donc ! Est-ce possible que M. Sivrani soit jamais malheureux !

— N'importe, mon ami ! Si vraiment tu m'aimes, tu ne me refuseras pas ce que je vais te demander.

— Voyons... parle... tu sais bien que pour toi...

— Voici... tu vas accompagner mon frère ; il a des courses à faire.., veux-tu, dis mon Paul ?

Après avoir hésité :

— Oui, dit-il, quoique... .

— Allons ! habille-toi vite, vous ferez connaissance !

Paul se mit à sa toilette.

— Comment ! pensait-il tout en se vêtissant, ce Sivrani ne pouvait-il donc rester au diable ! Faut-il donc que je le trouve toujours sur mes pas ! Oui, je le hais ! Un espion ! Un mouchard ! Et je,.. non ! — Cependant, je ne puis guère refuser, c'est son frère !

Il descendit. Louise courut à sa rencontre, lui prit la main et le conduisit à Sivrani.

— Mon cher frère, je te présente un de nos meilleurs amis, dit-elle avec des tendresses dans la voix ; M. Paul Gallac.

Les deux hommes s'inclinèrent.

— Gallac, murmura Sivrani, Gallac, mais je connais ce nom !

— Sivrani, pensa de son côté Paul... cet homme !

— Allons ! j'espère que vous allez devenir bons amis, n'est-ce pas ? dit Louise. Et d'abord, Paul, vous mènerez mon frère à travers Paris, comme un vrai cicerone.

— Je suis à la disposition de monsieur.

— Je vous en suis réellement reconnaissant, répondit Sivrani. Mais je craindrais d'abuser...

— Ne vous gênez pas, Monsieur, dit Paul froidement.

— Adieu ! je vous laisse maintenant, fit Louise ; le ménage, les chambres, le déjeuner !... tout cela a besoin de moi ! Ne suis-je pas indispensable ?

— Tu es mon seul amour, lui dit Paul, en sortant avec Sivrani.

Les deux hommes marchèrent d'abord sans prononcer un mot. Puis tout d'un coup.

— M. Sivrani, demanda Paul, vous connaissez bien le pays de Saunay, n'est-ce pas ? vous le connaissez très-bien même, je suppose.

Brusquement surpris par cette question, Sivrani perdit un instant contenance.

— Mais oui... oui... un peu...

— Eh bien ! alors... vous allez pouvoir me renseigner sur des personnes qui me sont particulièrement chères !

— Heureux... si... je peux...

— Il y a longtemps que je n'ai eu des nouvelles du marquis de Santeuil, mon ami, presque mon bienfaiteur.

— Le marquis de Santeuil ?

— Eh bien !... ce nom ?

— Oui, oui, je l'ai connu... très peu... balbutia Sivrani.

— Et mademoiselle de Saunay ?

— Marcelle !

— Ah ! ah !... vous devez être plus lié avec elle... puisque vous lui donnez ce petit nom... d'amitié ! Savez-vous si son mariage avec... Oh ! je suis renseigné par ma mère !

— Dépêchons-nous, interrompit Sivrani, j'ai encore plusieurs courses à faire, et je ne voudrais pas que ma mère m'attendît pour le déjeuner.

Ils n'échangèrent plus une parole. Sivrani passa successivement du tailleur au chapelier, et quand il eut fait toutes ses emplettes, il pressa tellement le pas pour rentrer, que Paul eut peine à le suivre.

Sivrani avait hâte d'être seul.

Une inquiétude affreuse le saisissait.

— Je tournerai donc éternellement dans le même cercle ! murmura-t-il. Et même à Paris, j'entendrai parler de cette femme !...

Tout à coup il tressaillit, quelqu'un lui touchait doucement l'épaule. Il se retourna avec anxiété :

Sa mère lui souriait, les mains tendues.

— Tiens, dit-elle, pendant que nos pensionnaires sont à table, j'ai un bon moment à causer avec toi, mon enfant.

— Je suis à vos ordres, ma mère !

— Oh !... est-ce une réponse à faire, que celle-là ! Ne dirait-on pas que je suis bien effrayante ! A mes ordres ! — Peste, monsieur !

Elle sourit de nouveau.

— Allons, viens, et laisse-là tes airs de cérémonie. Est-ce que tu vas jouer au grand seigneur avec ta mère ! — Ta maman, car je suis encore ta maman, comme si tu étais petit !

Puis, quand ils furent installés en face l'un de l'autre, dans le salon, elle devint tout à coup grave et presque triste.

— Mon enfant !...

— Mère...

— N'as-tu rien à me dire ?

— Mais...

— Garde-donc ton secret...

Un silence régna. Madame Sivrani prit une attitude triste et chagrine. Mais soudain elle se leva.

— Mon enfant, voyons, que devient-elle, cette pauvre fille...

Elle n'osa pas continuer. Honnête jusqu'au fond de l'âme, elle n'avait pu oublier la confidence de Paul Gallac. Elle savait que son fils avait séduit une enfant, et parmi tous les malheurs qu'elle soupçonnait, celui-là touchait plus particulièrement à ses sentiments d'honneur et de probité morale.

— Oui, reprit-elle, un peu timidement, je sais que là-bas, d'où tu viens, tu as laissé... Et ton fils?

A cette question directe, Sivrani presque blessé se leva comme mu par un ressort.

— Mon fils !... murmura-t-il !... tu sais donc?

— Je sais...

— Oh !...

— Et qu'as-tu fait de la mère?

— Elle ne manquera de rien.

— Ce n'est pas assez! Tu l'as abandonnée?

— Les événements !

— Mon enfant, sais-tu quel est ton devoir?...

— Sans doute, balbutia Sivrani, mais...

— Et tu ne l'accomplis pas !

— Ma mère !

— C'est tout ce que tu as à me répondre !

Sivrani comprit qu'il faisait fausse route. Il vit que sa mère ne badinait pas avec l'honneur, et qu'ayant besoin d'elle, il fallait la ménager.

— Je peux vous paraître... léger, dit-il ; mais rassurez-vous, chère mère. Je ne me montrerai pas indigne de vous ; j'ai votre sang dans les veines et je ne le ferai pas mentir, je vous jure ! — C'est vrai, j'ai un fils ! mais je ne suis pas de ceux qui, après avoir aimé, renient leur amour !

Puis après un silence.

— Mais comment savez-vous, ma mère?.

— Comment je sais?

— Voyons...

— Je tiens cette confidence de notre ami Paul Gallac !

— Gallac! s'écria Sivrani.

— Eh bien! qu'as-tu?

— Je...

— Mon enfant...

Sivrani était effrayant à voir.

— C'est donc encore un ennemi, celui-là! Bien, à nous à deux ! murmura-t-il, en sortant, le visage horriblement contracté !

Il passa une journée affreuse. Tout entier à des pensées de vengeance, et à des rêves fous d'amour.

Le soir, dans sa nouvelle tenue, il rencontra Paul Gallac, qui était descendu au salon comme de coutume.

Les deux hommes se mesurèrent du regard, et Paul lut dans les yeux de Sivrani une haine inexorable.

Il comprit qu'une lutte allait s'engager entre eux, et connaissant son adversaire, il savait qu'elle serait terrible.

Resté seul, Sivrani se colla sur les joues... (Page 104.)

A un moment, ils se trouvèrent seuls dans l'embrasure d'une fenêtre.

— Monsieur, lui dit Sivrani, je sens que je vous hais !

— A votre aise ! répondit Paul, d'une voix tranquille.

— Je vous hais, parce que...

— Je sais pourquoi, interrompit Paul. Un homme qui fuit de prison, et sur qui pèsent d'horribles accusations, ne peut que haïr ce qui est meilleur que lui.

— Vous savez !... Comment ?...

— Ce matin, répliqua Paul, lentement, en scandant chaque syllabe, j'ai lu dans le journal que je reçois du pays, un des derniers souvenirs qui m'en arrivent, j'ai lu et appris la vérité.

parmi tous les malheurs qu'elle soupçonnait, celui-là touchait plus particulièrement à ses sentiments d'honneur et de probité morale.

— Oui, reprit-elle, un peu timidement, je sais que là-bas, d'où tu viens, tu as laissé... Et ton fils?

A cette question directe, Sivrani presque blessé se leva comme mu par un ressort.

— Mon fils !... murmura-t-il !... tu sais donc?

— Je sais...

— Oh !...

— Et qu'as-tu fait de la mère?

— Elle ne manquera de rien.

— Ce n'est pas assez! Tu l'as abandonnée?

— Les événements !

— Mon enfant, sais-tu quel est ton devoir?...

— Sans doute, balbutia Sivrani, mais...

— Et tu ne l'accomplis pas !

— Ma mère !

— C'est tout ce que tu as à me répondre !

Sivrani comprit qu'il faisait fausse route. Il vit que sa mère ne badinait pas avec l'honneur, et qu'ayant besoin d'elle, il fallait la ménager.

— Je peux vous paraître... léger, dit-il; mais rassurez-vous, chère mère. Je ne me montrerai pas indigne de vous; j'ai votre sang dans les veines et je ne le ferai pas mentir, je vous jure ! — C'est vrai, j'ai un fils ! mais je ne suis pas de ceux qui, après avoir aimé, renient leur amour !

Puis après un silence.

— Mais comment savez-vous, ma mère?.

— Comment je sais?

— Voyons...

— Je tiens cette confidence de notre ami Paul Gallac !

— Gallac! s'écria Sivrani.

— Eh bien! qu'as-tu?

— Je...

— Mon enfant...

Sivrani était effrayant à voir.

— C'est donc encore un ennemi, celui-là ! Bien, à nous à deux ! murmura-t-il, en sortant, le visage horriblement contracté !

Il passa une journée affreuse. Tout entier à des pensées de vengeance, et à des rêves fous d'amour.

Le soir, dans sa nouvelle tenue, il rencontra Paul Gallac, qui était descendu au salon comme de coutume.

Les deux hommes se mesurèrent du regard, et Paul lut dans les yeux de Sivrani une haine inexorable.

Il comprit qu'une lutte allait s'engager entre eux, et connaissant son adversaire, il savait qu'elle serait terrible.

— Certes, reprit-elle, nous l'aimons toutes ici, c'est un si honnête jeune homme, si prévenant, si bon pour ma mère...

— Et pour toi, surtout ?

— Pour moi.

— Allons, avoue-le, tu es sa maîtresse !

— Et quand cela serait ! répliqua Louise en relevant fièrement la tête.

— Ah ! pensa Sivrani, tout le monde est aimé, tout le monde est heureux autour de moi ! seul je suis dédaigné, repoussé !...

Et il reprit dans un accès de colère :

— Mais je te défends d'aimer cet homme qui te trompera! c'est un misérable! entends-tu?... un lâche qui vient porter le déshonneur dans les familles les plus respectées.

Il aura affaire à moi, je m'en charge !...

Louise l'écoutait, muette, stupide... elle ne trouvait pas un mot à répondre dans le premier moment de stupéfaction. Oui, c'était bien vrai, on insultait Paul, son Paul, devant elle, et elle se trouvait envahie par un tremblement nerveux qui paralysait sa voix.

Sivrani continuait, ne songeant plus à sa mère, à ses sœurs, poursuivant un seul but : se venger de ce jeune impertinent qui l'avait accablé de son mépris.

— Oui, il te quittera, il te laissera à jamais perdue...

Et si tu deviens enceinte? Ah ! c'est pour le coup que tu verras ce que valent les hommes ! les enfants les font fuir... tu verras...

Louise éprouvait la sensation que cause la vue d'un serpent, elle fixait sur Sivrani ses deux grands yeux inquiets et sa lèvre supérieure se retroussait fébrilement, dédaigneuse.

Son frère ! c'était son frère qui parlait !!!

Elle se contenait, ne voulant pas l'anéantir d'un seul mot, voulant lui épargner cette suprême injure de lui montrer qu'il était à jamais dégradé dans l'esprit de sa sœur. Sivrani poursuivait son persiflage ; alors, poussée à bout, elle s'avança vers lui, menaçante, courbée en deux, comme une hyène qui va s'élancer sur sa proie :

— Mais tais-toi donc ! alors que tu devrais essayer de te faire oublier par une vie d'humilité profonde, tu viens jeter ta bave sur des hommes qui peuvent se promener au grand soleil, sans peur, ni reproches !

— Que veux-tu dire?

— Garde au moins le silence de la reconnaissance...

Ce journal que M. Paul a dit avoir brûlé... je l'ai lu... ce matin...

Oh ! mon Dieu ! bien par hasard, je l'ai ouvert avant qu'on le lui apportât et tu sais ce que j'y ai lu.

— Tais-toi...

— Ah ! tu ne te taisais pas tout à l'heure, assassin ! oui, assassin !...

Madame Sivrani venait d'ouvrir la porte du fond, elle entendit cette accusation terrible lancée à son fils par sa fille, et elle tomba inanimée sur le parquet.

Sivrani, furieux, allait se jeter sur sa sœur ; la vue de sa mère évanouie l'arrêta.

— Qu'est-ce que je suis donc venu faire ici ? s'écria-t-il, ma parole d'honneur, il y a des moments où je me surprends à avoir des faiblesses d'enfant !

Allons, bonjour la famille!... il ouvrit la porte, descendit l'escalier rapidement et disparut dans la rue...

— Va-t-en ! misérable ! murmura Louise, qui se mit à genoux devant sa mère, attendant que son évanouissement fût passé.

CHAPITRE XII

Sivrani chez son ami Labarre

Une fois arrivé sur les quais, Sivrani s'arrêta un instant; il était 9 heures du soir.

— C'est peut-être un peu tard pour aller voir quelqu'un ? pensa-t-il.

Bah ! la nuit doit être préférable pour ce genre de visite ; je suis à peu près certain de rencontrer mon homme.

Et Sivrani traversa les ponts, se dirigeant dans la direction de la rue Vieille-du-Temple.

Il se rendait chez un de ses amis, le seul avec lequel il eût conservé des relations depuis son départ de Paris.

Il se nommait Labarre.

Anciens camarades de pénitencier, ils s'étaient retrouvés à Paris, pauvres et ambitieux tous les deux, et décidés à se créer vite une situation quelconque.

Le coup d'État avait été favorable à leurs projets; Sivrani fut envoyé à Saunay, comme nous l'avons vu; Labarre resta attaché à la police secrète de la capitale.

C'était un grand garçon blond, un peu lourd d'aspect au premier abord, mais si on l'écoutait causer un instant, on découvrait, sous cette enveloppe épaisse de rustre, une finesse de raisonnement qui témoignait d'une connaissance approfondie du milieu dans lequel il se mouvait.

Parti de l'emploi le plus infime, il fit rapidement son chemin grâce à un travail incessant, mais surtout à cause du flair prodigieux qu'il déploya dans plusieurs affaires embrouillées.

Il ne savait rien lorsqu'il débuta ; il apprit successivement, l'anglais l'allemand et l'italien. Au moment où nous le retrouvons, il était arrivé au poste qu'il ambitionnait ; le préfet de police l'avait délégué spécialement à la surveillance des étrangers nombreux qui habitaient Paris, princes et ducs millionnaires qui venaient étaler leur luxe au milieu des plaisirs et des séductions de notre ville; aventuriers et aventurières qui, s'affublant d'un faux titre, brillaient un instant comme des météores et disparaissaient un jour dans les bas fonds de la société au grand désespoir de leurs dupes; enfin Labarre surveillait plus activement certaines vraies grandes dames qui, sous le couvert d'un nom quelquefois illustre, n'étaient que des espionnes d'un pays étranger.

Richement soudoyées par leur gouvernement, elles menaient grand train et leurs salons, ouverts à tout ce qu'il y avait de célébrités dans la politique, la finance, les arts et la littérature, étaient vivement recherchés ; leurs réunions étaient très-suivies; ces princesses plus ou moins exotiques faisaient fureur alors ! et plus d'un homme d'État qui avait cru avoir eu, avec l'une d'elles, une conversation amoureusement ou spirituellement banale, sortait de ses griffes confessé et dépouillé habilement de secrets sur la situation de la France et sur les visées du gouvernement.

Labarre avait accès dans ce monde-là pour l'étudier de plus près, grâce à un titre de comte italien dont il s'était emparé en fouillant dans les papiers secrets de la préfecture. Il possédait aussi plusieurs domiciles, ne pouvant faire rencontrer chez lui les personnes d'ordres tout-à-fait différents qu'il recevait forcément.

Son véritable chez lui où il se retirait de temps à autre pour se reposer de cette vie brûlante de policier toujours sur pied, son *buen retiro*, comme il l'appelait, se trouvait situé à l'une des extrémités de Paris, dans un quartier populeux où il se faisait passer pour un commis voyageur en vins.

Sivrani, en qualité d'intime, connaissait cette adresse, et c'est là qu'il se rendit, décidé, s'il ne le rencontrait pas, à lui laisser une lettre qui lui parviendrait sûrement et très vite.

Labarre habitait rue d'Angoulême un petit appartement au deuxième étage, dans une de ces vieilles maisons à escaliers de bois toujours humides et dont les marches sont creusées au milieu par un passage journalier à la même place.

La rampe en fer a la forme d'un ruban épais.

Le mur prend des aspects d'une écumoire à trous plus gros d'où suinte le salpêtre.

L'obscurité est presque complète et ce n'est qu'en descendant la dernière marche de l'escalier qu'on aperçoit la lumière de la rue qui cherche à pénétrer dans le corridor long et tortueux.

L'appartement se composait de trois pièces : un salon, une salle à manger, une chambre ; la cuisine, comme dans beaucoup de vieilles maisons, se trouvait en face de l'entrée sur le palier.

Labarre avait placé là une fille de rue qu'il avait connue dans ses débuts d'agent des mœurs ; elle était sa maîtresse depuis de longues années ; elle lui rappelait les bas fonds dans lesquels il avait séjourné, les nuits anxieuses dans les bouges et les débauches des jours de misère. Il était lié à elle par l'habitude et ne pouvait plus s'en passer. Il avait vite la nostalgie du monde propre où sa profession le forçait à vivre, et il revenait rue d'Angoulême, dans ce milieu qui lui rappelait sa jeunesse vicieuse de vagabond.

Elle s'appelait Rose.

Cette fille de la bohème, cette meurt-de-faim avait des accès de jalousie sauvage.

A chacune des escapades obligées de son amant, il se passait des scènes à tout rompre, précédées de ses hurlements de hyène et d'injures immondes.

Labarre était le plus fort ; ça l'amusait, ces cris et ces grincements de dents. Il se contentait de rire tout en préservant ses yeux, sachant qu'elle visait toujours là.

Il prenait des poses comme pour un véritable assaut en public, feignant de se mettre sérieusement en garde devant cette fille qui procédait toujours par bonds, se roulait en pleurant de rage, essayant de lui sauter à la face.

Quelquefois elle arrivait à lui planter ses ongles dans la chair ; dès que Labarre voyait son sang couler, ses yeux s'injectaient, il perdait la tête, et avec deux ou trois coups de poing il en avait vite fini.

La malheureuse allait rouler dans un coin, et l'on n'entendait plus qu'un bruit confus de pleurs et de gémissements.

Alors il la saisissait en tas, la jetait sur le lit et se couchait.

Le lendemain tout était oublié, jusqu'à la prochaine fois.

Ils adoraient cela, eux, s'assommer !

Bien que le policier se laissât souvent entraîner dans des amours faciles et plus brillants, il aimait beaucoup cette virago qui avait les mêmes instincts, les mêmes vices et les mêmes appétits que lui.

Avec elle il ne se trouvait pas dépaysé, ils étaient bien faits pour se comprendre.

Il pouvait être dix heures lorsque Sivrani arriva devant le numéro 42 de la rue d'Angoulème ; il sonna fortement, la porte s'ouvrit : il entra.

L'obscurité était complète, à l'aide d'une allumette il parvint à se guider sans se cogner au mur.

Il monta au second et frappa à la porte de gauche plusieurs coups redoublés.

Labarre et sa maîtresse allaient se coucher. Celui-ci, surpris par ce bruit inaccoutumé, saisit un révolver et envoya Rose voir qui venait à cette heure.

— Qui est-là ? demanda-t-elle depuis derrière la porte.

— C'est moi, ouvrez ; Sivrani...

— Connais pas... attendez...

Elle revint vers Labarre :

— Eh bien ? dit-il.

— C'est un nommé Sivrani...

— Sivrani ! fit-il... ouvre vite...

— Comment, te voilà, toi !...

Les deux hommes s'embrassèrent avec effusion.

— Mon vieux camarade, assieds-toi... Rose ! tu le connais... il est venu à la taverne autrefois...

— Je me souviens très bien de madame, répondit Sivrani.

— Dame ! moi aussi je me rappelle votre figure... maintenant... vous étiez avec Léonie, dans ce temps.

— Que devient-elle ?

— Oh ! c'est des traînées... je ne fréquente plus ça !

— Mais, interrompit Labarre, explique-moi ta visite à cette heure ! Ça ne va donc plus...

— Non.

Sivrani raconta son histoire à son ami et le mit, en deux mots, au courant de sa situation.

— Voilà, j'ai besoin que tu t'occupes de moi... je n'ai pas peur que tu trahisses mon incognito, mais ce n'est pas tout. Tu dois avoir besoin d'hommes dévoués pour des missions difficiles ; tu m'as vu à l'œuvre, tu sais ce dont je suis capable... emploie-moi...

Labarre réfléchissait.

Sivrani, le croyant hésitant, redoubla d'instances pour le décider.

— Voyons... mon vieux copain... souviens-toi de notre amitié... tu ne peux pas me laisser sans rien...

— Eh ben ! réponds-lui donc, cria Rose, te voilà rêvant comme un dindon sur une patte. En voilà un homme, il reste des heures comme ça... il prétend qu'il travaille... malheur !...

— Fiche-nous la paix, toi, ou je cogne !... entends-tu ?

— Ah ! monsieur s'éveille... c'est heureux... des coups, à moi ?... ça ne serait pas à faire !...

Labarre laissa Rose grommeler des menaces entre ses dents, et se tournant très calme vers Sivrani :

— Sais-tu parler italien ?...

— Parfaitement, ma mère m'en a gavé toute mon enfance.

— Bon, j'ai ce qu'il te faut...

Ah ! merci...

— Nous avons, depuis un mois, une princesse italienne ou soi-disant telle, qui se fait appeler Hélène de Pozioni, elle vit avec un monsieur âgé, — son mari d'après elle — dans un des plus beaux hôtels des Champs-Élysées qu'elle a loué pour un an. Elle vit entourée d'un luxe insensé et jette littéralement l'argent par les fenêtres.

Elle a commencé hier la série de ses réceptions, tout Paris se pressait à cette fête magnifique.

Ses attelages font sensation au bois, et il lui suffit de mettre un genre de robe pour que ce soit aussitôt la mode.

Elle a été reçue dans le meilleur monde dès son arrivée, présentée qu'elle était par l'ambassadeur d'Italie.

Le prince Pozioni a une fortune considérable qui semble justifier les prodigalités, les folies ruineuses de sa femme.

Malgré cela, je flaire là-dedans quelque chose de louche, cette femme doit être une espionne

— Une espionne !

— Oui... son empressement à s'entourer d'hommes politiques... le choix des relations qu'elle a faites... tout cela m'a l'air d'une liste arrêtée d'avance, d'ordres qu'elle exécute. Enfin, je veux en avoir le cœur net, il me fallait un homme adroit, intelligent, te voilà, tout va bien.

— Mais que faut-il faire ?

— Oh ! une chose assez difficile peut-être. Je veux surveiller cette femme, savoir, point par point ses moindres actes, ses menées qui peuvent sembler le plus insignifiantes... avec ces renseignements j'essaierai de démêler le vrai du faux...

Je me fie à toi... nous allons te créer comte ! justement il y a un comte de Miroil qui, après s'être ruiné à Naples, a disparu depuis de longues années. Il vient de mourir, nous avons tous ses papiers dans nos registres secrets...

Rose. débouche une bouteille de champagne, que nous fêtions l'arrivée du comte de Miroil !...

Rose remplit trois coupes jusqu'au bord; alors Labarre, d'un ton dramatiquement comique :

— Je bois à la santé de notre ami, le nouveau comte de Miroil !.. A la santé de celui qui sera l'amant de la princesse Hélène Pozioni !

— Que dis-tu ? s'écria Sivrani.

— Il le faut. Ne crains rien, je te guiderai les premiers jours ; je vais d'abord faciliter ta présentation dans plusieurs salons où j'ai libre accès. De là, il faudra que tu trouves un moyen d'être reçu chez la princesse. Nous y songerons... en attendant, il faut prendre toutes nos précautions.

— On ne t'a pas vu dans Paris?

— Je suis très peu sorti.

— Il n'est pas probable que tu aies été remarqué. Cependant tu vas te déguiser de façon que lorsque tu arriveras à l'hôtel, d'ici quelques jours, en te nommant comte de Miroil, personne ne puisse se rappeler t'avoir rencontré dans la rue.

Labarre se dirigea vers la chambre à coucher, il ouvrit l'armoire à glace et en sortit tout un assortiment de postiches.

— Tiens, choisis une barbe qui te rende méconnaissable ; nous te laissons, voyons si tu es habile...

Resté seul, Sivrani se colla sur les joues deux favoris d'un noir d'ébène qui lui donnaient l'air d'un diplomate ou d'un avocat, puis il vint rejoindre Labarre et Rose au salon.

— Parfait, dit Labarre.

— Est-il chic! s'écria Rose.

— On s'y tromperait. Eh bien, mon cher, tu vas garder ça sur ta figure deux ou trois jours... Voyons, nous sommes aujourd'hui lundi... Bon! je vais faire annoncer ton arrivée dans les journaux — déplacements et voyages des gens du monde — pour jeudi.

Donc, jeudi, tu auras soin de te procurer trois ou quatre malles placardées de bulletins de bagages, puis tu enleveras cette barbe et tu te feras conduire au Grand Hôtel, tu arrives des Indes par le paquebot, nous saurons le nom et le jour exactement, d'ailleurs, tu auras toujours pu séjourner à Marseille.

Tu prendras un salon et une chambre en attendant de t'installer chez toi, et, bien entendu, tu te nommes...

— Le comte Charles de Miroil...

— Parfait. Et il ajouta très vite et bas, pendant que Rose tournait la tête,

— Il y a autre chose de très important dans ta mission... Je te dirai cela quand nous serons seuls...

Puis, reprenant à voix haute:

— Allons, adieu mon cher, à demain...

— Merci, dit Sivrani, bonsoir madame.

Et il sortit, descendant lentement les escaliers pendant que Rose se penchait sur la rampe, un bougeoir à la main, pour éclairer son chemin.

Catherine enveloppée dans un grand manteau... (Page 10?).

Sivrani, se retrouva dans la rue d'Angoulême vers 'minuit et demi. Il sonna au premier hôtel qu'il rencontra, demanda une chambre, paya et monta se coucher.

Mais il ne put s'endormir que très tard, sa tête emplie de projets refusait le sommeil. Il se voyait déjà maître d'une situation brillante et bénissait cette succession de hasards qui allait le conduire vers la fortune. Malgré tout, il se trouvait seul dans ce grand Paris pour la lutte qu'il allait entreprendre, et il se demandait au moment de l'attaque où il irait chercher l'auxiliaire dévoué dont il avait besoin.

Tout d'un coup il se dressa sur son lit, une joie subite se répandit sur son visage, et il murmura d'un air de triomphe :

— Catherine... Catherine...

Le lendemain il lui écrivit, en dépit de toute prudence, ces simples mots, de l'effet desquels il était bien certain :

« Je t'aime, je suis triste et malheureux, je suis perdu si tu ne viens pas.

« Prends le train, je serai là. »

. . . .

Trois jours après, Catherine, enveloppée dans un grand manteau, débarquait à Paris, et, anxieuse, immobile dans le vague brouillard du soir, elle interrogeait de l'œil l'horizon effrayant d'inconnu.

CHAPITRE XIII

La princesse Hélène

Avant de montrer la princesse Hélène Pozioni au milieu de sa vie somptueuse de Paris, nous croyons intéressant de reprendre son existence dès sa jeunesse.

La petite Hélène vint un matin au monde, comme un rayon de soleil, éclairer d'un reflet de joie l'intérieur grandiose dans sa simplicité d'une des plus vieilles familles de la Provence. M. de Lacastre avait 50 ans ; sa femme n'était pas non plus de la première jeunesse ; aussi laissèrent-ils leur enfant, venue un peu sur le tard, sans lui prodiguer trop les affections jalouses et les caresses attentives des jeunes ménages.

La petite Hélène, revenue de nourrice, s'élevait à sa guise, livrée à elle-même et laissée en liberté par ses parents qui l'aimaient beaucoup, mais qui s'occupaient d'autre chose. Les enfants veulent être choyés et caressés, ils sont absorbants et n'admettent pas que tout le monde ne soit pas soumis à leurs mille caprices, à leurs désirs sans cesse renouvelés, aux demandes bizarres d'un esprit qui ne sait rien et qui s'étonne de tout. Les personnes qu'ils fréquentent sont divisées en deux catégories : les amis et les ennemis ; ceux qui apportent des bonbons, des jouets ; et ceux qui arrivent les mains vides. Il faut être l'un ou l'autre, et souvent ces idées d'enfant persistent chez la femme ou chez l'homme dans un coin du cerveau, et se transforment en sympathies ou en antipathies.

Son père lui donnait des oiseaux de toutes couleurs, mais il ne la faisait pas sauter sur ses genoux en lui racontant une de ces histoires adorées des petites filles, qui commencent toutes ainsi : « Il y avait une fois... » Sa mère la bourrait de friandises, mais elle n'avait pas pour elle toutes ces chateries, tout ce verbiage charmant que les mamans savent seules inventer.

Hélène chercha une seconde famille qui fût obéissante à ses volontés et où elle régnât bien en souveraine. Elle établit son quartier général chez des paysans, les fermiers de son père. La famille était nombreuse et chaque membre avait ses attributions et ses occupations différentes dans le travail des terres du château.

Hélène s'éleva là, grouillant pêle-mêle avec les autres enfants, ravie de manger le pain noir de ses petits camarades et de courir avec eux à travers les bois et les prairies, se roulant dans l'herbe et laissant ses jambes nues brunir sous les chauds baisers du soleil. Elle ne se plaisait que là, elle partait du château le matin et ne rentrait que le soir pour dîner. Chaque fois que sa bonne venait la chercher, c'étaient des pleurs et de grands désespoirs sans fin; elle marchait lentement, se faisant traîner par la main, essuyant ses grands yeux noirs avec la manche de sa robe; sa robe! tous les buissons des environs en gardaient un morceau à côté de la laine des moutons que la petite avait suivis dans leur course vagabonde.

Ses cheveux flottant librement sur ses épaules lui donnaient l'air d'une jeune bacchante! Dès qu'elle entrait dans la salle à manger, elle devenait toute triste au milieu des baisers sombres et des portraits d'aïeux à demi effacés par le temps, qu'éclairait d'une faible lumière la lampe suspendue au-dessus de la table; puis ses parents, assis l'un en face de l'autre, immobiles, parlant peu, la traitant en grande personne et exigeant qu'elle se servît de sa fourchette et de son couteau. Ah! tout ce qu'on lui offrait ne valait pas le morceau de pain sec qu'elle mordait à belles dents, en plein air, dans le grand silence de la nature! et les fraises, et les noisettes sauvages dans le bois ombreux et l'eau claire de la fontaine où elle buvait à même en se couchant à plat ventre, au risque de s'y noyer mille fois, et d'où elle se relevait la figure trempée, tout essoufflée d'avoir retenu sa respiration! Cela repassait dans son esprit avec les couleurs vives du souvenir mêlé de regrets; fatiguée d'avoir couru tout le jour en plein soleil, elle ne pouvait rester immobile sans laisser tomber ses paupières qui devenaient lourdes; elle luttait en vain pour rester éveillée, le sommeil l'emportait et sa tête venait se cogner à la table. Quelquefois on la secouait au dessert, elle mangeait une grappe de raisin, ouvrant les yeux à moitié, puis se laissait aller inerte; on la mettait au lit tout endormie.

Parmi ses compagnons de jeux, le dernier né de Mirieux, fermier du château, Pierre, avait réuni toutes les sympathies d'Hélène. Il était plus jeune qu'elle de deux ans, aussi exerçait-elle sur lui comme une espèce d'autorité; Pierre lui obéissait aveuglément, non point parce qu'elle était la demoiselle du château, mais surtout à cause de ce je ne sais quoi qui impose, qui fascine et qui fait que, même dans une réunion d'enfants du même rang, il y en a toujours un qui prime et qui dicte aux autres ses désirs et ses volontés.

Quel joli couple: lui, blondin aux yeux bleus; elle, brune aux yeux noirs; Pierre timide, craintif, un peu gauche avec ses allures de jeune sauvage; Hélène déjà grandelette, se sentant bien la maîtresse et laissant toujours percer dans ses jeux un léger ton de commandement qui faisait pressentir un caractère impérieux, lui, docile et fier en même temps, donnant un libre cours à ses bouderies furtives qui disparaissaient subitement devant les cajoleries d'Hélène; si Pierre pleurait à la suite d'une brusquerie de la petite, elle l'embrassait bien vite et le sourire remplaçait les larmes. Ils étaient inséparables! ils couraient les bois à la recherche de fruits ou de nids d'oiseaux, puis menaient paître le troupeau et se roulaient dans l'herbe l'un sur l'autre, avec des rires sonnants pleins de fraîcheur et d'innocence.

— Quand tu seras grande, Hélène, tu m'oublieras, disait Pierre tout triste.

— Non, jamais.

— Oh! si! tu es une demoiselle noble, toi, et moi, je ne suis qu'un pauvre paysan.

— Tu iras à l'école, tu travailleras et papa te fera instruire plus tard.

— Vois-tu, Hélène, si tu me quittes jamais, je serai bien malheureux, J'aime mes sœurs, tu sais, toi, je t'aime encore mieux.

— Ecoute, Pierre, quand nous serons grands, je serai ta petite femme et tu me promèneras à ton bras, es-tu content ?

— Tu es riche, je suis pauvre.

— Ça m'est égal, je ne veux que toi.

Pierre était tout honteux, on se moquait de lui au village. Il restait pensif lorsqu'on lui disait qu'Hélène avait douze ans, qu'on allait la mettre en pension et qu'il ne la reverrait plus que dans trois ou quatre ans, alors qu'elle serait grande, qu'elle aurait des robes de soie et de beaux chapeaux.

La baronne de Mazelière, cousine germaine de M. de Lacastre, était venue passer les vacances au château. L'arrivée de la belle Lucie fit du bruit dans le pays, et les hobereaux des environs vinrent contempler une des idoles du monde parisien élégant et noble. Mais bien des années s'étaient écoulées depuis le mariage de Victor, et la baronne s'avançait vers le cap de la quarantaine, moment redoutable où les plus jolies femmes, semblables aux matelots jetés en pleine tempête, se sentent prises du vertige. Hélas ! que restera-t-il de cette taille élégante que l'on entourait des deux mains, de cette fraîcheur de lis et de roses, de ces charmes si capiteux ! hélas ! quelques fils d'argent naissent furtivement sur les tempes, et les rides, d'abord légères, puis implacables, résistent à toutes les poudres à tous les onguents qui se liguent contre elles — *pour réparer des ans l'irréparable outrage !* —

La baronne engraissait ; elle avait d'abord dissimulé ce léger embonpoint sous les nombreux artifices des couturières : robes de nuances foncées, corsages d'un juste... auprès d'eux Saint-Louis aurait passé au banc des accusés ! Rien n'y faisait, le flot envahisseur était là menaçant et sans pitié, la sève débordait ! Chaque année c'était un, deux centimètres de plus de tour de taille, encore un peu, elle prenait place parmi les mamans, ces forteresses qui baptisent leurs prisonniers du nom de gendres.

Cependant Hélène s'arrêtait en extase devant la baronne ; elle ouvrait ses yeux tous grands et restait en face de Lucie, admirant la coiffure, la robe, le petit pied de sa grande cousine. Toute cette élégance parisienne, tous ces raffinements de toilettes furent une révélation pour la compagne de Pierre, elle était étonnée, éblouie, comme un sauvage qui serait transporté brusquement au milieu de notre civilisation. C'était un autre côté de la vie qui se présentait à sa jeune imagination, certes, elle aimait toujours ses bois, ses prés et ses courses folles avec les paysans de son âge ! mais tout cela ne s'adressait qu'à l'enfant, ne satisfaisait que ce qu'il y a d'insouciant et de légèrement garçon dans les petites filles. Son cœur n'avait jamais battu que pour l'amitié : l'arrivée de la baronne, personnifiant la parisienne avec ses modes excentriques, ses paradoxes posés sur des pointes d'épingle, ses exagérations d'idées et de sentiments, éveilla brusquement la femme chez Hélène. Elle se sentit attirée vers le bruit, vers les fêtes ; Paris résonna dans sa tête comme un air de joyeuse fanfare, son imagination se lança dans une série d'aventures et de fantaisies brillantes et capricieuses. Elle écoutait Lucie sans perdre une parole, tâchant de comprendre, questionnant sans cesse ; d'abord timide, puis apportant sa nature osée, envahissante, devinant au moindre mot et jetant dans la conversation des idées qui surprenaient par leur maturité et détonnaient dans la bouche d'une enfant de douze ans.

La nature n'avait développé dans son cœur qu'un sentiment : l'amitié ; la civilisation, entrevue à travers les racontars de sa cousine, y jeta les premiers germes de l'amour. Son âme calme et pure fut troublée, inquiétée et saisie d'une certaine terreur, elle s'avançait vers l'inconnu, — les petites filles et les vieillards ont la frayeur du lendemain. — Hélène, heureuse dans cette vie primitive au milieu des paysans, des forêts sombres, des prairies où s'était écoulée son enfance, se sentit envahir de tristesse au moment où cette transformation s'opéra dans son être inconscient. Tout allait être changé, la femme l'emportait et ne gardait dans son esprit que les souvenirs riants de la petite fille. Que lui réservait l'avenir? Elle se souvint alors d'un de ses jeux préférés : on lui bandait les yeux et elle devait se rendre, à tâtons, au hasard, vers un endroit fixé en pleine campagne. Lorsqu'elle y parvenait sans encombres, elle avait gagné et enlevait tout joyeuse le bandeau qui lui cachait le jour ! mais souvent la pauvre petite aveugle pour rire allait se butter contre un arbre ou tomber dans le fossé plein d'eau ; alors, elle regagnait vite le château, honteuse et couverte de boue, suivie par les éclats de rire de ses camarades moqueurs. Ce vilain jeu se présentait obstinément à son esprit ; ses yeux s'emplirent de larmes et sans savoir pourquoi, elle eut peur.

De son côté, la baronne s'était prise d'une belle affection pour cette jeune biche, comme elle l'appelait, et voyant que son père et sa mère étaient incapables de l'élever convenablement, elle prit la résolution de l'emmener, avec elle, à Paris.

— Veux-tu venir? lui dit-elle.

— Où?

— A Paris.

— Oh! oui, — répondit l'enfant, — et je serai habillée comme vous et je vous accompagnerai partout dans ce beau monde, dans les fêtes?...

— Oui, — dit Lucie qui ne voulut pas effrayer sa jeune protégée en lui parlant de pension.

— Je vous suivrai, ma cousine, parce que je vous aime bien.

— Moi aussi, ma mignonne.

Monsieur et madame de Lacastre se rendirent facilement aux raisons de Lucie, et il fut décidé qu'Hélène entrerait au Sacré-Cœur, où étaient déjà les filles des meilleures amies de la baronne.

Hélène devait partir le lendemain ; la veille elle alla dire bonjour à ses amis de la ferme. Elle parcourut une dernière fois les endroits où elle avait été si heureuse et si gaie, embrassa tout le monde et se dirigea vers le château. Au milieu de l'allée de marronniers, elle vit tout à coup apparaître Pierre, un bouquet à la main, rouge et essoufflé d'avoir couru pour la rattraper.

— Tiens, Hélène, voici les fleurs que tu aimais à cueillir, je n'ai pas osé te les donner à la ferme, on se serait moqué de moi ; mais toi, tu sais que je t'aime bien !

— Oui, mon mignon, dit-elle en l'embrassant.

— Tu ne m'oublieras pas, là-bas, à Paris? moi, je penserai à toi tous les jours à midi, songe à moi à la même heure, veux-tu ?

— C'est dit.

— Et puis, écris-moi, on doit t'apprendre...

— Oui, Pierre, — répondit la petite qui se mit à pleurer — adieu!

— Adieu, Hélène.

Le lendemain une voiture de poste emportait les deux femmes. Pierre, caché aux environs du château, les suivit en courant pour envoyer encore un baiser à Hélène, puis, à bout de forces, il se laissa tomber au bord de la route et fondit en larmes.

CHAPITRE XIV

La première aventure d'Hélène

Trois ans après les fêtes que la baronne de Mazelière organisa dans son habitation de Saint-Germain-en-Laye eurent un brillant inaccoutumé : tout le *high-life* des environs s'y donna rendez-vous pour venir admirer Hélène, qui faisait son entrée dans le monde sous les auspices de Lucie.

La jeune fille produisit dès le premier jour une grande impression ; elle n'en fut point troublée et apporta dans ces réunions son naturel bizarre et ses charmes capiteux.

Il y a des femmes qui sont nées pour être reines et qui considèrent les hommages qu'on leur rend comme un culte dû à leur beauté. Duchesses ou bourgeoises, elles ont une cour, un cercle d'adorateurs qui en font les déesses de la mode et qui défilent devant elles, humbles et soumis, jusqu'au moment où l'âge, ce grand révolutionnaire, vient saper les bases du trône et replacer la divinité dans le rang des simples mortelles. La baronne descendait de son piédestal, elle rencontra en bas sa jeune cousine et tendit la main pour lui aider à gravir la première marche. La phalange d'admirateurs, au milieu de laquelle les premiers cheveux gris de Lucie avaient jetés le désarroi, se reforma plus compacte que jamais autour d'Hélène. Ce fut un délire d'enthousiasme pour cette *petite pensionnaire* qui écoutait tout un jour avec un flegme britannique, et brusquait, le lendemain, ses amis de la veille, imposant silence aux plus hardis d'un regard de mépris ou d'un mot dédaigneux que lançait sa bouche avec un adorable sifflement de vipère.

— Elle a sa crise, — disait le vicomte Raoul, — dans un instant elle sera délicieuse.

Pour cela il fallait la laisser seule errer sous les grands ombrages du parc, baissa les yeux, se repliant en elle-même pendant de longues heures et pleurant à chu... larmes ; ou encore, elle montait à cheval, et après une course folle à travers la forêt, respirant à plein poumons les parfums sauvages et le vent qui lui fouettait la figure, elle rentrait calme. Ses yeux étaient abattus et bordés d'un filet noir; sa bouche, qui naguère se crispait de colère, reprenait ses belles lignes et montrait dans un sourire ses petites dents fines et légèrement courtes. — Un orage violent après lequel le soleil reparaissait plus radieux que jamais. — Au salon, elle se dirigeait vers son ennemi et lui tendait, avec une brusquerie mutine et capricieuse de jeune chèvre, sa main blanche et effilée que l'on gantait d'un baiser.

— Mon cher, — disait le vicomte Raoul à son ami Maxime, — elle est épatante ! ma parole d'honneur ! je n'ai jamais vu de femme pareille, et cependant, les femmes, c'est mon fort !

— Épatante ! — répétait Maxime, pour qui les paroles du vicomte étaient un vrai code du parfait viveur.

Parmi les jeunes gens qui papillonnaient autour de Marcelle, le baron de Junglar était celui à qui elle avait inspiré la passion la plus vraie. Un beau brun que le baron, mais violent et ombrageux : à vingt-cinq ans, il s'était séparé d'avec sa femme après six mois de mariage, sans procès, sans bruit, sans scandale, donnant pour raison la formule ordinaire : incompatibilité d'humeur. Lorsqu'elle parlait de son mari, on remarquait bien chez la baronne un mouvement de mépris qui soulevait sa lèvre supérieure, et un froncement de sourcils qui révélait comme une colère secrète dont son cœur serait empli. Avait-elle été dédaignée, abandonnée seulement ? Les femmes ont pour certains hommes des dédains superbes qui naissent presque toujours dans les mystères de l'alcôve.

Maria, la plus belle rousse de Paris, qui avait été la maîtresse du baron, en savait long sur son compte. Certain matin, soupant à la *Maison d'or*, elle disait, entre deux coupes de champagne, que de Junglar avait des maîtresses comme il avait des chevaux, uniquement par luxe.

— Vrai ! — répliquait Olympe, surnommée la grande araignée, — pour un drôle d'homme, c'est un drôle d'homme !

On riait, excitant les deux femmes, les poussant dans leurs derniers retranchements, chacune d'elles voulant en savoir plus que l'autre et dévoilant cyniquement, — les coudes sur la table, l'œil émerillonné, grignotant une aile de perdreau du bout de leurs quenottes, — la mystérieuse conduite du baron, ses relations platoniques.

— Dame ! — disait Olympe, — en voilà un que l'on trompait !

— Avec ça que tu te gênes pour les autres, — murmurait Maria.

— Mes enfants, — s'écriaient les deux hommes — épargnez-nous, vous raconterez cela à nos successeurs !

Le baron défrayait les conversations après boire et égayait les petits soupers fins, sans se douter du rôle qu'on se plaisait à lui faire jouer ; personne ne se serait permis la moindre allusion, on savait ce qu'il en coûtait !

Son meilleur ami, le comte Diérolles, avait souri un jour que Junglar parlait femmes ; le lendemain matin, le comte tombait raide mort, frappé d'une balle en plein cœur. Cela jeta un léger froid ; mais le baron était très fort au pistolet, puissamment riche et recevait somptueusement. La curiosité s'était tue peu à peu devant ce cas particulier, que tout le monde faisait semblant d'ignorer, par la bonne raison que chacun le connaissait dans ses moindres détails. Après tout, le baron était peut-être victime d'un conte inventé à plaisir ; il était si original, si gai, si railleur, si particulièrement galant auprès des dames !

Le matin, Hélène allait généralement faire une promenade à cheval, et bon nombre d'adorateurs la suivaient. On jouait aux « *rallie papers* ». Hélène, semblable au petit chaperon rouge, semait sur sa route des papiers blancs, s'engageant dans les chemins les plus difficiles et les taillis les moins frayés. Celui qui parvenait à la suivre dans cette course vagabonde et à la surprendre dans le *buen retiro* où elle s'était cachée, celui-là était l'heureux vainqueur du jour : le chevalier servant de la *petite pensionnaire.*

Hélène fit une légère chute de cheval qui l'empêcha pour quelque temps de se livrer à son jeu favori. On voulut s'opposer à ces promenades : ce fut inutile ; elle prit huit jours de repos, encore sur les instances de sa cousine; la semaine écoulée, elle annonça pour le lendemain la reprise brillante des *rallie-papers*.

Dès le jour, elle s'engagea dans la forêt, semant les « suivez-moi révélateurs » ; elle choisit un itinéraire nouveau : sauta la petite rivière, plusieurs haies, battit la plaine, rentra en forêt, se fraya un passage en pleins taillis; revint sur ses pas, se montra au château, fit mille circuits, et enfin s'arrêta dans une clairière entourée d'arbres épais et touffus. Elle était tout heureuse de se trouver là, à l'abri des poursuites, riant de la deconvenue des cavaliers, dont la plupart devaient encore hésiter devant la rivière ou être suspendus à la haie de la côte... lorsque le baron de Junglar déboucha dans la clairière, s'inclina et vint se placer à sa droite.

— Vous êtes le diable, pour m'avoir dénichée ici ! — s'écria la jeune fille.

— Ce n'est pas sans peine, mademoiselle, et mon pauvre cheval tremble sur ses jambes au souvenir de l'exercice forcé que je lui ai fait prendre. Aussi je réclame le premier de mes droits, qui est de vous baiser la main.

Tenez ! — dit Hélène — c'est toujours vous qui gagnez !

— J'ai peut-être mes raisons...

— Ah !

— Cette chère petite main ! — dit le baron en la retenant dans la sienne — Oh ! Hélène, si vous vouliez ?

— Quoi ?

— M'aimer un peu, moi qui ne vis que pour vous...

— Silence !

— Oh ! non ! ne soyez pas moqueuse ! laissez-moi vous dire que je vous aime, que mon cœur déborde...

— Et après ?

— Vous emmener loin... bien loin...

— Mais vous êtes marié, mon cher ! — exclama la jeune fille dont l'œil commençait à briller étrangement, — vous ne pouvez m'épouser !

— Est-ce que le bonheur a besoin de ces liens indissolubles.

— De sorte que je serai...

— La plus adorée des maîtresses !...

Hélène retira sa main d'un mouvement convulsif, saisit sa cravache et en porta, sur le baron, un coup de toutes ses forces ; mal dirigé, le coup ne fit qu'effleurer la joue de Junglar et alla s'abattre sur la tête de son cheval. Celui-ci, surpris et affolé, se jeta d'un bond contre la jument d'Hélène et la jambe gauche du baron, se trouvant prise entre les deux animaux, fut brisée. Il se laissa aller à la renverse et tomba.

Hélène allait monter dans le coupé... (Page 114.)

La jeune fille poussa un grand cri et s'élança dans la direction du château pour ramener des aides.

Le baron de Mazelière, très lié avec de Junglar, l'installa de force chez lui, le médecin, appelé à la hâte, considérant le transport du malade comme dangereux. On attribua généralement la fracture à un simple accident de chasse.

Hélène avait 18 ans. La baronne, un peu effrayée de conserver sous sa garde cette grande fille qui n'avait peur de rien, céda facilement aux instances de ses parents qui la réclamaient vivement.

Le départ de mademoiselle de Lacastre coïncida justement avec le jour où le docteur autorisa le baron de Junglar à faire sa première promenade de convalescent.

Hélène allait monter dans le coupé avec sa cousine qui l'accompagnait à la gare, lorsque le baron parut sur le perron, marchant lentement, aidé d'une canne ; la jeune fille eut un mouvement involontaire :

— Qu'as-tu donc?... dit Lucie.

— Rien...

Après une légère hésitation, elle se dirigea vers monsieur de Junglar et là, souriante :

— Est-ce que vous boiterez ?

— Non, mademoiselle, je vous remercie, grâce aux bons soins de mon docteur, j'en aurai été quitte pour deux mois à garder la chambre... deux mois pendant lesquels j'ai bien souvent pensé à vous...

— En mal ou en bien ?

— En bien.

— Vous avez tort !

— Pourquoi ?

— Parce que vous ne me reverrez jamais. Adieu.

— Une femme comme vous ne reste pas longtemps en province ; vous reviendrez. Au revoir.

En voyant le regard calme et scrutateur du baron qui s'obstinait à chercher le sien, Hélène détourna les yeux sans oser les fixer sur ceux de cet homme qui semblait lui prédire l'avenir avec une conviction émue... et pour la deuxième fois de sa vie, elle eut peur.

CHAPITRE XV

Hélène et Pierre

Pierre Miriaux, le compagnon d'enfance d'Hélène de Lacastre, était devenu un grand garçon de dix-sept ans.

Blond et légèrement pâle, il faisait contraste au milieu de ses camarades aux figures rougeaudes et brunies par les ardeurs du soleil.

Il avait l'air d'une femmelette à côté de ces gros gaillards aux épaules carrées et aux mains larges.

S'il ne ressemblait à aucun de ces jeunes paysans au physique, au moral il était encore plus éloigné d'eux.

Pierre était intelligent ; à l'école, son maître l'avait vite remarqué et avait encouragé, chez lui, le goût de l'étude ; sur les prières de l'instituteur, le curé, qui passait au village pour un savant, consentit à s'en charger et à lui apprendre son bagage de latinité.

Il fut étonné des dispositions de son élève :

— Un sujet hors ligne ! disait-il.

Comme il allait passer la soirée au château, il résolut d'intéresser la famille de Lacastre à son protégé.

Madame de Lacastre, femme très pieuse, se laissa facilement convaincre par les raisons que lui donna le prêtre, et son mari ne vit aucune difficulté à envoyer Pierre au séminaire.

Cela coûterait peu, on obtiendrait une demi-bourse et c'était en même temps une bonne œuvre.

En effet, que deviendrait cet enfant si on l'abandonnait ?

Insuffisamment instruit, il était incapable de gagner sa vie de ce côté-là !

Trop faible pour se livrer aux travaux des champs, il resterait inutile à la ferme.

Tandis qu'avec quelques milliers de francs on le tirait de là, et il était assuré d'avoir une situation qu'il ne tiendrait qu'à lui de rendre brillante.

Le curé rentra chez lui tout heureux. Mais le lendemain, lorsqu'il fit part de ce projet à son élève, il se heurta contre un refus obstiné.

Pierre ne donna aucun motif, il répondit simplement : non.

Aussi, tout en remerciant avec effusion son maître de l'intérêt qu'il lui portait, il réitéra sa décision formelle de ne pas entrer dans les ordres.

Le prêtre en fut très attristé, il aimait Pierre, aussi ne comprenait-il rien à sa conduite, il se rendit à la ferme pour en parler à sa mère.

Le récit du curé désola la brave femme, elle promit d'employer toute son influence à pousser Pierre dans cette voie, mais au fond elle eut peur de ne pas réussir.

Elle savait d'où venait le refus de son cher enfant.

Trop souvent elle l'avait vu rester triste et rêveur à la maison au lieu d'aller partager les amusements de ses frères et des jeunes gens de son âge.

A la frairie, on ne le voyait pas au bal, promener à son bras une *promise*, non point par fierté ! tout le monde s'accordait à louer son bon cœur.

Plus d'une fois on l'avait vu se priver de dîner pour donner son modeste morceau de pain à quelque malheureux.

Il était le dernier venu d'une nichée de cinq grands garçons, aussi sa mère avait-elle pour lui un léger faible.

Puis, il flattait la vanité de ces paysans qui sont toujours heureux de penser que leur fils deviendra un monsieur, qu'il aura de beaux habits et de l'instruction.

Pauvres gens, naïvement orgueilleux, dont toute l'intelligence consiste à savoir vendre leurs produits agricoles et qui ne comprennent pas que ce fils pour lequel ils auront fait tous les sacrifices, ce fils, le meilleur de leur sang, détournera ses pas pour qu'on ne le voie pas avec son vieux père ou sa vieille mère.

Car ils ne l'auront pas suivi dans son évolution, et seront restés ce qu'il devrait être lui-même, paysans.

— Pierre, dit la fermière, le prenant à part, M. le curé m'a dit que tu ne voulais pas entrer au séminaire ?

— Non. mère.

— Je ne te demanderai pas pourquoi, mon fils, je le sais...

— Je veux rester libre... je ne crois pas assez, le sacerdoce m'effraie !...

— Tu manques de franchise : je pourrais me fâcher de ce que tu n'oses pas te confier à ta mère, doutes-tu de moi ?

— Non je t'aime trop ! — dit Jean, dont les yeux s'emplirent de larmes.

— Pauvre ami! — murmura sa mère en le serrant dans ses bras, — tu penses toujours à elle.

— Toujours! — répondit Jean avec un long regard triste.

— Tu as tort, cela me fait une peine extrême. Mademoiselle n'est pas pour toi, elle t'a oublié, il y a pause, va!

— Qu'importe! je sais bien qu'elle ne sera jamais ma femme. mais je resterai fidèle; je n'en veux point d'autre! Je vivrai avec vous: ton affection me suffit.

— Non! ce serait une honte pour toi! tôt ou tard, on en jaserait dans le pays, et je ne veux pas que mon enfant soit ridicule. entends-tu? Aussi, pourquoi as-tu songé a elle?...

— Eh! mère, cet amour est né dans mon cœur naturellement. comme la feuille pousse, comme la fleur s'ouvre au soleil!...

Je l'ai toujours devant moi. je vois encore ses grands yeux noirs me faire frissonner avec leurs longs regards qui pénétraient tout mon être?

Je sais bien qu'elle est une riche et noble fille et que je ne suis qu'un paysan...

Je ne sais pas chanter non plus, ainsi que la fauvette!... Puis-je cependant m'empêcher d'être ému et de pleurer vers le soir. lorsque ses chansons ailées voltigent dans les grands arbres?...

Dieu nous a créés ainsi avec l'amour du beau idéal, et c'est le propre de l'homme de se brûler l'âme en essayant de monter jusqu'à lui, semblable à l'aigle qui ne s'arrête dans son vol qu'aveuglé par le soleil!...

— Je ne te comprends point, mon fils, je suis une ignorante; mais le bon sens n'exige point d'instruction.

Il faut que tu écoutes M. le Curé; crois-moi, tu es sur une pente dangereuse.

Mademoiselle Hélène va revenir bientôt, il faut qu'elle croie que tu l'as oubliée, sans cela, elle rirait, elle te mépriserait!

— Oh! mère...

— Tu serais ridicule et tu promènerais pendant le restant de tes jours une existence misérable et inutile...

Tu es pauvre, tu dois travailler pour vivre, sans cela tu finirais par devenir un vagabond, un rien qui vaille!...

— Vous êtes sans pitié.

— Pardon, mon fils bien-aimé, mais je ne veux pas qu'on puisse même dire un mot de moquerie sur ton compte.

Nous sommes honnêtes, Pierre: continue notre tradition de famille, voilà notre noblesse à nous.

En cherchant à t'élever trop haut, ta chute sera plus grande et tu nous éclabousseras tous de ta honte!

— C'est bien mère, je suis prêt à obéir...

— Merci, mon enfant, dit la bonne femme en étreignant son fils sur son cœur...

Je sais le sacrifice que tu me fais, mais Dieu nous bénira!

De petite pensionnaire, Hélène devenait une vraie femme entourée et courtisée.

Elle était en pleine période de transformation, lorsqu'elle apprit l'entrée de Pierre au séminaire, et comme cette nouvelle lui arriva entre deux robes à sensation que sa couturière lui essayait, elle ne bougea pas de peur, que sa toilette ne fît un pli.

Elle prononça un simple « Ah ! » sur un ton légèrement étonné, mais presque indifférent.

Elle n'était pas de celles qui emportent dans une fleur fanée le souvenir vivant de l'homme aimé, et qui la baisent religieusement en l'arrosant d'une larme furtive.

Non ! son cœur ne savait pas et ne sut jamais lutter contre l'éloignement, même avant d'être plongée dans la frivolité excessive où nous la verrons; pour elle l'absent eut toujours tort.

Promesses, serments, qu'importe !

Le cœur féminin est toujours le même et se trouve résumé dans le cri échappé à la fameuse Ninon :

— Ah ! le bon billet qu'à « La Châtre ! »

L'affection d'enfant qu'Hélène avait pour Pierre se trouvait ensevelie sous les fleurs.

Les mille compliments, les riens charmants, les ébauches de déclarations dont la jeune fille était comblée, lui avaient fait oublier son compagnon d'autrefois.

Aussi celui-ci entrait-il pour peu dans la joie qu'Hélène avait de revoir son pays et ses vieux parents, qu'elle se reprochait, un peu, d'avoir abandonnés.

Ensuite elle sentait le besoin de quitter ce monde artificiel dans lequel elle vivait depuis deux ans.

Elle était un peu lasse de ces sourires daguerréotypés, de ces fades compliments, de cette vie de serre où l'air vrai, l'air pur était corrigé par une chaleur calculée, et où les rayons de soleil n'entraient que tamisés par un vitrage dépoli.

En arrivant en Provence, elle changea du tout au tout.

Ses impressions secrètes devinrent plus vives; aussi donna-t-elle un libre cours à ses expansions naturelles, en apercevant à la gare la vieille voiture de famille, le cocher ému en revoyant *sa demoiselle.*

Sa mère lui tendait les bras, elle s'y jeta, pleurant de bonheur, et murmura :

— Maman ! maman !

Ce nom si doux qui reportait son souvenir vers son enfance libre et joyeuse !

Son arrivée au château fut un vrai triomphe.

On la couvrit de fleurs, de ces fleurs odorantes que les paysannes mettent à leurs corsages le dimanche pour aller à la messe, et qui marient leur odeur criarde au parfum mystique de l'encens.

Hélène était fière, mais encore plus touchée de cet accueil simple et cordial.

Là, plus de convenu, plus de phrases apprises par cœur ; tous ces braves gens, toutes ces figures rougeaudes ne savaient pas mentir. Leurs larmes, entremêlées de gros éclats de rire, partaient bien d'âmes tendres et émues se faisant jour à travers leurs épaisses enveloppes.

Les femmes l'entouraient avec un concert d'étonnements naïfs et une foule de ces banalités qui partent du cœur et qui sont le fond des choses.

Soudain, une figure contristée se présenta aux yeux d'Hélène :

C'était la mère de Pierre.

— Et toi, nourrice, tu ne me dis rien ?

— Il est bien malheureux, mademoiselle, mon pauvre Pierre !

— Vraiment ! fit Hélène, qui ne comprit pas.

Alors pourquoi est-il entré au séminaire ?

— Oh !... pensa la mère, je savais bien qu'elle l'oublierait.

— Je ne le vois pas, reprit Hélène, il est cependant en vacances et doit dîner au château avec nous?...

— Merci, mademoiselle, il est un peu souffrant, vous l'excuserez...

— Certes ! et j'irai prendre de ses nouvelles, ce soir même.

Hélène reprit sa tournée, disant un mot à chacun et recevant les gros baisers que les enfants faisaient claquer de leurs lèvres roses sur ses joues fines.

Pendant le dîner, une inquiétude vague emplit la pensée de la jeune fille :

— M'aimerait-il ? songeait-elle.

Oh ! non, c'est impossible ! je rêve...

Cependant elle attendit, non sans une certaine impatience, que le toast final du curé fût terminé.

Le bonhomme avait préparé le morceau de longue main.

Il fit de l'érudition biblique, il compara Hélène à l'Enfant prodigue, ajoutant toutefois que les carrouges qu'elle avaient mangées chez la baronne de Mazelière devaient venir de chez Chevet et prendre hautement le nom de poulardes truffées.

La jeune fille remercia brièvement ; on se leva de table.

Elle sortit et prit le chemin de la ferme, marchant d'un pas pressé.

Hélène ouvrit la porte, sans frapper, comme autrefois; Pierre était seul dans la grande cuisine de la ferme, accoudé sur la table en bois-blanc, il semblait abîmé dans ses réflexions.

Hélène s'arrêta interdite en voyant son compagnon d'enfance devenir homme.

Le sourire qu'il essaya d'ébaucher donna à sa figure pâlie une plus grande intensité de tristesse, semblable au soleil qui éclaire faiblement un jour d'hiver froid et pluvieux.

Hélène vit qu'elle se trouvait en face d'une grande douleur contenue, étouffée, aussi elle n'hésita pas :

— Vous m'aimez donc toujours, Pierre ?

— Oui.

— Et pourquoi ?

— Oh ! ne me questionnez pas, Mademoiselle, je vous en prie...

J'ai tant souffert, tant pleuré, je ne voulais pas désespérer, je voulais attendre... On m'a forcé !..

— Qui ?

— Ma mère. Pauvre femme, je la bénis tous les jours de m'avoir pressé à abandonner le monde, à briser mon cœur...

— Vous devez bien m'en vouloir...

— Non, Hélène ! ce n'est pas votre faute si j'ai pris trop au sérieux une amitié d'enfance ; si l'homme n'a pu oublier la vision adorée qui berça les rêves de sa jeunesse !.

Je souffre, mais je mérite ma souffrance ; je me suis mal conduit...

Paysan, je n'ai point travaillé la terre comme mes frères ; étais-je plus qu'eux ?

Non ! cependant, j'ai lâchement consenti à me laisser nourrir, à puiser à la moisson que je n'avais point arrosée de ma sueur !

Fils, j'ai rendu malheureux mon père et ma mère. J'ai jeté l'inquiétude dans leurs esprits droits et fermes : ils ont peur de moi !

Pauvre, j'ai osé lever les yeux vers vous qui êtes riche ; qui, demain, pouvez renvoyer toute ma famille de la ferme et nous plonger dans la misère et le désespoir.

— Oh ! Pierre !..

— Pourtant, mon Dieu, je ne suis point mauvais !

Qu'ai-je donc fait pour manquer à mes devoirs, pour ne pas suivre la route toute tracée que mon vieux père avait ouverte devant moi par l'honnêteté et par le travail ?

Faible créature que je suis ! je me suis plu dans un aveuglement fatal ! J'ai couru après un mirage que je savais faux !

J'ai pris pour de l'amour les tendresses d'une enfant, les jeux partagés, les promenades à deux dans les champs !

Tous ces mille riens qui ne devraient rester qu'à l'état de charmants souvenirs dans mon cœur d'homme se sont, au contraire, transformés en un sentiment vivace, en une passion qui me ronge et qui finira bien par me tuer, je l'espère...

Pierre, épuisé, se laissa tomber à genoux en sanglottant.

Hélène resta debout, muette devant cette grande douleur.

Dans l'âtre, un tison se consumait lentement, projetant de temps à autre des étincelles qui se perdaient dans la cendre.

Pierre se releva bientôt, pâle, les yeux secs :

— Pardon, dit-il, en rompant un silence cruel, pardon, vous ne me reverrez plus...

— Pourquoi, repondit Hélène, crois-tu Pierre que le désespoir dans lequel je viens de te voir plongé n'ait pas réveillé en moi tous les souvenirs de notre joyeuse enfance ?

Folle que j'étais ! aveugle, je passais près d'un homme qui m'aime, près du bonheur et je n'avais rien vu !...

Mais je t'aime toujours !...

— Non ! non ! c'est impossible... adieu...

— Reste, te dis-je, c'est ma volonté. Tiens, me voici dans tes bras, suppliante à mon tour... je t'aime...

Pierre la serra sur son cœur avec des larmes de joie dans les yeux...

Mais un bruit se faisait dans la cour, c'étaient le fermier et ses fils qui rentraient de leurs travaux,

— A ce soir, dit Hélène ; elle sortit, affectant un grand calme, et rentra au château après avoir causé un instant avec la mère de Pierre.

Celui-ci effrayé, resta accablé de son bonheur. Il dîna très vite, évitant les questions sous prétexte qu'il était encore souffrant, et monta dans sa chambre.

Il étouffait, il ouvrit la fenêtre et s'accouda à la balustrade en bois, recevant sur sa tête nue l'air déjà frais de la nuit tombante.

Le jeune prêtre songea.

— Que faire ? aller là-bas dans un pays étranger accomplir la mission qu'il avait demandée, c'était quitter à tout jamais Hélène et se priver du seul bien qu'il eût désiré en sa vie !

Il avait vécu les yeux fixés sur une étoile, il la tenait enserrée en ses mains, elle ne lui échapperait plus et il la perdrait volontairement ?

Non ! il laisserait la destinée le dominer et le conduire à son gré.

L'homme reprenait le dessus et voulait sa part d'amour !

Mais cette robe noire, collée déjà sur lui comme la tunique de Nessus, ses serments, son honnêteté, son honneur !

Lui, si pieusement mystique, si grand dans l'adversité, si courageux il tromperait la confiance, il abandonnerait le poste qu'il avait sollicité dans un moment de désespoir !

Que faire ? Ses yeux se levaient honteux et suppliants vers le ciel !

Sa conscience troublée ne répondit qu'un mot :

Partir, fuir cet amour coupable, ne pas s'avancer plus avant dans une passion criminelle...

Oui, dit-il, je me rendrai demain à l'évêché, on me donnera des ordres, depuis Marseille je serai tout prêt à prendre la mer.

Il s'apprêtait à fermer la fenêtre, lorsqu'une forme voilée passa, rasant le mur.

Hélène était là, elle leva la tête et tout bas :

— Pierre ! descends.....

Tu voulais fuir ? — continua-t-elle.

— Oui.

— Tu resteras, je le veux !

— Jamais.

— Ou je te suivrai... choisis !

— Je ferai ce que tu voudras... je trahis mes serments, ma foi jurée ! mais je ne puis même essayer de lutter...

Je t'aime trop !

— Oui, mon mignon, fit Hélène, comme autrefois lorsqu'elle consolait d'un baiser ses bouderies passagères.

Le lendemain, Pierre sortit vers les deux heures de l'après-midi.

— Où vas-tu ? lui dit sa mère.

— Chez mademoiselle Hélène...

La vieille femme eut un frisson de crainte, son regard se fixa sur son fils, elle le vit calme et rassuré.

Août brûlait l'air, on moissonnait.

La chemise relevée aux bras et ouverte sur leur poitrine ruisselante de sueur, les pieds nus dans des sabots en bois blanc, les hommes fauchaient les lourds épis qui s'abattaient contre les sillons.

— Soyez le bienvenu, M. le comte...

Derrière eux, les femmes en corsages amples, en jupons courts de flanelle rouge, sans chaussures, la tête garantie du soleil par des chapeaux énormes de grosse paille, faisaient les gerbes.

Dans le chemin qui bordait le champ, la charrette, attelée de grands bœufs rouges, attendait que l'on chargeât la récolte pour rentrer à la ferme.

La forte chaleur du jour était dans son plein.

Les travailleurs, fatigués, continuaient automatiquement leur rude labeur, riant content des histoires salées dans leur patois pittoresque.

mes ripostaient, allant plus avant, disant les choses par leur nom, et les filles saient sous leur teint bruni, ne comprenant pas toujours, essayant de deviner lant sur le narrateur des coups d'œil malins et osés.

Le conte venait de finir et les rires éclataient au mot de la fin, lorsque Pierre passa disant un bonjour amical à ses amis.

Puis il prit l'allée de tilleuls qui conduisait au château.

Hélène, encore en toilette du matin, robe de chambre en piquet blanc parsemée de rubans cerise, cueillait des fleurs dont elle ornait un grand chapeau de paille d'Italie.

A la vue de Pierre, ses yeux s'obscurcirent, elle pâlit.

Le temps qu'il employa pour arriver jusqu'à elle lui suffit pour se remettre.

Elle monta le perron la première, baissant la tête comme en proie à un trouble intérieur, à une lutte suprême...

Elle se retourna, lui sourit, prit le corridor, ouvrit le salon et entra suivie de Pierre.

Celui-ci chancelait, ses jambes tremblantes avaient peine à le porter, son cœur battait violemment et tout son être tressaillait en proie au double désir de la crainte et du désir.

D'un mouvement fiévreux, Hélène déposa les fleurs sur le premier meuble venu, s'avança impérieuse comme autrefois lorsqu'elle était enfant plus forte que lui, le menant à son gré, et se laissa tomber dans les bras du jeune homme ivre d'émotion et de bonheur !

CHAPITRE XVI

La villa d'Amour

Malgré ses quarante-cinq ans, le prince Pozioni était un des plus joyeux viveurs de Naples, et dans toute l'Italie on citait ses folies amoureuses et ses prodigalités de grand seigneur.

Sa fortune, bien que royale, commençait à être fortement écornée par ses caprices incessants, et ses jolies maîtresses grignotaient son patrimoine à qui mieux mieux.

Il avait fait construire à Rizelo, à quelques kilomètres de Naples, une villa charmante où il avait entassé des merveilles de mobiliers, de peinture, de tapis somptueux d'Orient. Un véritable nid capitonné de satin et orné avec le goût d'un amant qui vient de rencontrer la femme aimée et qui ne trouve rien de trop beau pour elle.

Cette maison de campagne était le rendez-vous choisi pour les escapades et les nuits d'orgie du prince et de ses amis, son nom inscrit au-dessus de la porte l'indiquait suffisamment, elle s'appelait la villa d'Amour.

La villa d'Amour était placée sur le côteau à quelques centaines de mètres du village qui domine les environs et d'où l'on aperçoit au loin Naples dans un scintillement de lumière encadré d'une buée grisâtre.

Rizelo se compose d'une quinzaine de maisons, massées les unes sur les autres, au milieu desquelles se distingue une petite église dont on n'aperçoit qu'une façade décorée d'une rosace très simple.

Çà et là, sur le côteau, des habitations disséminées prenant toute espèce de forme.

allant du genre villa au genre château, en passant par le châlet suisse à escalier en dehors, où serpente un lierre vivace.

Autour de chacune d'elles une propriété plus ou moins boisée, comprenant une pelouse et ses massifs obligatoires, un potager et, poussant en toute vigueur sous le chaud climat, des orangers, des oliviers, des figuiers et tous les arbres du pays aux floraisons puissantes.

Le tout entouré d'un mur en pierre très élevé ou d'un fossé profond.

La plupart de ces maisons n'étaient habitées que pendant les quelques mois de la belle saison par les habitants de la ville, amoureux, vers le mois de juin, de campagne et de verdure.

Le reste du temps, la propriété est confiée aux soins d'un jardinier qui, installé dans un des corps de logis, est maître et seigneur, lui et sa famille, durant tout l'hiver.

La villa d'Amour avait pour gardiens deux Français que le prince Pozioni avait ramenés d'une ferme immense qu'il possédait dans le midi de la France. Ils se nommaient monsieur et madame Joseph.

Joseph était un petit homme trappu : sa tête, engoncée dans un cou bas et vigoureux, semblait sortir des épaules ; sa figure, éclatante de santé, était boursouflée au point de laisser à peine deux petits trous où brillaient des yeux gris très vifs ; une casquette bordée d'astrakan protégeait ses cheveux coupés ras et grisonnants sur les tempes. Un gilet marron en tricot, un tablier d'indienne bleue, un pantalon de velours à côtes et une paire de sabots en bois blanc achevaient la mise habituelle de Joseph ; quelquefois, le dimanche, s'il allait prendre un verre avec des amis, il quittait son tablier et mettait une jaquette et des souliers.

Sa femme, beaucoup plus grande que lui, avait l'embonpoint volumineux des femmes grasses qui dépassent la cinquantaine. Sa face rouge et congestionnée laissait pendre de grosses joues, qui formaient de chaque côté, au-dessus de plusieurs mentons successifs, une vraie toiture de maison de village ; elle avait les dents blanches d'un jeune chien, ce qui donnait à son sourire, s'épanouissant sur ses lèvres épaisses, un reflet bizarre. Un bonnet de linge applatissait ses cheveux dont la teinte neigeuse s'harmonisait avec la blancheur crue de la toile.

Le prince venait si rarement qu'ils étaient, en réalité, maîtres du logis. Avec leurs gages, les légumes et les fruits du jardin qu'ils vendaient sans aucune redevance, le bois de la petite forêt, la basse-cour bien garnie de poules, de canards et de lapins, un porc gras confi chaque année, les époux Joseph avaient une certaine aisance et menaient la vie de modestes rentiers.

Des aubaines, de temps à autre, augmentaient encore leurs profits. Des petites dames arrivaient, à l'improviste, passer quelques jours; les messieurs venaient le soir les rejoindre ; c'étaient des cris et des fêtes pendant une partie de la nuit, jusqu'au jour où l'on repartait pour Naples.

La mère Joseph faisait la cuisine et soignait de son mieux tout ce monde difficile, aux palais blasés, aux estomacs fatigués par la cuisine pimentée des grands restaurants. Elle leur préparait des mets à sa façon, à la Toulousaine, son pays ; elle était née sur les bords de la Garonne et en avait conservé l'accent criard mêlé de notes graves et harmonieuses.

Sa spécialité, son triomphe, consistait en une soupe aux choux à la paysanne dont la bonne odeur imprégnait la salle à manger; on se serait cru dans une ferme du midi de la France ; les belles napolitaines se bourraient de ce potage primitif avec un véritable enthousiasme, et le déclaraient supérieur à la meilleure cuisine des restaurants réputés de la ville. Ça les changeait !...

La mère Joseph servait à table elle-même, et si par hasard on critiquait un de ses plats, elle se fâchait très fort, et il lui était permis de *ronchonner*, de tempêter... On venait une fois, de temps en temps, la voir, elle était donc bien chez elle; aussi chacun se contentait de rire aux boutades de la vieille femme ; quelquefois si le gâteau n'était pas réussi, les femmes poussaient leur morceau dans l'assiette des hommes.

— Mangez-le, ou nous sommes perdues ! la maman Joseph aura une crise ! — et toutes ces folles riaient à se tordre. Elle rentrait dans la salle à manger et, d'un œil prêt à s'irriter, regardait si l'on avait fait honneur à *son gâteau*.

— Comment le trouvez-vous, monseigneur? demandait-elle.

— Parfait ! — répondait le prince, qui mangeait les parts de ses deux voisines courageusement.

— Exquis! exquis! — Criait-on en chœur.

— Un ban pour madame Joseph... — disait l'une.

La vieille restait là, souriante, pendant que ses joyeux convives tapaient avec acharnement sur leurs assiettes.

A minuit on la renvoyait, bien que le souper ne fût pas toujours fini.

— Votre mari vous attend, il ne faut pas le faire languir !

— Hé ! hé ! — faisait-elle.

Et elle sortait à reculons, avec une révérence de son pays, les bras arrondis, tenant son jupon de chaque main et projetant la tête en avant au moment où elle ployait les genoux.

Le prince et ses amis partaient souvent le soir même : sa maîtresse et ses amies intimes restaient, si elles voulaient, deux ou trois jours, en garçons. Ça les reposait de cette vie fatiguante du demi-monde ; loin du bruit et des fêtes elles éprouvaient une béatitude intense à voir arriver la nuit qui tombait franchement sur les collines environnantes à l'abri du gaz et de la lumière électrique.

La journée se passait vite : elles se levaient tard : après le déjeuner, une promenade, quelquefois en voiture ou à cheval ; ordinairement elles préféraient aller à pied, elles trouvaient tout curieux. comme ceux qui ne connaissent rien et qui ont des attendrissements d'enfant devant un brin d'herbe qui pousse, ou un oiseau qui gazouille de branche en branche.

L'une d'elles avait toujours cru que le rouge du radis poussait en l'air, et elle dévasta une plate bande pour bien se convaincre de son erreur. au grand ébahissement de la mère Joseph.

Le soir. une fournée de convives arrivait de Naples, apportant des nouvelles fraîches et les *potins* du jour ; et le lendemain elles recommençaient à s'amuser d'un rien et à s'enthousiasmer des choses les plus simples du monde. La campagne administrée à petites doses était un remède souverain contre leur ennui. Aussi lorsqu'après une première représentation assommante, on soupait sans conviction, par habitude, si les bâillements, mal dissimulés, éclataient trop librement, il n'y avait qu'une seule proposition qui ramenât un peu de gaîté ;

— Partons-nous pour Rizelo ?

Tout le monde se levait content et, même en hiver, on acceptait à l'unanimité. Les femmes s'emmitouflaient de leurs manteaux et l'on s'entassait dans les voitures,

Le froid piquait nos élégantes, mais à l'arrivée on éveillait la mère Joseph qui allumait aussitôt un grand feu, tout prêt dans la cheminée. Après quelques heures de sommeil, elles étaient reposées et s'asseyaient à table devant un bon déjeûner.

CHAPITRE XVII

L'Enlèvement

Le chemin qui monte à Rizelo, et sur lequel débouche chaque propriété, est bordé de grands murs et contourne le coteau en formant un *S* italique gigantesque qui a l'air creusé dans un fouillis de verdure.

Il se détache en plein au milieu des vergers en fleurs et des bouquets de bois qui le surplombent.

L'été, le soleil ardent fait encore mieux ressortir la blancheur crue des pierres calcaires massées sur la route, qui vont, peu à peu, s'émiettant en poussière fine qui tourbillonne au gré du vent.

Le soir, au printemps ou à l'automne, la vue du coteau est splendide, soit que le soleil, se couchant lentement dans un ciel sans nuages, laisse à la nature ses tons doux et calmes, soit que l'horizon s'illumine de rougeurs soudaines et projette sur le vert fauve des arbres sa couleur intense et ses reflets ardents.

Tout, en ces moments, semble prendre une vivacité extraordinaire, tout déborde de vie, de mouvement et de bruit.

La feuille frissonne sous la brise ; les oiseaux, enfouis dans les branches, redoublent leurs chants ; la nature fête avec allégresse la fin du jour.

Puis, plus rien, le soleil a disparu : voici la nuit qui estompe de ses contours grossiers les arbres et les maisons.

Le coteau noir se baigne d'obscurité.

Un soir du mois de septembre, le prince Pozioni arriva à l'improviste à sa villa d'Amour.

La mère Joseph, effarée, se précipita à la grille, qu'elle ouvrit pour laisser passer une grande berline chargée de malles et de paquets.

Le cocher et le cuisinier étaient sur le siège ; le prince descendit de voiture précédé d'Antonio, son fidèle intendant.

Sur un ordre de lui, Joseph et sa femme firent leurs préparatifs de départ et montèrent dans la berline, qui reprit le chemin de Naples, emportant les deux époux qui, mollement blottis sur les coussins de la voiture, se perdaient en conjectures.

— Encore quelque histoire !... grommela la femme.

— Puisqu'il a besoin de nous dans son palais de Naples.

— Et tu crois ça, toi ?..

— Pourquoi pas.

— Nous y ferions bonne figure ! tous ses valets se moqueront de nous ! Pour sûr, notre maître machine quelque diable !...

Resté seul à la villa avec son intendant et son cuisinier, le prince fit porter ses malles dans sa chambre ; ordonna à son valet de chambre de surveiller tout ce qu'il lui avait recommandé, sans oublier le dîner qui devait être tenu prêt.

Le prince voulut essayer de se reposer, mais il ne put y réussir et manifestait son impatience par des mouvements incohérents.

Ne pouvant plus rester seul, il vint retrouver Antonio qui mettait la table.

— Elle n'arrive pas !... fit le prince...

— Que monseigneur se calme, elle ne peut tarder...

— Est-ce bien sûr au moins ? Je ne sais pourquoi j'ai des inquiétudes...

— La Meza est une femme habile, elle a promis à monseigneur que la jeune fille serait enlevée ce soir même... une voiture attend avec des gens qui vous sont dévoués... elle ne peut tarder... la distance est si courte...

— Son compagnon aura fait quelque résistance ?

— Lui ! ce grand blondin efflanqué... une mine de prêtre !...

On le fera jeter en prison... des vagabonds qui viennent on ne sait d'où.., il ne sait pas même parler italien, lui !

C'est même une drôle d'idée qu'a eue monseigneur...

— Antonio !...

— Pardon, monseigneur, assurément elle est gentille...

— Oh ! oui... et puis quelle voix charmante, elle chante ces vieilles romances françaises avec une âme... je ne sais pas... ce ne doit pas être une mendiante, il y a quelque chose là-dessous...

— C'est une rien du tout... indigne de Monseigneur.

— Je ne crois pas,.. la manière dont elle a refusé l'or que je lui offrais... elle a eu un :

— Non ! c'est trop, monsieur !..,

— Des manières ! je vous demande un peu si lorsqu'on fait la quête on ne préfère pas ramasser de l'or que des sous...

— C'est bien..,

A ce moment, un bruit de grelots se fit entendre sur la route, le postillon sauta à terre et sonna à la grille.

La voiture entra et l'on referma aussitôt la grille.

Deux hommes masqués étaient dans l'intérieur de la voiture, ils en descendirent tenant par le bras une femme qui se débattait violemment, essayant de leur faire lâcher prise...

— Misérables ! murmurait-elle d'une voix épuisée...

Oh ! cette obscurité... où suis-je ? ou me conduisez-vous?...

— Ne craignez rien, mademoiselle, nous avons l'ordre de vous entourer des plus grands égards ..

La porte de la villa s'ouvrit, Antonio, en grande livrée, une candélabre à la main, éclairait le corridor dallé de marbre blanc.

Il s'inclina sur le passage de la jeune femme, qui conservait toujours sur sa tête une mantille qui retombait sur son visage et le cachait à tous les yeux. -

— Voici la chambre de Mademoiselle, dit Antonio, en désignant à gauche une petite pièce adorablement meublée.

Le prince Pozioni se fera annoncer chez Mademoiselle dès que vous voudrez bien le lui permettre...

— Ah! je suis chez un prince, tout s'explique, l'enlèvement, le rapt; à quand la tentative de séduction ?...

Et la jeune fille entra vivement en refermant la porte sur elle.

— Peste ! fit Antonio, elle n'a pas l'air commode, la nouvelle conquête de Monsieur... Il est vrai que Monsieur se fait peut-être un peu âgé pour inspirer des passions ardentes... Enfin, nous verrons bien comment il va se tirer de ce mauvais pas...

Restée seule, la jeune femme se laissa tomber sur un fauteuil, anéantie, brisée. Elle prit sa tête à deux mains et sanglota.

Ce qui lui arrivait était si étrange, si invraisemblable, qu'elle ne savait vraiment quoi en penser.

Était-elle victime d'un rêve affreux, ou se trouvait-elle réellement sous la puissance de quelque monstre affreux ?

A sa mise, on l'eût prise pour une de ces chanteuses italiennes qui courent le pays, chantant sur les places en s'accompagnant d'une guitare.

Son costume usé accusait encore les tons vifs qui sont à la mode dans la péninsule.

Elle restait toujours absorbée dans son désespoir, la tête enveloppée dans sa longue mantille qui retombait sur ses épaules.

Tout à coup elle se leva en sursaut ; on venait de frapper à la porte.

Elle ne répondit rien. La porte s'ouvrit doucement, et le prince Pozioni parut en souriant :

— Voyons, ma belle enfant, je viens vous chercher pour dîner. Il paraît que vous êtes vraiment terrible, vous avez bousculé mes gens...

Personne ici ne vous veut de mal... Voulez-vous me donner la main, que nous fassions la paix ? et puis démasquez-vous, que diable ! les adorables figures comme la vôtre ne sont pas faites pour être dissimulées aux yeux d'un galant homme. Voyons...

Le prince fit un pas en avant. La jeune fille, clouée au plancher, stupide, ne se recula pas et ne trouva rien à répondre.

Elle sentait sa tête vide et comme fêlée; elle vivait dans un cauchemar, perdant la notion exacte des choses qui l'entouraient, n'ayant plus conscience d'elle-même.

Le prince lui prit doucement le bras et voulut essayer de l'entraîner... alors brusquement elle se dégagea, et enlevant sa mantille :

— Je vous défends d'avancer ! Ah ! voyant que vous ne pouviez m'acheter avec votre or, vous m'enlevez de force et vous croyez que je me laisserai prendre à ce piège perfide.

Mais regardez-moi donc !

— Vous êtes charmante !

— Pour qui me prenez-vous, décidément ? Je vous avoue, monsieur, que si je ne suis pas à acheter, je ne suis pas non plus de celles qui tremblent devant un homme, surtout lorsque cet homme est un lâche...

— Oh ! des gros mots dans une aussi jolie bouche ; allons, calme-toi... Tu es une pauvre chanteuse ! qu'importe... tu me plais et je te ferai aussi riche et aussi enviée que la plus belle femme de Naples.

— Oh ! sortez ! misérable... pour qui me prenez-vous, à la fin ?... je ne suis ni une chanteuse, ni une courtisane...

Je me nomme Hélène de Lacastre !

— De Lacastre... songea le prince Pozioni.

— Oui, monseigneur...

Hélène brisée par la fatigue et l'émotion, se laissa aller sur un canapé.

Le courage commençait à lui manquer ; elle était entrée dédaigneuse et fière, mais se voyant seule au pouvoir d'un homme qui la convoitait ardemment, elle se sentit faible et impuissante pour résister à ses attaques.

Alors effrayée, inquiète elle implora la pitié du prince.

— Que voulez-vous de moi, monseigneur ? Par grâce, ordonnez que l'on me ramène à Naples où je retrouverai mon compagnon.., mon frère...

— Votre frère ?...

— Oui... dit Hélène qui baissa les yeux, n'osant soutenir ouvertement ce mensonge.

Puis subitement :

— Eh bien... non ! c'est mon amant !

— Ah !...

— Oui, voici mon histoire en deux mots : je suis une malheureuse enfant ; je me suis sauvée avec lui dans un moment d'oubli... nous étions fous !... nous sommes partis sans songer à rien...

Nous avions rêvé je ne sais quelle existence nomade, une vie en plein soleil, libres de toute attache et de toute surveillance ! ..

Et je me réveille ici enfermée, prisonnière d'un débauché qui m'a choisie pour assouvir ses passions...

Oh ! monseigneur ! ayez pitié de moi... je suis bien coupable, mais je me repens cruellement de ma faute...

J'ai quitté ma famille qui doit être en ce moment dans les larmes...

Et Pierre ? qu'en a-t-on fait ?

— Il est en prison, comme vagabond.,,

— Oh ! misère de nous ! Que va-t-il devenir ? il en mourra... et sa mère ? .

— Ne craignez rien, je songerai à lui, il sera remis en liberté...

Et le prince regardait fixement Hélène.

Un jeune homme et une jeune fille chantaient... (page 130).

La jeune fille était superbe en ce moment, émue, rougissante, les yeux gonflés de pleurs, les cheveux en désordre tombant épars sur ses épaules.

Son costume en loques donnait à toute sa personne un cachet d'originalité qui faisait encore mieux ressortir sa grâce naturelle.

— Voyons, mon enfant, je vous ai laissée parler pour savoir à quoi m'en tenir sur votre compte...

Je le vois bien maintenant, vous n'êtes pas une de ces aventurières qui courent le pays; mais vous avez prononcé le nom de Lacastre... songez-y... vous connaissez peut-être cette famille... mais vous n'êtes pas Hélène de Lacastre?...

— Pardon, monseigneur...

— Votre mère?... savez-vous son nom de jeune fille ?

— Maria Pertina, elle est d'origine italienne...

— Mais alors... nous sommes un peu parents... très éloignés, il est vrai...

Hélène le regardait avec stupéfaction; elle releva la tête et un sourire d'espoir brilla dans ses yeux encore noyés de larmes.

Elle n'était plus une coureuse de rue pour l'homme qu'elle avait en face d'elle, elle reprenait son rang vis-à-vis de lui, elle redevenait mademoiselle de Lacastre.

— Remettez-vous, ma charmante petite cousine, reprit le prince, vous êtes un peu chez vous ici.

Assurément vous avez dû peu entendre parler de moi, car, surtout auprès de votre excellente mère, je suis loin d'être en odeur de sainteté...

On me calomnie... mes caprices deviennent des passions de fou, mes fredaines sont assimilées à des crimes...

— Je ne vous demande rien... Hier, insouciants et joyeux, un jeune homme et une jeune fille chantaient dans les rues... Cette nuit le jeune homme est jeté en prison, et la jeune fille est traînée de force dans votre villa de plaisirs pour être le jouet d'une de vos fantaisies...

Cette jeune fille a le malheur pour vous d'être votre égale par le rang et par la fortune. elle est de plus votre parente !

Alors, au lieu d'en faire brutalement votre chose, soit en excitant ses convoitises en lui montrant une bourse pleine de pièces d'or, ou en lui promettant d'en faire une des plus riches courtisanes de Naples, vous allez vous y prendre autrement.

Vous allez me parler de votre amour, d'un amour naissant, impérieux... Que sais-je enfin, tout le bagage de séductions que vous employez d'ordinaire !

Vous voyez bien que je vous connais !...

Hélène, encore sous l'empire de l'émotion qui l'avait si fortement secouée, se prit à rire nerveusement.

— Savez-vous que vous êtes adorable, mademoiselle?... répondit simplement le prince Pozioni.

— Oh! vous m'appelez mademoiselle! du respect! allons, voyons la déclaration, je suis vraiment curieuse de savoir comment vous vous en tirerez...

— Savez-vous que cette escapade... d'enfant, ces courses à travers les villes, cette vie de bohémienne, tout cela prouve aussi que vous avez l'imagination bien aventureuse pour une jeune fille... et vous devez être très indulgente pour les Pozioni, car vous tenez beaucoup d'eux...

Qu'importe ! vous êtes vraiment adorable et si..

On frappa à la porte.

— Qu'est-ce? que me veut-on?

— C'est moi, monseigneur...

— Mais imbécile!

C'était Antoine, il ouvrit la porte, s'avança vers le prince et lui parla bas.

— Que me dis-tu là? fit celui-ci effrayé... puis se tournant vers Hélène :

— Décidément, ma chère cousine, votre aventure se complique, la police vous poursuit jusqu'ici, et ces messieurs sont accompagnés par un vieillard qui demande à vous voir seule...

— Mon père, peut-être ! pensa Hélène...

— Mais comment diable ont-ils pu vous dénicher ici. La Meza m'aura vendu...

Il fut interrompu par l'entrée d'un nouveau personnage, c'était en effet M. de Lacastre.

Il était très pâle, il se précipita vers sa fille qui se jeta à ses pieds !

— Malheureuse ! s'écria-t-il... vous voulez donc nous faire mourir de chagrin et de honte, votre mère et moi ! Voici huit longs jours que je vous cherche partout, apprenant que vous courez le pays avec un autre vagabond !

Ah ! vous avez trouvé cela, vous, d'être chanteuse de rue, une Lacastre !

Mais, misérable savez-vous que si je vous avais rencontrée accoutrée de la sorte et tendant ignominieusement la main aux passants, je vous eusse tuée sur le coup...

— Pardon, mon père...

Qu'allez-vous devenir? que pensez-vous faire? Vous ne croyez pas une seule minute que je vous laisse traîner dans la boue notre nom si pur et si vénéré...

— Pardon, pardon!... répéta Hélène.

— Non, non... vous ne m'attendrirez pas... je n'ai plus de fille... c'est bien fini... Tout est prêt d'avance... tout est décidé... vous allez entrer au couvent, mademoiselle...

— Oh ! jamais... grâce... au couvent ! mais c'est la mort... je veux vivre... oh ! je résisterai...

Je n'ai qu'un signe à faire et ces hommes vous prendront et vous emporteront... Nous ne nous reverrons jamais... adieu...

Il se tourna vers les argousins qui l'avaient suivi, et, dépliant un papier :

— Messieurs, de par le roi... lisez...

— L'ordre est en règle... dit l'un d'eux, veuillez nous suivre, mademoiselle...

— Oh ! que je suis malheureuse ! sanglota Hélène...

Personne n'a pitié de moi ici... Est-ce que je savais ce que je faisais... je ne suis pas coupable... mon père, pardonnez un moment d'égarement !

— Jamais !

— Mais, à la fin, je suis libre de mes actes !.. s'écria Hélène en se relevant d'un bond...

Prince Pozioni, je suis chez vous, vous seul pouvez commander ici, protégez-moi...

— Vous n'avez aucun droit sur ma fille, monsieur... répliqua M. de Lacastre.

— Prince, par pitié... défendez-moi... vous êtes le maître... oh ! le couvent... vous ne pouvez pas...

— Allons, relevez-vous, mademoiselle...

— Monsieur ! fit le père d'Hélène...

— Monsieur de Lacastre, je vous demande la main de mademoiselle Hélène...

— Oh ! merci... fit la jeune fille...

CHAPITRE XVIII

Une femme de chambre

Débarquant brusquement à Paris, Catherine se trouva tellement seule au milieu du bruit de la grand'ville, qu'elle faillit fondre en larmes.

Elle chercha tout d'abord Sivrani des yeux ; mais son regard peu habitué à cette mer humaine ne pouvait arriver à déchiffrer l'horizon.

Elle restait immobile sur les premières marches de la gare, et pâle, et anxieuse, elle se demandait si elle allait demeurer en cet endroit — assez longtemps pour y mourir !

Mais tout d'un coup elle tressaillit.

Déjà le train arrivé avait répandu tout autour de la gare le flot des voyageurs ; la cour était redevenue presque silencieuse et les chevaux des omnibus piaffaient seuls sur le pavé sonore.

Une ligne orange marquait le couchant et les demi-teintes du crépuscule couraient entre les toits pointus.

— Ah ! je suis sauvée, s'écria involontairement à haute voix Catherine tout émue, je suis sauvée !

Elle venait d'apercevoir Sivrani, dont la silhouette confuse se dessinait vaguement contre un mur.

— C'est toi ! s'écria-t-elle en avançant d'un pas, — un peu tremblante, comme toujours, devant l'attitude froide et légèrement dédaigneuse de son amant.

— Tu es donc exacte ! fit Sivrani avec une vague émotion de joie contenue.

— Je t'aime encore, voilà tout, répondit lentement Catherine.

Elle n'avait pas changé, c'était bien toujours son air modestement doux ; Sivrani se crut, sur l'heure, rajeuni de plusieurs mois. La vie de Paris l'avait déjà amaigri et éprouvé, et devant cette simple fille de campagne, qu'il avait autrefois aimée, séduite, il se laissait aller à des rêveries de passé déjà lointain et effacé.

— Catherine ! allons, viens !

Il l'entraîna.

Pendant un instant ils marchèrent silencieusement. — Sivrani n'osait pas parler. Un sentiment indicible de gêne le rendait par moment embarrassé.

— Tu ne me demandes pas de nouvelles de l'enfant... fit Catherine doucement.

— Oui, oui... l'enfant ?

— Notre fils, ton fils.

— Il va bien ?

— Je l'espère.

— Il grandit !

— Oui.

— Allons, tant mieux !...

— Comme tu me dis cela !

— Quoi donc ?

— Mon Sivrani !

— Allons! pas d'attendrissement inutile.

— Oh! — tu es déjà dur pour moi!

— Enfant! fit Sivrani en s'adoucissant subitement. — Mais qu'allons-nous faire ce soir?

— Le sais-je? Ne suis-je pas ta chose, commande et j'obéirai... Tu m'as écrit : viens, et je suis venue. J'ai tout laissé pour toi, et ma pauvre vieille mère, et l'enfant, et notre bonne petite maison!

Sivrani réfléchissait.

— Conduis-moi chez toi, je suis épuisée de fatigue, dit Catherine.

— Chez moi! murmura Sivrani.

— Eh bien?

— Chez moi! Tu ne sais donc pas, malheureuse, que je suis errant et fugitif, à cette heure! que je n'ai ni gîte ni abri! Je vais au hasard, cherchant à me tirer de cette vie terrible où je m'agite comme un maudit! Non, je ne peux te conduire chez moi! — Mais si tu veux, d'ici peu, tout cela sera changé, nous serons riches et heureux : mais il faut m'obéir aveuglément...

— Ne suis-je pas venue pour cela!

Ils marchaient toujours sur les boulevards, heurtant les passants, indifférents à tout ce qui se passait autour d'eux.

— Oh! arrêtons-nous un instant! dit Catherine; je ne puis plus faire un pas. Mon Sivrani, prends pitié de moi! Asseyons-nous n'importe où, sur un banc, mais donne-moi un instant de repos.

Sivrani se sentit un moment réellement ému.

— Tu as raison : pardonne-moi; j'oubliais la longue route que tu viens de faire, ma Catherine. Mais j'ai la tête en feu! Si tu savais quelle vie je mène! Toujours sur la brèche, toujours à l'affût!... Mais je sais bien que cela n'est pas une raison pour épuiser ton courage et ta patience.

Ainsi donc, ce soir, nous allons entrer dans le premier hôtel venu; demain, qui sait, tout sera changé!

Et Sivrani, avisant l'hôtel de Bar-le-Duc, boulevard de Strasbourg, se dirigea avec Catherine vers la lumière tremblante qui en illuminait l'entrée.

— Une chambre rapidement, s'il vous plaît, dit Sivrani au garçon qui le reçut devant la porte, en manches de chemise.

— Monsieur n'a pas de bagages?

— Non.

— Voyez au huit, dit une voix criarde; la chambre du premier est prête : Jean conduisez ce monsieur et cette dame.

Le garçon d'hôtel, un bougeoir à la main, prit les devants, et conduisit Sivrani jusqu'au numéro huit.

— Monsieur n'a plus besoin de rien?

— Non, laissez-moi!

Catherine éprouva un serrement de cœur.

C'était donc là qu'elle venait échouer, dans cette affreuse chambre d'hôtel banale et froide! C'était là que la vie allait recommencer, sous une phase nouvelle!

— Es-tu mieux ici? demanda Sivrani, qui se doutait des pensées de Catherine.

— Oui... un peu.

Il rangea dans un coin la petite valise que Catherine avait apportée...Et tous deux s'assirent sur un mauvais canapé-lit qui pliait sous eux.

— Tu veux me parler affaire, n'est-ce pas? interrogea Catherine avec une vague amertume. Oh! je le vois bien à ton accueil, tu ne m'aimes plus comme autrefois! Tu as besoin de moi, je peux te servir... à quoi? je l'ignore! Mais n'importe! je t'adore ainsi, mon Sivrani!

Je suis à toi, ordonne!

Sivrani, malgré la confiance et l'amour aveugles de sa maîtresse, hésita une seconde! Qu'allait-il, en effet, lui proposer? Une lâcheté, une ignominie, un abaissement terrible!...

Il avait beau se dire : elle fera ce que je voudrai, il s'effrayait un peu à la pensée de conseiller à cette fille qu'il avait connue forte et fière, d'entrer comme domestique de la princesse Hélène!...

Il ne recula pas cependant; son ambition et le souci de la fortune l'y poussant, il eut l'audace que commandait la situation.

— Ecoute, Catherine, fit-il, tu crois en moi?

— Oui!

— Tu sais que jamais je ne t'ai oubliée, — même quand j'avais le plus l'air froid et indifférent!

— Hélas!

— Tu sais que je n'abandonnerai jamais la mère de mon fils! Pour cet enfant même, il faut que je travaille, il faut que je me relève, il faut que j'efface le passé.

— Oh!

— Tu peux me croire coupable comme beaucoup d'autres.

— Oh! Sivrani, ne parlons pas de ce passé-là.

— Oui... tu as raison! — Voici donc ce qu'il faut faire si tu es prête à écouter mes leçons et mes conseils.

— Je suis prête!

— Eh! bien, le hasard m'a offert le moyen de sortir d'un coup de la situation douloureuse où nous nous trouvons. Mais pour cela, j'ai besoin de l'aide d'une femme active, intelligente et dévouée. A qui mieux qu'à toi aurais-je pu proposer ce rôle! Tu seras ma compagne de lutte, et ayant été à la peine, tu seras aussi au triomphe, je te le jure!

— Mon Sivrani!

— Voici donc de quoi il s'agit. L'Etat a toujours trouvé en moi un serviteur fidèle, un défenseur zélé. Le secret de mon avenir, de notre avenir, est précisément là. Aujourd'hui l'Etat a besoin de mes services tout particulièrement. Il a des ennemis qu'il faut combattre d'autant plus énergiquement qu'ils sont secrets. Tu vois que la mission est haute et qu'elle est aussi digne de me séduire. J'ai promis mon concours, me promets-tu le le tien?

— Parle!

— Dès demain donc, tu vas aller trouver certaine grande dame. Il faut absolument tu m'entends bien, il faut que, sous un prétexte ou sous un autre, tu entres dans sa maison. Une fois admise dans son intimité, tu auras des yeux pour voir et des oreilles pour entendre. Tu observeras tout, tu auras surveillance sur tout, et tu me répèteras minutieusement jusqu'à la moindre de tes découvertes...

Un silence régna dans la chambre d'hôtel.

Puis brusquement, se levant droite et une main sur son cœur :

— Une espionne, moi ! s'écria Catherine.

— Plus bas donc, malheureuse !

— Une espionne !

— Veux-tu te taire ! hurla Sivrani.

Et, s'élançant vers elle, il lui brisa la main.

Catherine jeta un petit cri.

— Oh !... Sivrani... par grâce ! tout, excepté cela !

— C'est bien ! je croyais pouvoir compter sur toi, je me suis trompé, il suffit ! Brisons-là, mettons que je n'ai rien dit.— Adieu !

Il se dirigea vers la porte, sans ajouter mot.

— Sivrani !

— Eh bien, quoi ?

— Sivrani... écoute... J'ai peut-être tort de te résister. Mais, vois-tu, c'est plus fort que moi ! S'introduire chez les gens, tenir l'oreille ouverte sur tout ce qu'ils peuvent dire ou laisser échapper ! Guetter leurs intentions, leurs paroles, leurs actes ! Capter leur confiance pour la rendre ensuite ! Non, non, je ne pourrais pas faire ce métier-là, non, je sais que je ne le pourrais pas !

— Pourquoi me rappeler, alors ?

— Pourquoi, malheureux !.. parce que... parce que tu es malgré tout mon maître et mon Dieu ! parce que je ne m'appartiens plus quand tu es près de moi, parce que tu m'ôtes toutes mes volontés, mes résolutions. Oui, tu feras de moi ce que tu voudras, même une criminelle ! Je te subis, je te crains, mais je t'adore ! Que te faut-il de plus, maintenant ? N'es-tu pas sûr que je n'écouterai que tes ordres — même déshonorants pour moi ? Allons, achève, je suis prête, cette fois ! Je ne reculerai plus.— Espionne ! tu le veux, eh bien ! je serai espionne ! Qui faut-il trahir ? qui faut-il livrer ?

— Comme tu y vas ! quel beau zèle ! Mais il ne s'agit encore de livrer personne ! Ce qu'il faut faire tout simplement, — et certes la chose est digne de toi, c'est préserver l'Etat, la patrie contre leurs plus mortels ennemis : l'étranger nous envahit de tous côtés et nous flatte pour mieux nous combattre ensuite ! c'est donc l'étranger à Paris qu'il faut combattre ! — Dès demain, je te le répète, tu te présenteras chez la princesse Pozioni : grâce à des recommandations puissantes, cela ne fera aucune difficulté. — Tu t'attacheras spécialement à sa personne, tu surprendras ses faveurs et ses bonnes grâces, et lorsque tu seras arrivée à connaître les plus intimes secrets de sa vie, ses démarches, sa manière d'agir ; quand tu auras étudié la maison, les gens qu'elle reçoit, ceux qu'elle distingue ou préfère, tu me mettras au courant, tu m'avertiras des moindres événements qui pourraient survenir dans le train ordinaire de son existence... et...

— J'ai compris.

— Bien.

— Alors... c'est tout... espioner.

— Catherine !

— Pardonne-moi ! car malgré mes résolutions...

— Dieu ! que tu es insupportable avec tes réticences ! Une fois pour toutes, veux-tu ? c'est à prendre ou à laisser, oui ou non ?

— Oui ! soupira Catherine d'une voix mourante.

— A la bonne heure ! C'est comme cela que je t'aime ! Allons ! ma chérie, crois-m'en, l'avenir est à nous ! nous serons riches un jour, et puissants !

Et tout satisfait du résultat obtenu, Sivrani devint subitement affectueux et tendre.

Il prit la main de Catherine, la serra dans la sienne ; il se rapprocha de plus en plus d'elle et passa son bras autour de sa taille.

La bougie brûlait en vacillant sur la table de nuit ; nul bruit ne retentissait plus dans l'hôtel...

— Allons ! dit Sivrani d'une voix singulièrement caressante, il est temps de nous coucher, ma bien-aimée.

Catherine répondit par un sourire.

Et bientôt, dans la chambre obscure, on n'entendit plus rien que la respiration des deux amants étroitement enlacés !

Le lendemain, Sivrani fut debout le premier.

— Allons ! ne perdons pas de temps : tu vas te rendre aujourd'hui même chez la princesse.

— Comme cela, sans savoir pourquoi, à propos de rien ? Mais si elle n'avait besoin de personne ?

— Enfant, va ! crois-tu donc que mes précautions ne sont pas prises ? Je sais que la princesse cherche une femme sûre, pour se l'attacher à son service. Qui, mieux que toi, pourrait faire l'affaire ?

— En effet, dit Catherine, avec une ironie contenue.

Sivrani lui fit ses dernières recommandations et, quittant l'hôtel de Bar-le-Duc, il la conduisit chez la princesse Pozioni.

En entrant dans la cour, Catherine éprouva une terrible appréhension.

Le suisse veillait à l'entrée.

Partout des domestiques en livrée.

On lui demanda ce qu'elle voulait.

— Voir madame la princesse, répondit-elle d'une voix mal assurée.

— Votre nom ?

Catherine hésita et se troubla.

— Clarisse Bellammer : c'est pour une place de...

— Femme de chambre ! voilà la huitième depuis trois jours ! Espérons que cette fois !... Ah ! vous savez, je vous souhaite d'entrer ici, ma belle Clarisse, ajouta le suisse : la maison est excellente. Venez, maintenant, que je vous conduise.

Ils descendirent l'escalier.....

Et le suisse conduisit Catherine à travers les appartements somptueusement meublés.

Catherine se remémora en route la leçon qui lui avait faite Sivrani ; elle chercha à se souvenir du boniment préparé à l'avance, des tournures de phrases, des expressions mêmes.

On introduisit Catherine.

La princesse était mollement étendue sur un canapé.

Elle leva à peine les yeux.

— Vous êtes femme de chambre?

— Oui, madame la princesse, balbutia Catherine.

— Où avez-vous servi ?

Catherine se rappela des noms que Sivrani lui avait donnés au hasard.

— Chez madame de Vergnes, en province d'abord ; je n'ai servi à Paris que chez le comte de Brandeau ; j'y serais encore si M. le comte n'était parti pour la Suisse.

— Vous avez l'habitude du service ?

— J'ai bien l'espoir que madame la princesse n'aura rien à me reprocher sous ce rapport-là.

— Ni sur un autre, j'imagine ?

La princesse fixa Catherine sur ce mot. Elle la passa en revue de la tête aux pieds. Puis son examen achevé :

— Ce que j'exige avant tout de mes domestiques, dit-elle d'une voix traînante, c'est la discrétion !

— Madame la princesse peut se fier à moi.

— Bien. Votre nom ?

— Clarisse.

— Eh ! bien ! Clarisse, vous me convenez. Vous entrerez en service demain ; soyez là, le matin, pour mon lever, à 10 heures.

— Allez.

Catherine sortit — le cœur palpitant.

Dans le corridor elle rencontra le suisse qui lui demanda :

— Acceptée ?

— J'entre demain.

— Eh ! bien, ma foi, tant mieux, ma belle Clarisse ! ce sera un plaisir de causer avec vous, quand les maîtres sont partis !

Et le gros suisse de l'hôtel Pozioni se faisait galant !

Catherine se sauva ; en se regardant dans une glace elle se vit toute pâle. Les genoux se dérobaient sous elle.

Sivrani l'attendait dans une rue avoisinante de l'hôtel.

— Eh. bien ?

— Oh ! mon pauvre cher Sivrani !

— Tu as échoué ! interrogea vivement l'espion.

— Non.

— Ah !

— Mais quelle humiliation ! domestique moi !

— Bah ! c'est un moment à passer ! — Du reste, tu sais, ajouta-t-il sèchement, si tu ne veux pas, il en est temps encore !

— Tu fus ! puisque j'ai promis, et puisque je t'aime !

Le lendemain, Catherine entrait en service chez la princesse Hélène Pozioni !...

CHAPITRE XIX.

Une représentation à l'Opéra.

Paul Gallac et Louise vivaient cependant dans leur amour paisible. Ils s'isolaient — étrangers à tout bruit du dehors!

Paul travaillait avec l'énergie que donne la passion ; une seule idée l'occupait, un seul désir, une seule espérance :

Être docteur, et en finir au plus vite avec les examens.

Une fois le titre conquis, il rêvait vaguement d'aller se cacher quelque part, dans un coin ignoré, et d'y vivre heureux avec Louise.

Il voyait déjà la maison du docteur de campagne, le cabinet de consultation, la carriole dans la cour et le cheval à l'écurie ; il se voyait courant à travers les chemins, dans la poussière des routes et sous le soleil brûlant.

Et par dessus tout cela, l'image de Louise, de madame Gallac, aimée dans le pays et respectée.

Il avait confié ses secrètes pensées à madame Sivrani.

— Réfléchissez bien, mon cher Paul, avait dit l'honnête femme ; le mariage est une chose grave qui mérite d'être mûrement pesée, vous êtes jeune, vous ne savez rien de la vie...

— Je sais que j'aime Louise.

— Quel enfant vous faites pourtant ! Et cela vous suffit ! Aimer... aimer, le beau motif !

— Madame Sivrani !

— Oui, je sais bien, je dois vous paraître... au moins originale ! Mais j'ai vu tant de malheurs dans ma vie, dans ma famille même, j'ai vu que partout et toujours l'amour était faible devant l'infortune et les épreuves !

— Mère, — vous voyez, je vous appelle déjà ma mère, n'ayez nulle crainte à ce sujet. J'aime, et croyez-m'en, mon cœur n'est pas de ceux qui aiment deux fois ! Je le sens, j'appartiens pour l'éternité à Louise, à celle qui sera ma femme et la mère de mes enfants !

— Vos enfants ! Paul... oh !

Un nuage passa sur le front de madame Sivrani.

— Mon fils !... murmura-t-elle, mon fils !...

Paul n'osa pas la troubler dans ses méditations.

Au bout d'un instant.

— Paul, reprit madame Sivrani, vous êtes un brave cœur, vous !

J'ai confiance en vous, je sais que vous êtes un honnête homme, incapable de me tromper.

Paul rougit légèrement.

Tromper madame Sivrani ! Mais il l'avait fait déjà ! Alors qu'elle croyait que Louise n'avait jamais eu pour lui que des songes de jeunesse et de vagues tendresses de cœur, — Louise séduite, n'avait plus rien d'étranger pour son amant !

Elle s'était donnée à lui âme et corps — et cette vierge était déjà femme !

Mais Paul ne s'appesantit pas sur cette idée. D'ailleurs, il pensait que le mariage réparerait tous ses torts et redresserait la situation.

Il vécut des jours vraiment heureux.

Toujours auprès de celle qu'il aimait, ne la quittant que pour ses études, il était en constante communion de cœur avec elle.

Quand il travaillait dans sa petite chambre, parfois une chanson joyeuse retentissait près de lui, dans l'escalier, une chanson d'oiseau.

Il reconnaissait la voix de Louise, entrouvrait légèrement la porte, — et se remettait au travail — entre deux baisers !

Rien n'était changé dans l'hôtel ; la vie de ces quatre personnes se poursuivait sans secousses ni émotions vives.

C'était toujours des soirées en tête à tête, les bouts de conversation dans la journée, le repos calme et la monotonie bourgeoise.

Parfois, il est vrai, il prenait à Louise des envies folles de voir le monde, de sortir, d'aller au spectacle ou au concert ! — Alors, timidement, elle mettait son souhait en avant — comme pour laisser à sa mère le plaisir de lui faire une surprise.

Mais Madame Sivrani, sévère et rigide, semblait ne pas comprendre. Un soir pourtant, Louise mit franchement en avant son désir d'aller entendre les *Huguenots*. Elle n'avait pas encore vu l'Opéra !

— Eh bien ! allons-y, fit Paul.

— Oui, c'est cela, s'écria Louise, allons-y !

— Je suis prêt, moi.

— Veux-tu, mère ?

— Mon enfant !

— Oh ! cela me ferait si plaisir !

— Voyons madame Sivrani, voyons, maman, insista Paul.

— Eh bien, dit la mère après un moment de réflexion, — vous accompagnerez mes deux enfants, je vous les confie, M. Gailac ! voyez si j'ai confiance en vous ! — J'ai peut-être tort !

— Oh !

— Es-tu satisfaite, Louise ?

— Que tu es donc bonne, maman !

— Le lendemain soir, madame Sivrani assistait au départ de ses trois enfants. Louise avait fait un brin de toilette. Elle était vraiment gentille, avec un petit air de pensionnaire qui veut s'émanciper.

On partit en fiacre.

Paul, en face des deux jeunes filles, était grave et recueilli.

Louise l'appelait en riant :

— Monsieur mon père !

Arrivés devant l'Opéra, ils eurent un moment de gêne. Paul se sentait timide sur un terrain nouveau et les deux sœurs un peu gauches.

— Que c'est beau, ici, murmura Louise. Que de la lumière, et que de monde, n'est-ce pas, Paul !

Elle avait des étonnements d'enfant.

Quand ils furent installés aux secondes galeries, Paul les laissa admirer la salle. Il ne parlait pas, et, de temps en temps seulement, prenait la main de Louise pour lui faire comprendre qu'il était là et qu'il pensait à elle ....

Pendant le spectacle, Louise lui souriait parfois doucement. Elle était profondément heureuse, et son bonheur éclatait sur tout son visage.

Au premier entr'acte, Paul alla au buffet et chercha des oranges. Louise les prit, les épluchas sur ses genoux et les divisa en quartiers. Paul la regardait avec un vague amour distrait.

Il faisait dans la salle une chaleur étouffante.

Quand le rideau se releva :

— Que je regrette donc que maman ne soit pas avec nous ! dit Louise.

Paul lui trouvait ce soir-là une tête d'enfant. Quoiqu'il sût parfaitement que Louise n'était pourtant plus une enfant ! Et de fait, avec son petit chapeau à fleurs des champs, sa robe noire et son fichu de dentelle blanche, elle avait des allures de petite bourgeoise.

Tout à coup Paul tressaillit.

— Qu'a-tu ? lui demanda Louise.

— Moi ? mais...

— Pourtant?...

— Rien, je t'assure Louise, je n'ai rien.

Il était pâle, un frisson nerveux le secouait tout entier,

— Mais enfin, Paul, qu'as-tu ?

— Je te jure, ma chère Louise...

— Ne jure pas !

— Louise !

— Je veux savoir.

— Tu es donc folle !

Il essayait de sourire. Mais son visage était comme bouleversé.

Que venait-il donc de se passer ?

Dans une loge, au premier, admirablement belle, les épaules nues, la nuque audacieuse découverte, tournée de profil, une femme étalait sa beauté resplendissante.

Derrière elle, un homme se tenait debout, en gilet à cœur.

Marcelle de Saunay !...

M. de Santeuil !...

Paul crut qu'il avait devant lui une apparition fantastique. Jamais il n'avait eu la vision d'une femme pareille. Et pourtant, il avait vu Marcelle, il la connaissait, et avait son image gravée dans le souvenir. Mais quel changement, quelle métamorphose !

Madame de Santeuil était admirablement femme !

Avec toutes les séductions de la Parisienne.

Paul se crut mourir.

Une révolution se fit en lui ; il était horriblement ému.

Louise ne pouvait s'en rendre compte ; elle voyait bien le trouble que son amant ne réussissait pas à cacher, mais n'en comprenait pas la cause.

Si elle avait pu deviner ! — Mais, la pauvre enfant était loin de soupçonner que, pendant qu'elle était là en pleine confiance et en pleine joie, à côté de son amant, une passion sans bornes grondait en lui !

Ce fut comme un coup de foudre !

Paul essayait bien de réagir ; il s'efforçait de demeurer maître de lui ; mais la réalité le tenait là, cloué devant Marcelle.

— Non, pensait-il, c'est impossible ! Je suis le jouet d'un rêve. M. de Santeuil ici ! Et il ne m'a pas prévenu ! Pourquoi ? Mais je saurai bien ! Oh ! c'est horrible ce que je sens là, dans mon cœur, c'est comme un brasier.

Et il détournait les yeux ; et il fuyait la vue de madame de Santeuil.

Il ne voulait voir et connaître que Louise, sa fiancée après tout, une jeune fille qu'il avait séduite et que l'honneur, à défaut de l'amour, lui commandait de respecter.

Mais alors, quand il voyait Louise, joyeuse de nouveau comme une enfant, tout entière au spectacle si nouveau pour elle, oubliant déjà l'impression qu'elle avait ressentie devant l'émotion et la pâleur subite de son amant ; quand il la comparait, — elle simple et modeste, à cette femme qu'il avait devant les yeux, admirable et superbe sous sa toilette de haut luxe qu'elle portait royalement, — il se sentait anéanti

Son amour pour Louise était mortellement atteint !

Pendant l'entracte, il chercha un prétexte et descendit.

Dans la foule qui encombrait les couloirs il se fraya un passage et parvint à voir Marcelle de près.

Il lui sembla que M. de Santeuil était froid et réservé. Marcelle ne parlait pas et laissait son regard errer à l'aventure dans la salle.

— Oui, c'est elle ! murmura Paul, c'est bien elle ! Mon Dieu ! mon Dieu ! Que ne donnerais-je pas pour être là, dans cette loge, à côté d'elle, pour l'entendre, pour lui parler, pour sentir son haleine et pour presser sa main !

Il était affolé !...

A un moment, au dessus de lui, il aperçut la tête de Louise penchée en avant...

Il remonta rapidement...

A la sortie, il vit Marcelle debout dans sa loge, et, tandis que M. de Santeuil lui passait une sortie de bal, il hâta le pas et emmena Louise et sa sœur.

Le hasard fit qu'il croisa Marcelle sous le vestibule. Il s'effaça en la couvant du regard. Puis il s'avança de quelques pas, pendant que Marcelle se débarrassait, aux mains d'un valet de pied, des objets qu'elle tenait.

Une voiture s'arrêta au bas de l'escalier.

M. de Santeuil et Marcelle y montèrent rapidement.

Paul, entraînant Louise, s'approcha et entendit distinctement le marquis crier au domestique :

— Nous rentrons à l'hôtel de la rue de Varenne.

La voiture s'éloigna au grand trot des chevaux, et bientôt Paul ne la distingua plus dans le tourbillon.

Le lendemain, Paul se réveilla la tête en feu.

Il n'avait dormi que très tard.

Sa première pensée fut pour Marcelle.

— Rue de Varenne, c'est là ! — Là ! Pourquoi M. de Santeuil se cache-t-il de moi ! Oh ! je veux la revoir, il le faut, il le faut, je ne peux vivre sans elle. — E Louise ! pauvre chère enfant ! Mais je me sens sans forces ! Non, je ne puis plus longtemps !... Marcelle ! Marcelle ! pourquoi donc êtes-vous venue, et pourquoi votre seule vue a-t-elle à jamais pris mon âme entière !

Paul sortit dans la journée sans voir Louise.

Où allait-il ?

Rue de Varenne !

Il ne savait ce qu'il voulait ; mais il avait confiance dans le hasard ; il savait que l'amour a une providence toute particulière !

Et de fait, au bout d'un instant, il vit la porte cochère s'ouvrir toute large, une voiture en sortir, il aperçut le marquis, seul, et il se dissimula.

C'était donc là !

Il admira cet hôtel sévère et somptueux ; il entra dans la cour, machinalement, et vit tout au fond un parc immense...

Il s'enhardit... et poussa plus loin...

A un moment, une fenêtre s'ouvrit... et Marcelle parut, en robe de chambre, appuyée sur la balustrade.

Elle était plus belle encore que la veille, avec une jeunesse inexprimable sur le visage, les cheveux défaits, flottant à l'aventure sur son cou...

Paul demeura en extase.

Mais, tout d'un coup, il lui sembla que madame de Santeuil le regardait, le reconnaissait même.

Il s'avança de quelques pas...

Et une voix cria :

— Paul ! monsieur Gallac, c'est vous ?

Paul crut qu'il allait s'évanouir. Il voulut fuir, épouvanté de son audace, mais, déjà il n'était plus temps...

Marcelle était descendue dans la cour, — toute palpitante de joie et d'émotion.

— Monsieur Gallac...

— Marquise ! dit péniblement Paul.

— Que je suis heureuse de vous voir ! Comment ! un ami d'enfance, un compatriote !... Non, vraiment, je ne saurais vous dire combien il me fait plaisir de vous serrer la main. Mais vous allez monter, allons, venez... M. de Santeuil sera ravi de votre visite...

Paul se laissa entraîner.

Quand il fut enfermé seul avec Marcelle dans un petit salon du premier étage, un étrange malaise le saisit...

— Marcelle ! murmura-t-il... madame de Santeuil...

— Eh bien, quoi !... ne dirait-on pas que je vous intimide ?

— C'est que...

— Allons, allons, mon cher ami, venez là près de moi sur le canapé ! Il faut, avant tout, que je vous embrasse ! Tenez, il me semble que je suis encore à Saunay, mon pauvre Saunay !

Paul, frissonna sous le baiser de Marcelle.

Il se leva, l'œil enflammé, les genoux tremblants.

— Eh bien, où allez-vous ?

— Je vous quitte, marquise, je ne saurais rester plus longtemps...

— Pourquoi donc ? Vous resterez, je veux que vous restiez !

Paul n'écouta plus — et se sauva comme un fou !

Le soir même, tandis que la famille Sivrani était, comme de coutume, dans le salon, il quitta furtivement l'hôtel, laissant sur une table ce qu'il avait d'argent.

CHAPITRE X

Un gentilhomme retour des Indes

Les domestiques du Grand-Hôtel étaient rangés en file sous le vestibule.

On attendait, avec tout le cérémonial d'usage, un voyageur qui s'était fait précéder par un nombreux personnel.

Son appartement était prêt, au premier étage, — un appartement princier.

— Et il revient des Indes ? jasaient les domestiques.

— C'est la vérité, répondait le chasseur.

— Oh ! riche alors !

— Très riche !

— Et comment est-il, ce Nabab ?

— Jeune.

— Gare la femme, alors !

— Peuh !

— Comment ?

— On dit que c'est un diplomate !

— Eh bien, la diplomatie n'empêche pas l'amour ; au contraire ; j'ai lu dans un rébus que la première est même indispensable au second.

— Tu as de l'esprit, Baptiste !

Le noble voyageur qui avait fait retenir son appartement pour plusieurs mois, avait eu soin aussi de préparer le personnel du Grand-Hôtel en sa faveur. Avant même qu'il fût arrivé, une main inconnue avait généreusement donné le pourboire de bien-venue.

Il était onze heures du matin. Le boulevard commençait déjà à s'animer. Par les portes du Grand-Hôtel, largement ouvertes, des flots de fournisseurs, de voyageurs et d'étrangers curieux se pressaient.

Tout à coup une voiture entra dans la cour, avec un grand bruit de roues. Le siège du cocher était encombré de colis ; sur la voiture même, des malles volumineuses étaient entassées les unes sur les autres.

Une tête sortit de la portière.

Et tout aussitôt les domestiques, chasseur en tête, se précipitèrent...

— Vous êtes femme de chambre? (Page 137.)

Le comte de Miroil descendit de voiture.

Il portait un petit costume de voyage très élégant, — qu'il avait endossé quelque part, à Paris, dans un coin bien ignoré!

Une lourde sacoche pendait à son côté.

Il avait l'air fier et droit, et en imposait à ces gens qui, pourtant, étaient blasés sur le chapitre des grands personnages.

Il se dirigea vers le bureau de l'hôtel, donna ses noms et prénoms et qualités et se fit conduire à son appartement.

— M. le comte a-t-il besoin de mes services? demanda Baptiste avec une componction admirable

— Non. — Dites à mon valet de chambre de monter immédiatement.

Resté seul, le comte de Miroil sourit étrangement.

Il s'assit sur le canapé de soie rouge, doré dans tous les coins, et, laissant tomber sa tête dans ses mains, il réfléchit quelques instants.

— M. le comte m'a fait appeler ? dit une voix aiguë derrière lui.

— Mouillerat, installe-nous dans cet appartement; je ne veux m'occuper de rien, fais vite.

— Parfaitement; mais je ferai, avant tout, observer à M. le comte qu'il faut se préparer contre tout événement. On ne sait jamais ce qui peut arriver. Il serait donc sage d'étudier ces lieux, la nature des issues, et les moyens de fuite rapide.

— Tu as donc peur, Mouillerat !

— Oh ! M. le comte doit bien savoir que non. Mais c'est une vieille habitude que j'ai contractée là, elle fait partie de mon métier, et je m'en suis toujours bien trouvé.

— Fais donc ce que tu voudras.

Mouillerat fureta dans tous les coins avec une habileté de vieux drôle; il flaira les serrures, fit jouer les clefs, ouvrit les portes, prit connaissance des aboutissants, — tout cela sur la pointe des pieds.

— Ça va bien, dit-il, après un moment; mais je crois qu'il serait utile pour M. le comte d'avoir là une petite porte de sortie, une porte dissimulée qui pourrait bien avoir son prix à l'heure dite.

— Mouillerat, tu as toujours raison. — Mais à qui... s'adresser ?

— A moi !

— Tu saurais ?

— Comment donc ! Les portes secrètes, ça me connaît. Fiez-vous entièrement à mon zèle, M. le comte : ce soir ce sera fait.

— Très bien. Voici pour toi, Mouillerat.

Et le comte lui tendit quelques louis en ajoutant :

— Tu sais, si je suis content de toi, ta fortune est faite.

Tu ne commences pas trop mal.

— Du reste, réplique finement Mouillerat, on a donné sur moi d'excellents renseignements à M. le comte; j'avais des références de premier ordre !

Mouillerat était un agent subalterne de la police. Très rusé, fin comme un renard, ayant le flair et la sagacité, il s'était fait rapidement remarquer. On l'avait donné au comte de Miroil comme un auxiliaire de tous les instants, fidèle, actif et intelligent.

Valet de chambre du comte de Miroil, il était aussi son collaborateur : tous deux policiers, ils devaient s'entendre à merveille.

Mouillerat, parisien et gavroche, était mal à l'aise dans la livrée qui lui cinglait la taille.

— Faudra-t-il que je porte toujours cette machine-là ? demanda-t-il.

— Toujours.

— Même quand...

— Assez, Mouillerat ! Je n'entends pas être questionné.

— Oh ! oh ! il est fier, le supérieur, pensa Mouillerat.

— Par exemple, ce dont tu devrais bien te débarrasser, ce que je ne t'oblige pas à porter, c'est cette horrible bosse !

Mouillerat était bossu comme Mayeux.

— Pour un valet de chambre — chic ! lança Sivrani, avec un certain air de mépris.

Au fond, il n'aimait pas beaucoup ce Mouillerat ; cela blessait étrangement son amour-propre de policier de se voir sans cesse observé et contrôlé par ce coquin.

Il aurait voulu agir tout seul, être maître absolu de ses actes, tandis qu'on lui avait donné presque un surveillant et espion.

Le comte de Miroil expédia un excellent déjeuner qu'il fit monter chez lui.

Il se carra dans les fauteuils, s'étendit tout au long, visita la chambre à coucher, le cabinet de toilette et le salon, et finalement, enchanté de l'administration, du sort et de la fortune, il alluma un gros cigare.

Mouillerat ouvrit toutes les malles, et déballa.

Tout était neuf.

Il y avait là des costumes du meilleur faiseur, une variété infinie de vestons, de redingotes et de gilets ; le linge était fin et blanc.

— Décidément, murmura Sivrani, l'administration à laquelle j'ai l'honneur d'appartenir est une mère !

Il ouvrit la fenêtre : le boulevard était là, dans toute sa vie bruyante.

— Voilà donc ce que je dois conquérir, murmura Sivrani. Voilà où je dois me faire une place ! Pour cela il faut être plus riche que les plus riches, plus grand seigneur que les plus vieux gentilshommes, nous verrons ! Je me sens dans mon élément ! Avec la lettre de recommandation que j'ai là dans mon portefeuille, avec les relations que je vais trouver toutes faites, grâce à ce brave Labarre, je peux aller de l'avant. A nous deux, menons les princes en *hi* et les ducs en *heim !* Vous tous qui nous arrivez on ne sait d'où, les poches pleines d'or, vous qui fêtez Paris, qui recevez en maîtres, à nous deux ! Vous trouverez à qui parler ! Je veux connaître vos secrets, vos ambitions et vos complots ! Ah ! vous venez ici, chez nous, vous nous flattez, vous nous choyez pour surprendre notre organisation même et nous écraser ensuite avec vos armées, — eh bien, nous allons rire ! — D'ailleurs j'ai mes preuves à faire ! Qui suis-je pour occuper une pareille situation ! Pauvre hère, pauvre policier de province ! Mais, paraît-il, on a l'œil sur moi, on a vu ce que j'ai su faire dans un misérable arrondissement de campagne ! Tout ce que j'ai d'expérience, de ruses et d'adresse, je vais le mettre en avant : je vais, d'un coup, m'illustrer ! De quoi s'agit-il après tout ? Prendre des papiers à une femme : quel jeu ! j'en ai vu bien d'autres !

— La princesse Pozioni, beau nom ! belle femme ! dit-on. — Eh ! bien, tant mieux ! voilà une œuvre digne de moi. J'ai attendu assez longtemps une occasion comme celle-ci, j'en saurai profiter ! — Mais par où commencer ?

Sivrani eut un vague sourire.

— L'amour, murmura-t-il, c'est donc lui qui sert toujours ! quelle bonne invention ! Avec ce petit sentiment-là, on peut arriver à des résultats inouïs. — C'est bien simple : plaire à cette femme, devenir son amant, et la voler ensuite ! — Cela

n'est pas tout à fait désagréable, morbleu ! et j'en sais bien d'autres qui accepte-
raient cette mission-là ! Cela vaut mieux que d'aller au catéchisme ou en Afrique
prêcher Dieu à des idiots !

Sivrani se frotta les mains et fit plusieurs fois le tour de son appartement.

Tout à coup il s'arrêta, ouvrit son portefeuille et en tira une photographie.

— Cette photographie ! dire pourtant que tout est là ! ô ma princesse ! comment
avez-vous fait pour tomber ainsi entre mes mains — en effigie ! — c'est qu'elle est
admirable : quel œil ! quelle bouche ! et cette poitrine !...

Sivrani, monsieur le comte de Miroil, vous êtes un heureux gaillard ! — Allons !
ne perdons pas de temps. — Mouillerat, je veux m'habiller.

— M. le comte est servi. Tous ses vêtements sont à ses ordres ! Quel costume M.
le comte mettra-t-il ce matin ?

Sivrani passa sa garde-robe en revue.

— Va pour ce costume anglais.

Il procéda à sa toilette — Mouillerat derrière lui.

— Allons, je me plais !

— M. le comte a bien raison de se plaire.

— Insolent !

— Oh ! M. le comte se trompe sur ma pensée ! Je dis que M. le comte est absolument parfait en tout point. Il a une tournure d'une élégance !

— Vrai !

— Je le jure ! répondit solennellement Mouillerat.

Sivrani donna un dernier coup d'œil à sa toilette, et se trouvant bien :

— Reste ici, dit-il, à son valet de chambre ; mets tout en ordre, je n'ai pas besoin
de toi dans la journée.

— Bien, monsieur le comte.

Sivrani sortit lentement de son appartement, en se regardant dans toutes les
glaces...

— Hé !... va donc, espèce de poseur ! murmura Mouillerat derrière lui, avec un
geste de gavroche.

Le comte de Miroil se promena consciencieusement sur les boulevards, pendant
une heure. Puis, il entra chez Brion, demanda à voir des chevaux et des voitures,
et finalement arrêta son choix sur un équipage qui avait la meilleure façon. On mit
sur les harnais un M grandiose, avec une couronne de comte.

Il choisit pour le cocher et le valet de pied une livrée sévère.

Le lendemain, il fit son apparition au bois...

Sivrani, très brun, avait une tête à sensation. Son œil sombre avait l'attrait téné-
breux... On le remarqua beaucoup.

Lui, tranquillement enfoncé dans sa voiture, le regard hardi et scrutateur, prenait
possession du lac. Il avait déjà, le premier jour, pris note de quelques physio-
nomies.

Mais celle qu'il cherchait, il ne l'avait pas rencontrée.

En redescendant l'avenue des Champs-Elysées, il interrogea l'hôtel de la princesse
pour voir s'il ne découvrirait pas quelque indice : le hasard pouvait faire beaucoup,

le mettre en présence de celle qu'il voulait séduire, et lui fournir l'occasion de se faire remarquer d'elle.

Il espérait vaguement un accident quelconque, un cheval emporté, un péril imminent, pour se mettre en relief. — Rien, l'hôtel paraissait silencieux.

— Oh! cela ne peut durer ainsi longtemps, pensa Sivrani, déjà impatienté; il faut à tout prix que j'agisse. Demain j'irai voir Labarre!

Quand le comte de Miroil rentra au Grand-Hôtel, on lui remit une lettre. Il l'ouvrit en toute hâte. Voici ce qu'elle contenait:

Mon cher comte,

Soyez heureux! vous êtes tout spécialement favorisé. J'ai fait parler de vous à la princesse par un de nos amis communs, et elle sera très contente de vous recevoir à son lundi. Venez donc, et dès ce soir.

LABARRE.

— Ce sacré Labarre! pensa Sivrani, voilà un merle qui ne perd pas de temps à siffler! C'est tout de même un bon ami! Je lui suis reconnaissant, et je le lui prouverai à l'occasion.

En attendant, n'oublions pas les choses importantes. — C'est drôle, mais il me semble que je suis ému! — C'est absurde: je devais cependant prendre le dessus. Cette princesse, — de loin, me fait un effet insensé! Enfin, j'irai, puisqu'il le faut, puisque c'est mon métier, puisque c'est ma richesse!

CHAPITRE XXI

Une réception chez la princesse

La princesse Hélène recevait tous les lundis.

Elle ne donnait pas précisément des soirées d'apparat et de cérémonie: mais on était sûr de trouver ce jour-là du monde, de la gaîté et parfois de l'esprit.

Ces petites réunions du lundi étaient très courues; on arrivait assez tard, et la causerie intime, le jeu entre amis se poursuivaient très tard dans la nuit.

La princesse, entourée de ses plus fidèles, faisait avec une grâce tout italienne les honneurs de son salon.

Les hommes, attachés à ses pas, toujours prêts, esclaves et courtisans de sa beauté, faisaient sa meilleure compagnie, elle recevait peu de femmes en petit comité.

La princesse Hélène, quoique vivant de la façon la plus libre et la plus indépendante, ne se gênant ni pour les préjugés ni même pour le prince, n'avait cependant pas d'amant reconnu. On ne lui savait pas d'intrigue.

Les hommes ne lui disaient rien; ils lui paraissaient tous si fades et si insignifiants, qu'elle ne s'arrêtait pas à eux. Elle n'avait pas encore trouvé celui pour qui la femme de son âge a des faiblesses et parfois des moments sublimes!

On remarquait cependant qu'elle portait un intérêt particulier à ceux de ses invités qui occupaient une place ou une position quelconque dans l'administration de l'armée ou dans la diplomatie. Quand le domestique placé à l'entrée du premier salon annonça:

— Le comte de Miroil !

Tout le monde se retourna. Le fameux comte avait déjà fait parler de lui ; des bruits habilement répandus avant son entrée en scène lui avaient fait comme une réputation de grand seigneur

Et de fait, Sivrani avait tout à fait bonne tournure. Roide et droit dans son habit, il s'avança avec aisance vers la princesse.

Quand il fut bien en face d'elle ils'arrêta, uninstant et fixa sur les siens ses yeux bruns — très grands. — La princesse soutint ce regard : mais un vague frémissement la secoua tout entière. — Néanmoins, se dominant :

— Soyez le bienvenu, monsieur le comte, fit-elle.

Le comte s'inclina, et, prenant la main que lui tendait la princesse, il la serra fortement dans la sienne.

— Princesse, dit Sivrani, vous me voyez plus qu'heureux ; arriver à Paris après de longs voyages aux quatre coins du monde et se trouver ainsi brusquement en face d'une femme telle que vous !...

— Oh ! de grâce, pas de compliments, mon cher comte.

— Vous ne les aimez pas ?

— Non.

— Moi non plus. Je ne suis pas fait pour ces mièvreries du monde, j'ai toujours vécu franc et libre, et je préfère aux banalités fades qui se débitent journellement une bonne parole un peu rude souvent, mais qui part toujours du cœur.

— A la bonne heure !

La princesse regardait curieusement l'homme qui lui parlait de la sorte.

Avec sa finesse particulière, Sivrani avait déjà compris que, pour gagner la princesse, il fallait jouer un jeu nouveau et ne pas se servir des moyens ordinaires.

— Alors, mon cher comte, vous pouvez être de mes amis, reprit la princesse. — Venez, maintenant, que je vous présente à quelques-uns de nos invités. Mais, auparavant, dites-moi quels sont plus particulièrement vos goûts pour que je ne vous fasse pas faire de connaissances inutiles ou ennuyeuses. — Voyons, aimez-vous la musique ? J'ai là des compositeurs de talent.

— Non.

— La peinture ?

— Non.

— La politique ?

— Non.

— Le cheval ?

— Oui.

— Bien. Maintenant je vous avertis qu'à mon prochain bal j'aurai les plus jolies femmes de Paris. Comte, aimez-vous l'amour ?

— Non.

A cette réponse bien savamment étudiée, lancée durement comme un défi, la princesse se leva...

Elle se sentait, en tête à tête avec le comte, comme un malaise général.

Sivrani vit que l'effet avait porté.

Précédé par la princesse, il parcourut les salons et échangea force saluts.

Puis, quand sa tournée fut faite, il revint à la princesse, très entourée en ce moment.

Il eut tout le loisir d'examiner alors les invités. Celui qu'elle écoutait était un grand vieillard sec et distingué, décoré de plusieurs ordres ; sa cravate blanche avait une raideur toute diplomatique.

Assise sur un canapé, la princesse était à moitié tournée vers lui. Très décolletée, le vieillard plongeait avidement dans son corsage son œil allumé.

— Oh ! tout ce que vous voudrez, princesse ! Je suis entièrement à votre disposition.

— Alors vous me montrerez cette administration et ces archives ! Que ça doit être curieux !

— Oh !

— Pour moi, qui ne sais rien, ne connais rien de l'organisation de cet admirable Paris ! Ainsi c'est entendu. — Mais que pourrais-je vous faire en échange du plaisir que vous voulez bien me procurer ?

— Tendez-moi votre main !

— Oh ! que cela ! — La voici...

Le vieux diplomate porta à ses lèvres tremblantes la main de la princesse : il resta un moment silencieux, puis, se penchant vers elle, sa bouche dans ses cheveux.

— Oh ! princesse, murmura-t-il.

La princesse se leva, avec un haussement d'épaule ; un sourire méprisant crispa ses lèvres, et elle pensa tout haut :

— Imbécile !

Au moment elle aperçut le comte de Miroll, qui était resté un peu à l'écart.

Elle marcha droit à lui.

— Comte, voulez-vous me donner votre bras, lui dit-elle, je me sens un peu lasse, passons dans la serre.

Là, elle s'assit parmi les hautes plantes exotiques.

Ils restèrent un moment silencieux.

— Alors, m'avez-vous dit, vous n'aimez pas l'amour, mon cher comte, — c'est curieux, à votre âge ! Il est vrai que moi aussi !...

— Vous, princesse ?...

— Rien, je n'ai rien dit ! — Mais, vous avez donc souffert, vous avez donc été éprouvé...

— Princesse !

— C'est vrai, que vais-je vous demander là ! Je suis d'une indiscrétion ! Pardonnez-moi, cher comte, mais la pensée qu'un homme tel que vous puisse se passer de l'amour dépasse mon raisonnement. Encore une fois, pardonnez-moi !

— Princesse, je suis ainsi fait ! Et, d'ailleurs, je n'ai pas encore trouvé qui aimer.

— Oh !

— Je le jure !

La princesse l'examina de la tête aux pieds. Mais il était impénétrable. — Elle le fit asseoir à côté d'elle, poussée par une vague curiosité de sympathie qu'elle ne s'expliquait pas et à laquelle elle obéissait malgré elle.

Après un silence :

— La vie est triste, n'est-ce pas, M. le comte ? fit-elle lentement. On s'épuise en mille futilités, on s'agite... et puis au bout de toutes ces fièvres... rien ! — On a cru, on a espéré, et l'on finit toujours par la désillusion et l'ennui !

— Voilà des idées noires, princesse !

— Oh ! je n'en suis pas maîtresse : c'est plus fort que moi ! Mais j'ai tort de vous parler ainsi, mon cher comte ; pour la première fois que vous me faites l'honneur de venir chez moi...

— Princesse !

— Allons ! j'ai des devoirs à remplir : une maîtresse de maison ne doit pas être triste... C'est égal... je... je suis...

Elle devint subitement pâle comme une morte.

— Princesse !... qu'avez-vous ? s'écria Sivrani en se précipitant sur elle...

— Ce n'est rien... je vais déjà mieux...

— Mais ?

— Taisez-vous !

— Faut-il appeler ?...

— Gardez-vous en bien !

— Un peu d'air...

— Non... répondit faiblement la princesse, donnez-moi votre main !

Elle le regarda longtemps dans une contemplation muette. Une indicible tendresse était répandue sur son visage...

Sivrani était vraiment beau en ce moment où l'émotion le gagnait.

Un moment il se trouva à genoux devant la princesse ; il était un peu penché sur elle, soudain il sentit un souffle parfumé effleurer son front...

Il ferma les yeux.

La princesse venait de lui donner un baiser brûlant.

Quand il rouvrit les paupières, elle avait disparu...

— Que faire, maintenant, pensa-t-il, rester ou m'en aller ?

Il prit le dernier parti et s'éclipsa.

Comme il descendait l'escalier, il lui sembla que quelqu'un l'appelait : il se retourna.

C'était Catherine !

— Eh bien, lui demanda-t-elle, tu n'as pas encore besoin de moi ? J'ai fait tout ce que tu m'avais commandé de faire...

— Attends mes ordres...

Et sans ajouter un mot, il s'éloigna rapidement.

— Oh! taisez-vous! s'écria Paul... (Page 160.)

CHAPITRE XXII

Deux amours

Deux jours après cette scène, le comte de Miroil déjeunait un matin au Grand-Hôtel, quand Mouillerat lui remit une lettre.

Cette lettre embaumée, élégante, était bien une lettre de femme.

Une couronne fermée, couronne de princesse, rayonnait en relief d'or sur l'enveloppe.

Le comte de Miroil l'ouvrit précipitamment.

— D'elle! s'écria-t-il presqu'à haute voix.

Voici ce qu'il lut :

Venez, j'ai absolument besoin de vous voir.

                        Princesse Pozioni.

— L'imprudente ! murmura Sivrani, en mettant soigneusement la lettre dans sa poche.

Il acheva son déjeuner à la hâte, remonta chez lui et s'habilla avec attention ; — puis, campé devant sa glace, le sourire aux lèvres, il jeta sur sa toilette un regard de satisfaction.

— Ma voiture est-elle prête, Mouillerat ?

— Oui, M. le comte.

— Tu mettras en ordre les papiers qui traînent sur cette table.

— Oui, M. le comte. — Si quelque chose d'extraordinaire se produisait où trouverais-je M. le comte ?

— Mais...

— On ne peut pas savoir...

— C'est juste... je serai de retour ce soir.

— Seulement !

— Je crois, drôle, que tu te permets de m'interroger !

— M. le comte est vif !

Mouillerat jeta sur Sivrani un méchant regard, plein de jalousie.

Mais le comte, emporté par son désir de voir la princesse le plus tôt possible, ne s'attarda pas à relever une seconde fois son valet de chambre.

Il sauta dans sa voiture, et une fois les chevaux au grand trot, il réfléchit à l'étrange destinée qui le poussait en avant.

Sa mission n'avait rien de désagréable.

La princesse qu'il s'agissait de séduire et de faire tomber dans un piège était une ravissante créature, une femme enivrante, d'aspect irrésistible.

Sivrani se considérait comme l'homme le plus heureux de la terre.

Quand il fut aux Champs-Elysées, devant l'hôtel Pozioni, il eut cependant un instant d'émotion.

Il lui semblait qu'il allait à un rendez-vous d'amour, et il oubliait volontiers le but particulier de sa mission.

Son cœur battit à se rompre quand on l'annonça.

La princesse était assise dans la serre.

Un robe voluptueusement taillée enveloppait et laissait comme dans un vague délicieux l'harmonie de sa taille svelte.

Les cheveux brun-noir lui couraient sur le front et laissaient à découvert sa nuque hardie.

Les petites mains, blanches et fines, posées sur les genoux, avaient des transparences exquises.

Les yeux battus, cerclés de bistre, jetaient une flamme étrange, par instant...

— C'est vous !

— Princesse !

Il y eut entre ces deux êtres un silence plein de promesses et de sous-entendus.

Sivrani la dévorait du regard.

Elle, les yeux levés sur lui, le contemplait ardemment, avec une persistance où se lisait un désir fou, inexorable.

— Votre santé, princesse ?...

— Oh! ne parlons pas de ma santé, mon cher comte : vous voyez, j'ai la fièvre, je brûle, j'ai la tête en feu.

Elle lui tendit sa petite main — puis la dégagea brusquement.

Nouveau silence.

— N'êtes-vous pas lasse de toutes ces soirées que vous vous imposez, princesse ? Toujours sur la brèche !

— Le monde a ses exigences. ·

— C'est vrai, et vous êtes la mondaine par excellence !

— Hélas! murmura la princesse.

— Oh! pourquoi?

— Pourquoi? mais ce n'est pas vivre! je suis à chacun, j'appartiens à tout le monde, excepté à moi! je n'ai le temps ni de penser, ni d'agir à ma guise... ni même......

Elle s'arrêta.

Sivrani la regarda fixement.

Elle se leva tout d'une pièce.

— Il fait un temps superbe aujourd'hui, n'est-ce pas, mon cher comte !

— Superbe, en vérité...

— Hélas !

— Voyons, princesse, vous avez quelque chose! je lis dans vos yeux un trouble, un malaise ! — Vous êtes triste? — Triste! à votre âge, quand on a la beauté, la jeunesse, la fortune...

— Ah! oui !

— Mais vous n'avez rien à désirer, vos souhaits sont des ordres, le prince...

— De grâce, M. de Miroil, ne parlons pas du prince.

— Aïe! aïe! pensa Sivrani, j'ai fait une bêtise.

Et de fait, la princesse Hélène n'aimait pas ce sujet de conversation.

Depuis le jour où le prince l'avait épousée, dans des circonstances particulièrement curieuses, elle avait appris à le connaître. Le prince, joueur, débauché, esclave des mille passions qui se disputaient sa vie, ne s'occupait plus guère de sa femme. Il allait de son côté, la laissant libre — et ne s'occupant d'elle que pour lui demander les sommes dont il avait journellement besoin.

D'où la princesse tenait-elle cette fortune qui leur permettait de vivre sur un pied de millionnaires ? — Peu lui importait!

Aussi la princesse n'en parlait qu'avec un dédain mêlé d'un profond dégoût.

— Princesse, dit Sivrani, pour réparer sa maladresse, vraiment, vous m'inquiétez. Je ne saurais vous voir dans cet état.

— Mais, qu'ai-je donc, au fait, M. le comte ? fit Hélène avec une certaine hauteur.

Son amour-propre, sa délicatesse de femme étaient blessés de l'aveuglement volontaire du comte.

Sivrani ne répondit pas directement à cette question ; mais, s'approchant d'elle, il lui prit la main.

Hélène blêmit au toucher.

La situation devenait embarrassante.

— Assurément, pensa Sivrani, cette femme est folle de moi ! je ne puis me tromper. Allons-y donc !

Princesse !

— M. de Miroil ?

— Vous rappelez-vous la conversation que nous eûmes il y a trois jours !

— Ah ! oui... quand vous me disiez...

— Que je n'aimais pas l'amour, reprit Sivrani en appuyant sur toutes les syllabes.

— Sans doute... eh bien ?

— Eh bien... je vous ai menti...

— Ah !

— Depuis trois jours, je ne sais quelle révolution s'opère en moi. Je me sens triste... comme vous, et j'ai froid au cœur. Un vide immense semble m'entourer, je me vois seul dans la vie, mouvant ma pauvre machine au hasard, sans but sans affection, sans amour. Je ne comprends pas comment j'ai pu jusqu'ici vivre seul ! Mais cela tient probablement à celles que j'ai rencontrées. Oh ! comme les autres, je sais, je sens, et je crois ; j'ai des ivresses folles quand je songe à cet amour que j'entrevois dans un rêve lointain ! Un monde s'est révélé à moi. Je vois les choses autrement, c'est vous dire que maintenant seulement je vis ! Moi qui méprisais et dédaignais l'existence, elle a pour moi maintenant un prix immense ! Je suis né d'hier pour ces sensations et déjà elles m'envahissent et me prennent tout entier,

— Princesse !

— M. de Miroil, murmura Hélène d'une voix étouffée...

— Oh ! laissez-moi votre main ! Je voudrais rester éternellement ainsi ! Que je vous contemple ! Que je grave bien profondément votre image dans mon cœur. — Vous m'avez écrit de venir — je suis venu — Parlez donc ! Que faut-il faire ? où faut-il aller ? Je suis prêt. Pour vous, je...

Il s'interrompit et jugea de l'effet.

Hélène était doucement près de lui ; elle lui laissait sa main ; il sentait contre lui la chaleur moite de son être ;— ils se comprenaient déjà sans se parler...

Soudain, par un mouvement brusque, Sivrani la prit dans ses bras et la serra à l'étouffer.

Hélène ne résistait pas.

Elle était dans cet état d'âme et de nerfs où l'on ne s'appartient plus ; elle avait perdu la notion exacte des choses et du jugement. Aveuglée, éperdue, l'heure terrible avait sonné pour elle !

Sivrani la fascinait.

Depuis si longtemps elle avait vécu sans vivre, qu'à la fin, elle ne pouvait plus se dominer.— Une immense passion pour cet homme l'avait envahie le premier soir de leur entrevue : c'était un coup de foudre !

Ce ne fut qu'un seul cri, un seul aveu.

— Je t'aime ! lui dit Sivrani...

Elle ne répondit qu'en se laissant aller dans ses bras...

Quand la princesse Hélène rouvrit les yeux, une douceur inexprimable était répandue sur son visage.

— Son regard n'avait plus rien de provoquant, il était soumis et caressant.

— Tu m'aimes, au moins ? fit-elle.

— Je t'adore, s'écria Sivrani, avec une voix de triomphateur.

A partir de ce moment, l'existence de la princesse Hélène changea. Elle vécut pour le monde comme elle l'avait toujours fait ; mais elle avait son secret, son amour, et son mystère !

Le comte de Miroil ne faisait que de rares apparitions à l'hôtel Pozioni : mais chaque jour pourtant, les deux amants se rencontraient. Le soir, quand la princesse ne recevait pas, ou quand elle n'allait pas dans le monde, elle sortait de l'hôtel à la brune, et sans que personne la soupçonnât, elle allait retrouver Sivrani.

Un soir, ils étaient à souper à la Maison-d'Or.

La princesse, curieuse comme un enfant, avait voulu voir ce restaurant dont elle avait tant entendu parler.

Après une longue heure passée en tête-à-tête dans un cabinet particulier, ils redescendaient l'escalier.

Au moment où ils allaient se trouver sur le trottoir, la princesse fit un brusque mouvement de recul.

— Qu'as-tu ? lui demanda Sivrani avec inquiétude.

— Silence !

La princesse venait d'apercevoir le prince dans une voiture qui stationnait devant la porte du restaurant.

Il était en compagnie d'une femme et parlait haut.

— Allons, Pauline, viens-tu ? disait-il.

— Mais non, rentrons.

— J'ai faim, moi !

La portière de la voiture s'ouvrit avec bruit et le prince en descendit avec la femme.

Les deux couples se croisèrent.

Le prince fit tout d'abord un haut-le-corps quand il aperçut la princesse en compagnie de Sivrani.

Hélène se détourna avec mépris, et passa fièrement devant la maîtresse de son mari en disant :

— Nous sommes quittes, cher prince !

Elle sauta dans la voiture de Sivrani. Quand ils furent seuls :

— Eh bien, qu'en penses-tu ? dit Hélène. Le misérable ! Et je serais... ah ! mon Dieu ! — je serais fidèle à cet homme !

Sivrani la reconduisit chez elle, et ils se séparèrent sur la promesse du comte de Miroil de venir le lendemain soir au grand bal que donnait la princesse.

— Mais le prince !... avait dit Sivrani.

— Bah!... viens donc... c'est un lâche !

Pendant que le comte de Miroil devenait l'amant de la princesse Hélène, des scènes bien différentes se passaient à l'hôtel de la marquise de Santeuil, rue de Varenne.

Le marquis, tout d'abord surpris de l'intrusion de Paul Gallac chez lui, lui avait fait bon accueil.

Pour des raisons particulières, il n'avait pas jugé à propos de le prévenir de son arrivée à Paris ; il voulait vivre retiré et ne recevoir personne ; son naturel gai était devenu sombre, il restait enfermé en lui-même.

Paul Gallac, tout entier à la passion qu'il avait prise pour Marcelle, était venu s'installer près de son hôtel.

Nous avons dit qu'il avait quitté madame Sivrani à la dérobée, honteux de sa propre conduite, le cœur plein de remords.

En vain essayait-il de surmonter son amour pour Marcelle, en vain s'efforçait-il de songer à la malheureuse enfant qu'il avait abandonnée.

La marquise de Santeuil lui prenait toute son âme.

Marcelle cependant était loin de l'encourager.

Un affreux dégoût de l'homme et de l'amour avait succédé à ses belles illusions d'autrefois.

Sa jeunesse était morte.

Elle n'avait plus rien conservé du passé que le regret des heures de foi et d'espérance. Et puis, elle avait gardé au cœur une blessure profonde.

Son enfant, loin d'elle — elle en avait parfois l'ennui.

Elle pensait au pauvre petit dont aucune nouvelle ne lui parvenait plus.

C'était pour elle une cuisante douleur !...

Quand Paul Gallac lui parlait parfois du pays, une larme venait à ses yeux et tremblait à ses cils.

Elle l'écoutait volontiers, lorsqu'il égrenait le chapelet des souvenirs : mais parlait-il d'autre chose, voulait-il lui faire connaître l'étendue de son amour, — elle restait muette.

Depuis qu'il venait presque journellement à l'hôtel, il n'avait pas fait un pas en avant.

Leurs relations en restaient au même point : une bonne et franche cordialité.

Paul se désespérait.

Un jour pourtant, il avait cru pouvoir lui tout avouer.

La marquise faisait quotidiennement une promenade en voiture, Paul Gallac était de la partie très souvent.

Mais M. de Santeuil accompagnait sa femme.

Une après-midi, il se trouva que le marquis fut empêché. Paul et Marcelle sortirent seuls.

Il faisait un temps magnifique ; le ciel était d'un bleu transparent, et le soleil avait une joie de printemps dans ses rayons.

Ils allèrent au bois.

Le cahotement de la voiture les rapprochait par instant, leurs bras se touchaient.

Paul n'avait jamais été si heureux.

Tout autour du lac, les voitures et les équipages se succédaient, c'était un embrouillis de roues.

— Si nous descendions ? fit Marcelle.

— Oui..., nous ferons un tour dans les allées...

Ils laisssèrent la voiture et s'enfoncèrent dans les allées.

Les arbres se couvraient déjà de verdure.

Une brise passait à travers les feuilles naissantes.

Ils marchèrent longtemps sans se dire mot.

Paul, à ses côtés, songeait.

Elle, jouissait de cet air pur et de cette première floraison de printemps.

— Ah ! qu'il fait délicieux ici ! dit Marcelle ? ne trouvez-vous pas, Paul ?

— Si.

— Vous êtes pensif.

— Moi ?

— Vous. — Chagrin d'amour ?

— Oh ! Marcelle.

— Allons ! allons ! c'est de votre âge. Tâchez d'être heureux le plus vite et le mieux possible : tâchez surtout de garder votre bonheur !

— C'est un conseil.

— Oui. Ne puis-je pas vous en donner , moi — une vieille femme ?

— Oh !

— Je sais où j'en suis, mon ami.

— Marcelle !

— Ma vie est finie.

— Elle commence.

— Vous croyez, mon pauvre ami ! Ah ! que je me sens déjà fatiguée !

Il me semble que tout est perdu pour moi. Je n'ai plus rien à espérer !

— Qui sait ?

— Oh, je suis sûre !

— Alors vous n'attendez plus rien de l'existence ?

— Non. — Et qu'en attendrais-je, en vérité ! Je suis mariée, j'ai un mari que j'estime...

— Et personne que vous aimez.

— Paul !

— Oh ! je le vois bien !

— Mais j'ai... vous et mon mari.

— Quelle dérision !

— Pourquoi ?

— Vous vous moquez , c'est mal.

— Je me moque ! et de qui, grand Dieu ?

— De ceux qui souffrent.

— Je fais souffrir quelqu'un !

— Femme, va.

Marcelle regarda Paul avec un étonnement qui disait sa sincérité.

— Je ne vous comprends pas, mon cher Paul.

— Vraiment.

— Je vous jure !

— C'est facile.

— Allons, vous avez vos nerfs aujourd'hui. Vous êtes un enfant. Rentrons.

— Marcelle !...

— Eh bien ?

Paul n'osa continuer.

— Rentrons ! fit-il brusquement.

— Oh ! la bonne idée !

Le retour s'effectua sans que Paul et Marcelle échangeassent une parole.

Quand ils furent remontés, ils trouvèrent dans le petit salon le marquis.

— Voici la lettre d'invitation que je viens de recevoir.

— De qui ?

— De la princesse Pozioni. — Irons-nous ?

— Je ferai comme il vous plaira, mon ami.

— Nous irons donc. Ce salon est très intéressant, et puis c'est une des dernières fêtes de la saison.

— Vous nous accompagnez, Paul ? demanda Marcelle.

— Mais je ne sais... je ne connais...

— N'est-ce que cela ? fit le marquis, je vous présenterai à la princesse. C'est une soirée à passer comme une autre.

Quand Paul et Marcelle se retrouvèrent seuls :

— Eh bien, Paul, vos nerfs sont ils calmés ?

— Oh ! taisez-vous, s'écria Paul, en lui serrant le poignet, taisez-vous !

CHAPITRE XXII

Chez le comte de Miroil

— Eh bien ! monsieur le comte a-t-il découvert quelque chose de suspect chez la princesse, demanda Mouillerat à Sivrani, un soir qu'il rentrait à minuit passé dans son appartement du Grand-Hôtel.

Mais Sivrani était distrait, il était revenu tranquillement à pied par les Champs-Elysées et les boulevards, fumant un excellent cigare et rêvant à la destinée bizarre qui lui était faite.

Cette princesse admirablement élégante, cette charmeresse s'était éprise de lui, de lui, Sivrani !

Madame, dit Marcelle... (page 166.)

D'un homme qui, sous le semblant d'une passion insensée, venait froidement chez elle pour lui voler ses secrets, fouiller sa correspondance et la déshonorer publiquement !

Cependant le faux comte de Miroil souriait amèrement ; au fond de l'âme il se sentait triste, navré du rôle abject qu'il jouait en ce moment.

Malgré tout, cet être dégradé, cet être dont la conscience se prêtait à tous les marchés infâmes, cet assassin avait en lui un levain d'honnêteté qui le torturait par instants.

Il avait été espion, sacrilège, meurtrier ! il se moquait de la famille, de l'amour, qu'importe !

Une femme avait veillé sur ses premiers ans, une femme l'avait aimé et choyé, une femme lui avait dit : mon fils, ceci est bien, ceci est mal !

On n'oublie jamais les paroles qu'une mère vous répète journellement, parce qu'elles se gravent dans l'esprit enguirlandées de baisers et de caresses adorables.

Donc, Sivrani songeait.

— Ah ! se disait-il, que ne suis-je vraiment un grand seigneur, riche et puissant ! Combien je l'aimerais, moi aussi, cette créature exquise qui se confie à moi et m'appelle son doux maître !

Mais c'est impossible, je suis fou... Aujourd'hui j'ai de l'or à foison, des équipages, la plus belle maîtresse de Paris, et demain peut-être, je dégringolerai dans les bas-fonds de cette même capitale que j'éblouis par mon luxe et mes folies...

Ah ! si je lui avouais tout, si je lui demandais de fuir avec moi ?...

Insensé ! elle m'écraserait sous le poids de son mépris.

Va donc, misérable, va de l'avant ! l'habit que tu as sur toi est une livrée qui ne s'enlève pas plus facilement que la tunique de Nessus.

Fais donc ton métier... car on te surveille... ou guette ta place, et tu ne sais rien, rien encore... tu t'oublies dans les délices de Capoue... Prends garde !

Silencieux devant son maître qui, trop préoccupé d'autre chose, n'avait pas entendu sa question, Mouillerat répéta :

— Eh bien, monsieur le comte a-t-il découvert quelque chose ?...

— Elle m'aime ! mon ami, s'écria Sivrani s'oubliant dans un moment d'effusion.

Oui, figure-toi, cette princesse me trouve à son gré, elle me l'a dit, elle est charmante, j'en suis fou, ma parole ! Je rêve d'elle...

— Et les papiers d'affaires ?...

— Est-ce que l'on songe à cela quand on aime !...

— Ah ! on ne songe pas à ça !...

— Je veux dire... reprit Sivrani devenant tout à coup défiant à la vue de cette figure de traître, dont l'œil de vipère l'effraya...

— Oh ! monseigneur a bien raison... répliqua Mouillerat, donnant à sa voix une douceur cauteleuse...

— Tu peux t'en aller, je n'ai plus besoin de toi... je me déshabillerai seul... adieu...

— Bonsoir, monsieur le comte... dit Mouillerat avec un respect affecté...

Dès qu'il eut refermé la porte et qu'il fut hors de portée de son maître, il se frotta les mains rageusement.

— Ça va bien... ça va bien... Ah ! mon camarade, tu files le parfait amour, tu fais ton Richelieu...

Parbleu, on va te couvrir d'or pour conjuguer le verbe aimer, et user tes pantalons à genoux devant des marquises !

Tu vas voir, si tu te figures que ça m'amuse, d'être ton domestique !

Imbécile ! il avait l'air assez fort... Ah çà ! ils seront donc tous roulés par cette gueuse... excepté moi, avant peu on verra qui je suis !

En attendant, soyons humble, et d'abord allons informer M. Labarre de la situation d'esprit dans laquelle se trouve son ami Sivrani.

Le lendemain à huit heures du matin, Labarre se présentait au Grand Hôtel.

— M. le comte de Miroil ? demanda-t-il.

— M. le comte n'est pas visible à cette heure... répondit un des valets...

— J'ai besoin de lui parler... portez-lui ma carte.

Le domestique obéit et revint quelques minutes après, obséquieux devant un inconnu que le comte recevait sur le champ.

— Si monsieur veut bien se donner la peine de me suivre...

Labarre suivit.

— C'est bien... laissez-nous, dit Sivrani qui s'était habillé en toute hâte pour recevoir son chef.

Quand ils furent restés seuls, Labarre s'assit tranquillement sur un fauteuil, croisa les bras, ironique :

— Ah çà ! tu te fiches du monde, mon petit...

— Pas du tout, je l'affirme...

— Enfin que fais-tu ? tu me fuis... sous prétexte que tu es très occupé... il n'y a que lorsque tu as besoin d'argent que je te vois...

Où en es-tu de tes investigations ?

— Je suis sur le point de découvrir une véritable conspiration... La princesse, le prince et un tas de gens influents sont mêlés là-dedans... tu verras... mais il me faut le temps, que diable !...

— Oui, c'est vrai... seulement la confiance que j'avais en toi diminue sensiblement... je ne suis pas le maître... et malgré notre vive amitié... je ne veux pas me compromettre pour toi ; avise.

— Mon cher, ne t'inquiète pas.

— Au contraire... tu vis comme un pacha... à nos frais et tu es muet comme une carpe...

Serais-tu devenu idiot ou amoureux ?

— C'est la même chose ! lui dit brusquement Labarre en le regardant bien en face...

— Allons donc, allons donc ! répéta Sivrani, essayant de prendre un ton dégagé.

— Voyons, parlons peu et parlons net : nous lâchons une petite grue sur le prince Pozioni, et en une soirée à la Maison-d'Or, elle en apprend plus que toi en un mois...

Serais-tu devenu bête ?

Sivrani n'avait rien à répondre, il étouffait de rage et des sanglots se pressaient dans sa gorge...

Amant d'Hélène de Pozioni et être poursuivi des sarcasmes d'un Labarre !

Ce dernier souriait devant l'embarras de Sivrani.

— Allons, M. le comte de Miroil, remettez-vous... ce n'est pas un arrêt de mort que je vous apporte aujourd'hui... mais, je vous en avertis, vous êtes bien malade...

Si vous tenez à votre titre de comte, suivez bien ce que je vais vous dire : Il y a demain une grande soirée à l'hôtel Pozioni. Il faut qu'à l'issue de cette fête, vous ayez en main des preuves assez compromettantes pour que le prince et la princesse soient expulsés de France dans les vingt-quatre heures...

— Mais...

— Il n'y a pas de mais! j'ai déjà ton successeur... il a un moyen, lui!...

Au revoir et sans rancune... d'abord je ne t'abandonnerai pas... tu n'as pas été à la hauteur, c'était trop difficile pour toi... nous verrons à te donner une bonne petite place, un rôle plus subalterne... agent des mœurs...

Labarre sortit en riant.

— Oh! honte! dit Sivrani en se laissant tomber sur un fauteuil, écrasé par cet entretien cruel.

Ma position est perdue... sans remise... je suis à bout, je retombe plus bas que jamais...

Et je l'aime, cette femme qui brille d'un si vif éclat!

Agent des mœurs!... oh! non... tant pis... tout excepté ça... je volerai ce qu'il faudra...

On frappa discrètement à la porte,

— Entrez! fit Sivrani se remettant autant que possible de son trouble.

— C'est moi... fit Catherine, la princesse m'envoie... tiens, une lettre pour toi.

Sivrani prit la lettre. Catherine s'approcha menaçante :

— Qu'y a-t-il dans cette lettre ?...

— Comment dis-tu?

— Je veux la voir.

— Ah! laisse-moi... tu ne peux pas savoir dans quel état je suis...

— Eh bien,... et moi? m'as-tu mise assez bas... Je veux voir... Ah! je ferai tout pour toi, j'irai jusqu'au crime... mais je suis jalouse de toi et prends garde!.. ne joue pas ce jeu, cela serait terrible... je te tuerai...

— Ah çà! vas-tu me ficher la paix!

Et il la repoussa rudement...

Catherine alla rouler au fond de la pièce...

Elle se releva écumante et se jeta sur lui :

— Oh! écoute-moi, Pour toi je suis lâche... tu me promènes d'infamies en infamies... je vais devenir voleuse...

— Allons donc! tu es une sotte... tu n'as rien pu trouver... et tu es en train de me perdre!

Pardieu! si je fais la cour à la princesse, c'est pour arriver à prendre cette fameuse correspondance qui est notre fortune... tu connais le petit meuble à secret... il y a deux clefs cependant tu le sais...

— Oui, le prince en a une... et la princesse porte toujours l'autre sur elle.

— Tu n'as pas pu l'avoir...

— Non, avec la princesse c'est impossible...

On pourrait voir avec le prince.

— Ne te fait-il pas la cour?

— Si.

— Eh bien alors, imbécile!... les femmes ont tout pouvoir sur les hommes qui les aiment...

— Et tu voudrais?...

— Je ne veux rien, c'est à toi de me comprendre...

— C'est cela... hier c'était mon honneur, mon âme que je vendais pour toi...
Aujourd'hui cela ne te suffit plus il te faut mon corps !

Oh! ma tête se brise... où vais-je, mon Dieu ! mais jusqu'où me pousseras-tu dans
cette voie du vice... misérable !..

— Tais-toi... sors d'ici... ou je te fais jeter dehors par mes valets...

Et surtout ne reparais pas chez la princesse, ou je te fais empoigner par la police
comme portant un faux nom... Allons, hors d'ici !

Cette clef que tu ne veux pas te procurer... je l'aurai moi...

Ne m'as-tu pas dit que la princesse l'avait dans une poche de son corset... je m'en
charge... adieu...

Catherine, les yeux gonflés de larmes brûlantes, la gorge sèche, ne pouvant en
croire ses oreilles, restait muette d'horreur.

— Est-ce compris? fit Sivrani.

— Quoi? bégaya-t-elle...

— Eh bien, choisis... toi ou moi... le prince ou la princesse...

— Je tâcherai... oui, j'essayerai... fit-elle tremblante, fascinée...

— La nuit tu n'auras qu'à fouiller dans ses vêtements... la clef est en or... Quand
il sera endormi...

— Mais je ne sais si...

— N'aie crainte, un homme de cet âge ne se méfie jamais d'une maîtresse...

— Oh ! fit-elle, et elle sortit vite, sans oser regarder derrière elle.

Sivrani resta un instant immobile, puis il alla à la fenêtre, il l'ouvrit et suivit des
yeux Catherine qui se perdait déjà au loin au milieu de la cohue des boulevards.

— Elle le fera, pensa-t-il.

Il revint s'asseoir à la même place où il était absorbé par des réflexions pénibles
avant l'arrivée de la jeune femme.

Machinalement, en cherchant une cigarette, il porta la main sur la lettre de la
princesse.

— Tiens, dit-il, je l'oubliais, voyons... et il lut :

« Mon cher Comte,

« Venez aujourd'hui, je suis seule tout l'après-midi.

« Je vous tends les deux mains,

« Hélène »

— Certes, si j'irai, je le crois bien ; je n'ai peut-être plus qu'un jour à m'appeler
le comte de Miroil, au moins que j'en profite !...

— Monsieur le comte est servi, interrompit Mouillerat, ouvrant la porte et montrant sa figure de fouine.

— Serait-ce ce mauvais drôle qui m'espionne ? pensa Sivrani en se dirigeant vers
la salle à manger.

CHAPITRE XIII

Hélène et Marcelle

Pour donner plus d'éclat à la fête qu'elle se proposait de donner, la princesse avait résolu d'organiser une vente de charité.

Les élégantes du grand monde se disputaient chacun des comptoirs où, sous prétexte de faire le bien, elles pouvaient tout à leur aise être coquettes et abuser de leurs charmes pour enrichir les pauvres.

La veille de cette grande fête, la princesse Hélène ouvrit ses salons à quelques intimes, une sorte de répétition générale avant la première représentation du lendemain.

On n'y admettait que les dames qui devaient jouer un rôle le lendemain et, comme le sexe faible ne pouvait venir seul, les cavaliers furent forcément de la partie.

Mais ils devaient se taire, leurs avis et leurs critiques étaient formellement interdits.

Marcelle de Santeuil avait été choisie pour débiter, dans un charmant petit pavillon de la serre, des verres de champagne à un louis et plus, selon la générosité des buveurs amoureux.

Des amis communs avaient arrangé cela, car elle ne connaissait pas la princesse Hélène.

Aussi s'empressa-t-elle de se rendre à cette soirée préparatoire, pour faire un brin connaissance avec la maîtresse de la maison.

Le marquis, légèrement souffrant ce soir-là, confia sa femme à Paul Gallac, tout heureux de se trouver un instant dans le coupé bleu de Marcelle, seul à seul avec celle qu'il aimait.

Marcelle fit son entrée dans les salons de l'hôtel Pozioni, au bras de Paul Gallac.

— Madame, dit Marcelle, excusez-moi si je me présente moi-même; mais la baronne Mazelière n'a pu m'accompagner...

— Madame, je suis très-heureuse de vous voir chez moi, répondit Hélène en tendant la main à la marquise de Santeuil.

— M. Paul Gallac, un ami de mon mari qui s'est trouvé un peu indisposé au moment de notre départ.

— Monsieur... fit la princesse, vous connaissez la consigne inexorable, vous ne devez rien dire, écouter seulement...

— Je demande, cependant, madame, à vous remercier de votre gracieux accueil.

Paul Gallac alla se mêler à un groupe d'hommes qu'il connaissait pour les avoir rencontrés chez le marquis.

— Chère madame, je vais vous montrer notre domaine; si vous le voulez bien, nous allons passer à la serre.

— Avec plaisir, fit Marcelle.

Les deux femmes se dirigèrent lentement vers le fond du salon.

Tous les yeux se tournèrent vers elles; elles étaient superbes et dans toute la force de leur beauté, ces deux créatures qui répandaient autour d'elles un charme capiteux et une fascination terrible.

Il eût été difficile, impossible même d'affirmer que l'une d'elles était plus belle que l'autre.

Elles se ressemblaient presque, on eût dit deux sœurs jumelles.

— Vous permettez, je passe la première, dit Hélène en soulevant une portière qui séparait deux pièces.

Marcelle se retourna et faillit pousser un cri de surprise ; elle venait d'apercevoir Catherine qui avait essayé de se dissimuler dans une encoignure.

— Catherine, ici !

Catherine mit un doigt sur sa bouche, suppliante, implorant le silence.

— Attendez-moi ici, ordonna Marcelle.

— Venez-vous, ma chère? demanda la princesse qui revenait sur ses pas, ne voyant pas sa compagne.

— Je m'étais arrêtée devant cette potiche, elle est magnifique.

Une fois arrivées dans la serre immense :

— Voici votre pavillon.

— Très gentil...

— Tout cela n'est pas encore achevé, — nous avons toute la journée de demain pour les derniers préparatifs...

Venez donc, si vous avez un moment à perdre dans l'après-midi ; vous nous aiderez de vos conseils.

— Mais je crains d'abuser...

— Pas du tout... je voudrais beaucoup être votre amie... je suis bien isolée dans ce tourbillon de gens indifférents ou railleurs...

— Vous n'êtes pas la seule... soupira Marcelle...

— Vraiment... vous viendrez alors ?...

— Ah !... je vous présenterai un de nos bons amis, le comte de Miroil, un gentleman parfait... je vous laisse... j'ai tant de choses à surveiller,.. nous causerons mieux demain.

Les deux femmes se donnèrent une bonne poignée de main.

Dès qu'elle fut seule, Marcelle revint rapidement vers l'endroit où elle avait rencontré Catherine.

Celle-ci l'attendait anxieuse, se promettant cependant de ne rien dévoiler sur le compte de son amant et de s'en tenir à des réponses évasives autant que possible.

Et puis Catherine n'était plus la même, le contact de cet homme pervers avait jeté le trouble dans son esprit.

Elle ne savait plus qu'imparfaitement où était le bien et le mal ; elle se sentait fortement ébranlée dans ses principes d'honnêteté.

Incapable de résister aux ordres de Sivrial, elle avait fait abnégation de son être, se considérant comme une machine aux ordres de celui qui est assez fort pour la pousser.

Ce n'est pas au moment où elle allait s'offrir aux baisers du prince Poziani et devenir une voleuse, que la vue de son ancienne amie d'enfance pouvait avoir quelqu'influence sur elle.

Marcelle comprit vite qu'un changement profond s'était opéré en Catherine, en la voyant détourner avec obstination son regard du sien.

— Que fais-tu ici?

— Vous le voyez, je suis domestique...

— Pourquoi? je t'envoyais bien de l'argent là-bas... Et les enfants... mon enfant, qu'en as-tu fait?...

— Il est là-bas, ne craignez rien... ma mère a soin de lui.

— Ah! fit Marcelle rassurée.

Et toi, pourquoi viens-tu à Paris? toujours pour cet homme?...

— Oui.

— Malheureuse! — tu sais bien qu'il te trompe, qu'il te ment.

— Que voulez-vous, je l'aime...

— Et où est-il?

— Je ne sais...

— Il est à Paris, en tous cas, puisque tu y es, toi!

— Oui...

— Et d'où vient que tu es en service, — tu gagnes sa vie probablement, folle, va!

— Non.

— Tu ne veux pas répondre? Ah! Catherine, c'est mal ce que tu fais là!

— Je n'ai rien à vous apprendre qui puisse vous intéresser, votre enfant va bien, ma mère est près de lui...

— C'est bien, adieu... si tu as besoin de moi, je suis toujours chez moi pour toi... pauvre fille!..

— Je ne vous demande qu'une seule chose, madame, n'ayez pas l'air de me connaître, car ici, je ne m'appelle pas Catherine...

— Adieu...

— Dirait-on pas que c'est une sainte, elle! pensa Catherine pendant que la marquise de Santeuil s'éloignait... Lorsque ça lui a plu elle ne s'est pas inquiétée des conséquences de son amour... je suis bien sotte d'avoir souci de tout ce monde-là... j'en ferai à ma guise dorénavant...

Et quant au prince, il n'y a plus d'hésitations, je ferai ce que j'ai promis. Le voilà justement...

Le prince passait, l'air ennuyé, sans la voir; Catherine toussa légèrement, et se mit à sourire.

— Tiens... ma petite farouche, approchez... Est-ce que je vous fais toujours peur... friponne?...

— Monseigneur...

— Voyons, tendez la joue... une joue si rose et si fraîche, c'est fait pour les baisers.

— Un baiser, je veux bien... mais...

Le prince l'attira vers lui :

Vous vous appelez Siviali... (page 156.)

— Je te trouve charmante, sais-tu ? si tu veux être ma maîtresse, tu auras tout ce que tu voudras.

— Monseigneur est bien bon...

— Séparons-nous, on pourrait venir... je t'attendrai chez moi... dans une heure, tu ne risqueras rien... tout le monde sera parti...

— Et madame ?

— Petite futée... tu sais bien que ma chambre est le seul endroit de l'hôtel où la princesse n'aille jamais.

Il était une heure du matin, le silence le plus complet se faisait dans l'hôtel.

Les candélabres des salons venaient d'être éteints, les domestiques avaient regagné leurs mansardes.

La princesse seule, rêveuse, restait étendue sur une chaise longue de sa chambre à coucher, à demi déshabillée.

Catherine attendait qu'Hélène la congédiât, mais celle-ci n'avait pas l'air de se douter de sa présence, sa préoccupation intérieure ne se trahissait que par les mouvements nerveux de son pied nu dans des mules de satin bleu broché d'or.

Ses grands yeux noirs étaient fixés devant elle, justement sur un tableau qui la représentait tout enfant; mais elle regardait sans voir.

Cependant elle se sentait vaguement menacée, ou du moins il lui semblait que ce qui allait se passer devait décider de sa vie entière.

Et, comme toujours, dans ces moments d'anxiété et de crainte, elle songeait à son enfance, à son compagnon de jeux, Pierre.

Elle souriait au souvenir de cette amourette, de cette escapade folle; tout cela avait disparu de son esprit complètement, et elle ne conservait pour son premier amant qu'une douce affection.

Un autre était venu qui l'avait prise tout entière, qui lui avait inspiré un de ces amours terribles qui lui faisait peur quelquefois.

Au milieu de ces gens guindés et froids qu'elle agitait comme des pantins, elle n'avait rien éprouvé de semblable.

Elle se promenait indifférente, glacée, au milieu de tous ces soupirants fades et platement adorateurs.

Mais elle avait rencontré son maître; Sivrani l'avait subjuguée, domptée d'un regard, d'un geste.

— Ah! je m'oublie... fit tout à coup la princesse... je vous fais veiller, Clarisse.

— Je suis aux ordres de madame, répondit celle-ci, et elle pensa tout bas : Elle songe à lui, elle aussi ! Oh! je l'emporterai, je serai victorieuse, et puisqu'il ne m'aimera que bien déchue, bien déshonorée, je lui présenterai mes lèvres portant encore la trace des baisers d'un autre.

Ah! il m'aimera ainsi !...

— Dégrafez mon corset, je me sens très fatiguée.

— Madame la princesse a tort de veiller si tard, dit Catherine en manière de conversation.

— Oui... cela m'étire les traits, et je veux être très belle ces jours-ci, entendez-vous?

— Oui, madame...

— Etes-vous allée chez ma couturière? J'aurai ma nouvelle robe demain, sans faute?

— Assurément...

Oh! Elle n'en finira pas de me torturer ainsi, pensait Catherine. Qu'ai-je donc fait pour être ainsi malheureuse!

On ne peut donc pas me le laisser, mon Sivrani! j'ai assez commis de lâchetés déjà pour avoir droit de le posséder sans partage.

Ah! on me le dispute, mais je l'aurai quand même, dussé-je devenir la dernière des dernières!

— Vous pouvez vous retirer, je n'ai plus besoin de vous.

Catherine sortit lentement, emportant la lampe et ne laissant qu'une veilleuse rose qui éclairait d'un faible jour la chambre d'Hélène.

Arrivée dans l'antichambre, elle hésita un instant; puis, très-vite, en proie à une espèce de folie, elle se dirigea vers les appartements du prince ; elle ouvrit la porte de la chambre à coucher.

Le prince l'attendait en feuilletant le livre du jour qu'il parcourait rapidement, distrait et fumant une cigarette de tabac turc qu'il affectionnait particulièrement.

Arrivé en face de lui, Catherine fut prise de peur et voulut fuir, mais une force surhumaine la clouait au plancher.

Alors, résignée, essayant de sourire à travers les larmes qui gonflaient ses yeux :

— Me voici, monseigneur...

— Ne tremble pas ainsi, ma mignonne, dit le prince en attirant vers lui, doucement, la jeune femme qui se laissa aller dans ses bras...

— Déjà partir !... fit le prince

— Le jour ne va pas tarder à poindre, et je ne voudrais pas que l'on s'aperçût dans l'hôtel...

Ne crains rien, je te prends sous ma protection... mais comment vas-tu pouvoir te guider ?.. prends un flambeau.

— C'est inutile... dit Catherine, qui fouillait dans les vêtements du prince...

Ah! fit-elle en elle-même, je la tiens enfin, cette fameuse clef... Le petit meuble est là dans le cabinet de travail... le temps de prendre quelques lettres et je suis sauvée...

— Adieu, charmante... il fait un noir d'enfer ici, tout est éteint, la veilleuse même...

— Vous dormirez mieux, bonsoir, monseigneur.

Et Catherine se sauva en chemise, ne songeant qu'à une chose, mener à bien la tâche qui devait lui conserver les faveurs de son amant.

Tremblante d'être surprise, elle hâta le pas; elle ouvrit un cabinet genre espagnol du XVᵉ siècle; dans le tiroir du fond, un paquet de lettres numérotées se présenta à sa vue, elle détacha le cordon rose qui les retenait liées ensemble — en prit plusieurs, remit les autres à leur place et referma soigneusement le tiroir.

— Tiens, fit-elle, et la clef? Il faut que je la rapporte, si le prince la trouvait de manque, il se méfierait...

Il doit dormir... et puis je dirai que j'ai oublié quelque chose...

Elle revint vers la chambre du prince..,

— Monseigneur... monseigneur... répéta-t-elle doucement.

Le prince dormait déjà profondément; Catherine remit la petite clef dans la poche où elle l'avait prise, puis se retira sur la pointe des pieds et monta dans sa chambre où elle s'habilla le plus vite qu'elle put.

— Il sera content, songeait-elle, et à l'idée du plaisir que cela ferait à Sivrani, elle oubliait qu'elle venait de se couvrir de honte, de se donner sans amour à un homme qui la mépriserait demain.

Dès qu'elle fut prête, elle sortit de l'hôtel, une voiture passait, elle la prit en jetant au cocher l'adresse du comte de Miroil.

Une demi-heure après, elle était en face de son amant, souriant malgré sa tristesse, pour éviter tout reproche, toute réprimande.

— Tiens, voici les lettres...

— Très bien... Tu vois, tu es charmante quand tu le veux.

— Tu ne m'embrasses pas?

— Deux fois plutôt qu'une...

— Oh! oui, car je suis bien malheureuse... et elle, tu n'iras plus la voir?...

— Qui, elle?

— La princesse!

— Il faut bien que j'aille dans le monde...

— C'est qu'elle t'aime.

— Ah!

— J'en suis sûre; on ne trompe pas les yeux d'une femme, lorsque cette femme est une amante...

— Mais je ne l'aime pas, moi!

— Qui sait, elle est belle!

— Puisque je vais la faire arrêter...

— C'est vrai... cependant...

— Couche-toi, tu es une petite sotte... allons, il faut que tu te reposes, demain c'est le grand jour, il nous faut toute notre force d'esprit pour livrer bataille.

— Tu peux te fier à moi, mon Sivrani... je t'aime!..

. . . .

Marcelle, en costume oriental, jaune, décolleté, les manches ouvertes laissant entièrement les bras nus, très court venant à mi-jambes; les bas de soie bleu-clair et le pied chaussé dans des babouches rouges brodées de galons d'or.

Elle était très entourée, et son pavillon où elle débitait des verres de champagne ne désemplissait pas de chalands. Le mot de Jungfar faisait fureur.

— La marquise de Santeuil est doublement enivrante aujourd'hui, avait dit le baron en vidant son porte-monnaie sur le comptoir de la belle marchande.

On pouvait se griser ce jour-là, c'était pour les pauvres!

Pendant que tout le monde allait et venait, les maîtres de la maison se tenaient à l'écart dans un petit salon du rez-de-chaussée.

— J'ai besoin de vous parler, avait dit le prince à sa femme.

— Vous choisissez bien vos heures, vraiment!

— C'est très sérieux... sans cela, je ne me serais pas permis de vous importuner, ce soir, surtout.

— Qu'est-ce donc?

— Êtes-vous sûre que personne n'a eu en sa possession la petite clef que vous portez?

— J'en suis certaine... mais qu'est-il arrivé?

— Eh bien! on a ouvert le meuble et plusieurs de nos lettres les plus compromettantes ont disparu...

— Ah ! mon Dieu !...

— Je n'y comprends rien... toujours est-il que nous sommes perdus sans retour... Il ne nous reste qu'une chose à faire, partir immédiatement...

— Y pensez-vous?... fuir ainsi, jamais!...

— Cependant... la personne qui nous a volé ces lettres... a un but qu'elle poursuit depuis longtemps pour avoir pu découvrir notre secret...

— Quelqu'une de vos maîtresses...

— Oh! princesse... est-ce que je soupçonne vos amants, moi? j'espère que vous avez trop de tact, trop de goût...

— Enfin... le mal est fait... je suis votre complice; j'ai accepté ce déshonneur qui nous rend riches et puissants jusqu'au jour où on nous chassera...

— Il faut savoir d'où nous vient le coup, alors nous essayerons de le parer... Vous allez voir défiler devant vous nos hommes d'État... tachez de lire dans leurs yeux...

Allons, princesse, donnez-moi la main, notre conversation commence à durer trop longtemps, nos invités pourraient soupçonner quelque chose...

Et il ramena Hélène au premier salon d'entrée.

— Comment vous portez-vous, chère princesse? demanda le baron de Junglar en s'asseyant à côté d'elle.

— Très bien, vous voyez...

— Votre fête est admirable!...

— Vous amusez-vous?...

— Non.

— Et pourquoi cela?

— Vous le savez...

— Pas du tout, je vous jure...

— Je vous l'ai pourtant dit, il y a longtemps...

— J'étais jeune fille alors! la femme a oublié toutes ces histoires anciennes...

— Y en a-t-il donc de nouvelles?

— Monsieur!... mais je dois être indulgente, votre première déclaration vous a coûté une fracture de jambe.

— Et ma seconde?...

— Votre seconde ne vous coûtera rien probablement, à moins que...

Sivrani s'avançait lentement :

— Permettez-moi, princesse, de vous offrir mes hommages... Baron que dites-vous de nouveau ce soir?...

— Absolument rien, mon cher, répliqua le Junglar, visiblement fâché de l'intrusion du comte de Miroil dans son entretien avec Hélène.

— Le baron est d'une humeur noire! insinua ironiquement Hélène.

— Je n'en crois rien...

— C'est exact, mon cher monsieur... et de Junglar se leva en jetant un coup d'œil méchant sur Sivrani.

— Décidément, le pauvre homme ne m'aime pas...

— Vous devinez pourquoi... comment venez-vous si tard...

— Ma chère amie, j'ai été retardé par plusieurs choses importantes...

— Ah!

— Mais vous avez l'air triste... ce soir...

— Je le suis en effet. Voyons, comte, vous m'avez dit que vous m'aimiez...

— Et je vous le répète...

— Si-j'avais besoin de vous, pourrais-je compter sur vous absolument...

— Absolument.

— Eh bien! comte... si votre amour est vraiment aussi grand que vous me l'affirmez, jurez-moi que, quoi qu'il arrive, cette nuit vous serez à quatre heures du matin à l'hôtel... je vous attendrai dans ma chambre, vous connaissez le moyen d'entrer, je vous attendrai...

— Vous avez ma parole de gentilhomme.

— Merci.

— Tiens, tiens! pensa Sivrani, voilà déjà l'effet des lettres, elle s'est aperçue de leur disparition et elle a peur...

Tant pis, ma colombe, tu es dans mes griffes et tu n'en sortiras pas...

Elle est bien belle, cependant, et elle m'aime...

Puis il reprit tout haut, affectant de s'intéresser vivement:

— C'est donc bien grave?

— Oui...

— Et je...

— Je ne puis rien vous dire... rien! Ah! si... je t'aime toujours et plus que jamais...

— Vous êtes adorable!... Voulez-vous prendre mon bras...

— Oui, nous irons à la serre... je vous présenterai à la marquise de Santeuil...

— Avec plaisir... ce sera curieux, songea-t-il, me reconnaîtra-t-elle? Elle est si loin de se douter qu'elle va se retrouver en face du fameux Sivrani! J'ai le prestige du nom... C'est égal, il faut avoir de l'aplomb, mon bonhomme, pour jouer ton rôle...

Ils étaient arrivés devant le pavillon de Marcelle.

— Ma chère amie, dit Hélène, je vous présente le comte de Miroil.

— Monsieur... fit la marquise... puis tout à coup son regard s'attacha sur lui étrangement, et elle pâlit...

— Madame, je suis heureux de faire votre connaissance, il y a longtemps que je le désirais...

— C'est lui!... pensa Marcelle... son visage... sa voix... Oh! non... c'est impossible, je me trompe... il est en prison... le misérable!...

— Monsieur le comte, n'oubliez pas mes pauvres!...

— Je n'aurai garde...

Et tout en prenant une coupe de champagne, il plongea son œil noir dans celui de Marcelle, obstinément...

— C'est bien son regard... Oh! c'est lui... mais que faire... que dire?...

La marquise de Santeuil se laissa aller en arrière et tomba à demi évanouie sur son fauteuil...

—Il fait très chaud ici... dit Sivrani très-calme pendant que la princesse s'empressait auprès de Marcelle.

Ces fleurs ont un parfum si pénétrant... voulez-vous que j'aille chercher des sels ?

— C'est inutile, elle revient à elle...

— Oh ! pardon, fit Marcelle en rouvrant les yeux... je me sens un peu fatiguée... ce ne sera rien!..

Malgré elle, elle ne pouvait détacher son regard de celui de Sivrani.

— Je suis folle décidément, j'ai une telle horreur de cet homme, que je crois le voir partout...

— Princesse, voudriez-vous me remplacer un instant, je vais aller prendre un peu l'air...

— Voulez-vous me permettre de vous accompagner, madame ?

Marcelle s'écarta brusquement de lui, involontairement, comme on évite un serpent; voyant son imprudence, elle ajouta :

— Merci, monsieur le comte, je ne voudrais pas priver mon amie Hélène de votre compagnie.

Et elle sortit, au moment où de Junglar revenait vers son kiosque avec un de ses amis.

— Vous déserter, marquise ?

— Oui, mais j'ai laissé mon poste en bonne garde...

— En effet, dit Junglar, après s'être incliné devant Marcelle.., c'est la princesse... mais cet animal d'étranger est encore fourré à ses côtés, il m'agace, ce comte...

— Il n'y en a que pour lui, ma parole d'honneur !

— Encore une coupe de champagne, messieurs ?

— A votre santé, comte !... fit Junglar, railleur.

— A la votre, baron ! à l'oubli de vos chagrins, de votre humeur... noire..

— Que vous importe !

— Oh ! rien... je suis bien tranquille ! riposta ironiquement Sivrani.

— J'en ai assez, à la fin... vous êtes impertinent !

— Monsieur !..

— A vos ordres...

Marcelle rentrait au bras de Paul Gallac à qui elle avait confié sa fameuse découverte.

— Vous devez vous tromper, madame, avait dit Paul.

— Je ne crois pas.

Dès que Paul Gallac se trouva près de Sivrani, il ne put s'empêcher de s'écrier :

En effet, c'est lui ! c'est bien lui !...

Alors, s'avançant vers de Junglar, les yeux fixés sur le faux comte de Miroil :

— Monsieur, on ne se bat pas avec cet homme-là.

— Et pourquoi, s'il vous plait ? demanda Sivrani, feignant un air de grandeur, malgré l'effroi qui l'envahissait.

Le comte de Miroil ne vaut-il pas le baron de Junglar !

— Le comte de Miroil ! répliqua Paul avec un haussement d'épaules et un sourire méprisant.

Vous vous appelez Sivrani, et tout honnête homme qui vous rencontre a le droit de vous souffleter comme je le fais... et de vous chasser honteusement !

Ah ! vous vous taisez ! vous n'êtes qu'un misérable, un agent de fa police !

Et qui venez-vous espionner ici? Allons, ce n'est pas votre place... sortez !...

— Un agent de la police... ah ! malheureuse que je suis! songea Hélène.

Tout à coup, reprenant son sang-froid, et au moment où Sivrani sortait, la tête basse, elle lui glissa rapidement ces paroles, sans être entendue de personne :

— Je ne crois rien... venez quand même... je vous aime...

En un moment, tout le monde avait envahi la serre, les invités, curieux, se pressaient les uns contre les autres pendant que les femmes simulaient des crises de nerfs.

Sivrani fit à peine un signe imperceptible à la princesse pour dire qu'il viendrait, et, profitant du premier instant de stupeur qu'avait causé cette scène, il s'esquiva rapidement.

La princesse Hélène, pressée de questions et de demandes ironiques sur le comte de Miroil, prétexta une grande fatigue causée par cette violente émotion et regagna sa chambre où elle se laissa aller sur le premier siège venu.

— Que faire? songeait-elle, évidemment cet homme m'a trompée... il s'est introduit ici pour me surveiller...

Moi qui l'aimais! horreur... rien que d'y songer mes cheveux se dressent sur ma tête...

Oh! m'être abusée au point de prendre ce misérable pour un vrai gentilhomme.

Peu m'importe... il faut que je le voie... il faut à tout prix qu'il me restitue ces lettres qui peuvent me perdre...

Mais que va-t-il me dire? croira-t-il que je suis sincère lorsque je vais lui jurer que je l'aime plus que jamais... que je suis prête à lui sacrifier mon rang et ma fortune?

Clarisse, mon peignoir en dentelles... J'ai besoin d'écrire, je me coucherai plus tard, vous pouvez vous retirer...

Pendant que la princesse se mettait sous les armes et réunissait dans sa tête un plan de séduction, Sivrani était sorti de l'hôtel en courant comme un fou... la pluie tombait à verse, il ne la sentit même pas,..

— Ah ! mon Dieu ! monsieur le comte ! s'écria Mouillerat en le voyant arriver ainsi à l'improviste, vous êtes trempé jusqu'aux os...

— Oui.

— Votre voiture ne vous attendait donc pas... quel contre-temps?...

— Ne fais pas attention à cela, mon ami, répondit Sivrani en train de quitter son habit mouillé pour prendre un costume sec, j'ai été obligé de partir brusquement. ne voulant pas que ma disparition fût remarquée... j'ai pris par les jardins.

— Ah !

— Oui... d'ailleurs, cette fois Labarre sera content de moi ; j'ai réussi au delà de toute espérance...

— Vraiment!

Et Catherine se sauva en chemise... (Page 171.)

— Je tiens le prince et la princesse dans ma main...

— Vraiment! répéta Mouillerat sur un ton désappointé...

— Ça aura été long... mais il faut le temps pour ces expéditions difficiles... il n'y a que les jaloux ou les sots qui se figurent qu'on découvre tout d'emblée...

Et Sivrani regarda finement Mouillerat en prononçant cette dernière phrase.

— C'est certain, fit celui-ci penaud.

— J'ai à sortir dans une heure... mais je ne veux pas te faire veiller plus long-temps... laisse-moi...

CHAPITRE XXIV

La puissance de la femme

Dans sa chambre à coucher, éclairée d'une lumière tamisée par un globe en verre rose, la princesse attendait.

Elle n'en doutait pas, Sivrani viendrait ; montrer le moindre doute à son égard, c'eût été la négation de ses charmes — elle se savait belle.

En effet, trois heures du matin venaient à peine de sonner à la pendule Louis XV, surmontée d'un petit amour malin et coquet dans le goût du temps, que la porte s'ouvrit, et celui qui naguère encore entrait la tête haute lorsqu'on annonçait : le comte de Miroll ! se présenta humble et triste.

Hélène se leva, adorablement gracieuse et câline.

— Enfin, vous voilà, mon cher comte !...

— Je ne suis pas comte, madame...

— Allons donc !

— Je vous ai trompée... odieusement... mais ce n'était pas ma faute, je vous aimais... et il me fallait prendre un masque pour arriver jusqu'à vous...

— Je n'en crois rien... en tous cas, mon ami... — et elle appuya avec intention sur ce mot — je ne vous en estime pas moins...

— Je vous aime ! dit Sivrani s'approchant d'elle.

Hélène se laissa enlacer par cet homme et ferma à demi les yeux pour dissimuler tout ce qu'il y avait de fauve dans son regard.

Puis, tout d'un coup, elle se glissa à ses pieds avec un geste suppliant.

— Mes lettres, rends-moi mes lettres !

— Je ne comprends pas.

— Si, mon Sivrani... je t'aime... pour toi j'ai tout sacrifié, ma dignité et ma considération, mais tu ne veux pas me perdre, tu ne veux pas me rendre malheureuse en me ruinant à tout jamais... ces lettres...

— Je ne les ai pas, je te jure !...

— Ne jure pas... ce n'est pas ta faute... je te pardonne d'avance, tu as été obligé de te conduire ainsi vis-à-vis de moi... bien malgré toi, sans doute...

— Oh ! certes !

— Je t'en supplie, rends-les moi... Est-ce que tu crains pour ta situation... que t'importe ! je prendrai ce que nous avons de titres, d'argent, de bijoux, tout... et nous fuirons ensemble loin, bien loin...

Hélène se traînait à ses genoux, les mains jointes, les cheveux en désordre, sanglotant à fendre l'âme.

— Dis, veux-tu ? s'écria-t-elle.

— Mais... fit Sivrani, indécis, prêt à succomber devant cette femme qu'il aimait et qui se prosternait devant lui.

— Oh ! oui, n'est-ce pas ? nous serons heureux... nous sommes faits l'un pour l'autre... je ne tiens plus au monde, aux fêtes, au bal, pourvu que je te possède, le reste m'est indifférent...

Ces supplications réitérées, cette voix émue, ces pleurs touchèrent profondément Sivrani.

Ce sceptique avait trouvé son maître ; une révolution subite s'opéra en lui ; il releva la princesse, et, dans un élan enthousiaste, il avoua qu'il avait en effet les papiers qu'elle réclamait, mais il essaya de se blanchir : il n'avait pas volé, lui, prendre des lettres ! tromper ainsi la confiance d'une femme ! elle le connaissait mal, en vérité !

Assurément, il était agent de police et ne le cachait pas, loin de là ! La princesse espionnait bien pour le compte de son pays ; entre compères, on s'excuse facilement.

Oui, il était à la tête, il était le chef chargé d'organiser le service qui surveillait les étrangers, mais jamais il n'aurait dénoncé sa bien-aimée, son Hélène chérie... la preuve, c'est qu'il avait ces lettres depuis quelques jours...

— Ah ! fit Hélène, l'écoutant, anxieuse, inquiète, attendant le moment où elle pourrait reprendre ses correspondances...

— Je ne les ai pas volées, reprit Sivrani hautain et reprenant peu à peu son assurance.

— Qui donc a pu les prendre ?...

— Ah ! voilà...

Tout à coup, une idée traversa son esprit !

— Vrai, vous ne vous en doutez pas ! Elles m'ont été remises par une personne que la police a placée près de vous, et je voulais vous prévenir du danger que vous courez...

— Mais encore ?...

— Vous ne devinez pas...

— Non...

— Clarisse, parbleu ! votre femme de chambre...

— La misérable ! et comment a-t-elle pu découvrir la cachette et avoir la clef que je porte toujours sur moi...

— Vous oubliez celle du prince...

— Ah ! oui...

— Catherine... Clarisse, veux-je dire, est une de ces drôlesses qui ne reculent devant rien... elle est jolie... le prince s'est laissé prendre...

— Assez ! — et elle pensa en elle-même : Quelle brute ! heureusement que je suis là, puis elle reprit :

— Allons, mon Sivrani, oublions tout cela, donne-moi ces lettres, je vais les replacer dans le tiroir qui leur est destiné, le prince se débrouillera comme il l'entendra lorsque nous serons partis.

Elle tendit la main et continua :

— Car nous partons ce matin même...

— Oui, quand tu voudras, je suis à tes ordres... et il lui remit le paquet de correspondances qu'il avait soigneusement enveloppées pour les rapporter à Labarre.

La princesse s'en saisit comme une lionne qui s'élance sur sa proie.

— Enfin ! je les tiens !... — et tout haut : attends-moi, je vais d'abord faire chasser cette coquine que j'ai eu la bêtise de recevoir ici, attends-moi...

Avant de sortir, elle se retourna pour lui envoyer un baiser, mais sa bouche était crispée par un mauvais sourire et son œil brillait de colère.

La princesse se rendit au salon, là elle pressa sur un timbre dissimulé par une tenture.

Quelques instants après, deux domestiques se présentaient, c'étaient deux serviteurs dévoués qu'Hélène avait ramenés d'Italie.

— Dites à Clarisse qu'elle s'apprête à partir de l'hôtel, je la chasse... avant, faites-la descendre ici... revenez avec elle...

Les valets s'inclinèrent. Ils reparurent bientôt avec Clarisse.

— Misérable ! infâme ! s'écria la princesse... Ah ! tu viens me voler ici... tu vas partir à l'instant...

— Quand vous voudrez... oui, j'ai volé... j'ai volé pour lui...

— Qui ?

— Mon amant, que vous vouliez me prendre, mais que vous n'aurez pas... Sivrani ?...

— Sivrani ! ton amant... allons donc ! Et tu crois que si je voulais...

— Je vous mets au défi, toute princesse que vous êtes...

Hélène se précipita vers la portière qui séparait le salon de sa chambre à coucher et ouvrit la porte toute grande.

— Tiens, coquine ! regarde, connais-tu cet homme ?...

— Lui, ici ! fit Catherine, qui se sentit défaillir...

Sivrani, assis dans un fauteuil, ne bougea pas.

— Mon cher, reprit Hélène, cette fille prétend qu'elle est votre maîtresse ?

— Elle ment ! répondit Sivrani, affectant un sourire ironique.

— Oh ! fit Catherine, le lâche, il me désavoue après les bassesses que j'ai commises pour lui...

— Regarde-moi, assassin, voleur, être abject ! tu vois que je sais qui tu es ! et toi ne me reconnais-tu pas ?

— Non, répliqua tranquillement celui-ci, je sais que vous êtes du service de la police...

A ces mots, Catherine, furieuse, écumante, fit mine de s'élancer vers Sivrani, alors la princesse leva la main, aussitôt les valets saisirent Catherine.

— Jetez ça dehors ! dit Hélène...

— Oh ! les lâches; les infâmes ! râlait la pauvre jeune femme, — tu me le paieras, canaille !...

Catherine fut traînée jusqu'à la porte du jardin, qui donnait sur une rue déserte, et poussée dehors.

— Ne faites pas d'esclandre, sans quoi vous serez en prison demain, dit l'un des domestiques, en refermant la porte sur elle.

Catherine hésita un moment pour savoir si elle irait devant le Grand-Hôtel.

— Il vaut mieux que j'aille chez lui, décida-t-elle, il y a deux issues ici.

Et elle se dirigea vers les boulevards, pressant le pas, l'air froid du matin l'avait glacée.

Les domestiques remontèrent, la princesse les attendait, dès qu'elle les vit arriver, elle murmura entre ses dents :

— A ton tour, maintenant.

Souriante, elle s'avança vers Sivrani, celui-ci tendit les bras vers elle, follement amoureux, ne songeant plus qu'au bonheur de vivre avec elle.

— Dites donc, mon cher, savez-vous que je pourrais vous chasser comme je viens de le faire pour votre complice?

Sivrani la regarda stupéfait, ne pouvant en croire ses oreilles.

— Vous êtes un niais! poursuivit Hélène, vous croyez qu'une femme peut jamais pardonner à un amant qui a été assez lâche pour essayer de la perdre en abusant de son amour!

— Mais vous m'avez promis d'oublier... balbutia Sivrani.

— Je n'oublie rien!... allons, cher confrère, prenez la peine de vous lever de dessus cet excellent fauteuil, de prendre votre chapeau et de me débarrasser de votre présence...

— Qu'entends-je? Est-ce vous qui me parlez ainsi?...

— Apparemment...

— Vous, Hélène! Ah! vous avez voulu vous jouer de moi... mais vous ne savez donc pas que si ce matin, à 8 heures, je n'ai pas rapporté vos lettres, on me congédie, on me renvoie et je vais me trouver sur le pavé de Paris, sans un sou...

— Je m'en doute...

— Mais cela ne sera pas... Ah! vous m'avez entendu appeler voleur et assassin... c'était vrai... vous comprenez bien, n'est-ce pas? ce que cela veut dire... il me faut ces lettres!...

— Voilà qui m'étonnerait, par exemple!

— Vraiment, c'est ce que nous allons voir... de force alors! — Sivrani s'avança vers Hélène ; celle-ci poussa un léger cri, les deux valets entrèrent armés chacun d'un poignard.

— Décidément, vous êtes un enfant, fit dédaigneusement Hélène, si j'avais su que vous aviez les lettres sur vous, je ne me serais pas donné la peine de vous jouer une scène d'amour... mais il fallait tout prévoir, vous pouviez les avoir laissées chez vous ; alors en vous prenant bien, vous seriez allé les chercher... Est-ce qu'on me refuse quelque chose à moi...

— Antonio, fouille les vêtements de M. le comte et prends tous les papiers que tu trouveras... Ne lui faites aucun mal.

Sivrani voulut résister, les hommes le saisirent.

— Donnez-moi tout cela, que je prenne une leçon... tiens, voilà des notes sur moi, je ne suis pas fâchée de voir ce que vous pensiez de moi, cher comte, je lirai cela à mes moments perdus.

Maintenant, accompagnez monsieur le comte jusqu'à la porte, très poliment, à moins qu'il ne résiste, auquel cas... tant pis pour lui... mais il ne bougera pas... Allons, hors d'ici, vermine! — fit la princesse avec un geste de dégoût.

Et garde-toi bien de n'importe quoi contre moi ; à la première menace, on te trouvera mort le lendemain avec un de ces deux poignards dans le cœur... Adieu...

La princesse rentra dans sa chambre à coucher pendant que les deux valets conduisaient Sivrani à la même porte où ils avaient tout à l'heure amené Catherine.

Sivrani, atterré, anéanti par ce coup terrible auquel il s'attendait si peu, marchait comme mû par un ressort automatique, l'œil vague, la langue figée, incapable de prononcer une parole.

Une fois la porte refermée sur lui, il prit au hasard la première rue venue, ne sachant ni où il allait, ni ce qu'il pourrait faire.

Incapable de songer à quoi que ce soit, sans énergie, à demi hébété.

Cependant il se remettait peu à peu, les idées d'abord embrouillées devenaient plus nettes.

— Que faire ? murmurait-il, où aller ? chez Labarre ? je vais être bien reçu. Faut-il que j'aie été assez bête ! Ah ! elle est d'une jolie force, cette princesse... jamais je n'oserai raconter à Labarre... cependant, il faut que j'aille le voir ce matin, c'est le dernier terme que l'on m'ait accordé... il est inutile de rentrer au Grand-Hôtel, Mouillerat a sans doute des ordres vis-à-vis de moi... cet animal est dans le cas de prendre ma place... tant pis ! Labarre ne m'abandonnera pas entièrement... Bast ! la police des mœurs... on fait ce qu'on peut... avec ça que ces bons valets italiens m'ont pris mon argent et mon portefeuille en même temps que mes lettres et mes papiers... filous !

Oh ! la coquine ! j'enrage ! rien que de penser à elle, j'ai un serrement de cœur qui m'étouffe !

Perdre tout en une minute, sa position et sa maîtresse... c'est peut-être heureux pour moi, j'aurais fini par m'y attacher trop... si cela m'était arrivé plus tard, j'aurais été capable d'en crever comme un pauvre sot.

Mais aussi elle était bien belle, cette créature ! oh ! j'en pleure de colère !

Voyons, calme-toi, être stupide, et raisonnons un peu...

Quelle heure est-il d'abord ? les marchands de vins ouvrent leurs boutiques, je verrai cela à la pendule de l'un d'eux.

Six heures... il me faut trois quarts d'heure pour me rendre à la rue d'Angoulême... j'y trouverai encore Labarre puisqu'il doit m'attendre jusqu'à huit heures.

Sivrani précipita le pas, toujours livré à ses sombres réflexions. Arrivé à la porte Saint-Denis, il leva les yeux au hasard et aperçut Mouillerat.

— Ah ! le gueux ! pensa-t-il, il m'a devancé, il vient de chez Labarre... Que diable a-t-il pu lui dire ?...

Mouillerat faisait semblant de regarder de l'autre côté et se dirigeait vers le trottoir opposé.

— Eh ! là-bas ! héla Sivrani, approche, te voilà bien matinal.

— Vous ici et à pied, monsieur le comte ?

— Assez... Tu as vu Labarre ?...

— Oui, des affaires particulières...

— Coquin, va!

— M. le comte me comble !

— Et il m'attend ?...

— Oui... Je lui ai même annoncé la grande nouvelle, que vous avez réussi au delà de toute espérance, fit Mouillerat légèrement railleur.

— Ah ! ah ! et qu'a-t-il répondu ?

— Il a répondu : Allons, tant mieux, ça m'ennuyait de chasser un vieux camarade, un ami... Je pensais, d'ailleurs, qu'il viendrait à bout de sa mission, car il est intelligent, en somme...

— Merci...

— Je rapporte les paroles de M. Labarre... Et M. le comte rentrera pour déjeuner au Grand-Hôtel ? Que faudra-t-il faire servir à M. le comte ?

— Je pars en voyage... quelques jours... d'ailleurs il est probable que je ne reviendrai plus au Grand-Hôtel... le comte de Miroil n'a plus de raison d'exister... Cela regarde Labarre; d'ailleurs il t'enverra ses ordres...

— Oh ! mon Dieu, je ne serai donc plus au service de M. le comte ! soupira hypocritement Mouillerat.

— Non, mon cher, adieu ; et Sivrani se dirigea vers la rue d'Angoulême, tandis que Mouillerat allait en sens inverse.

— Ah ça ! pensait ce dernier, est-ce qu'il aurait réellement réussi... ça ne serait pas drôle pour moi.

Sivrani, arrivé au domicile de Labarre, sonna nerveusement et fut introduit par la maîtresse de son ami.

— Enfin, te voilà, mon vieux ! fit ce dernier.

Eh bien ! l'affaire est dans le sac ? A la bonne heure... J'étais étonné de te voir échouer piteusement... Allons, raconte-moi ça...

— Tu es mon camarade, mon ami ! exclama Sivrani.

— Certes !

— Tu ne m'abandonneras pas dans mon infortune ?

— Ah ! ah ! qu'est-ce ? fit Labarre, dont la figure s'était rembrunie tout d'un coup.

— Eh bien, je n'ai rien... rien... Ces lettres, sur lesquelles je comptais, que je t'avais promises...

— Oui ?

— Je ne les ai pas...

— Idiot ! crétin ! ah ! tu en fais de belles ! Comment vais-je sortir de là, moi ! Je vais être reçu à la préfecture !... Aussi, c'est ma faute... je me fie au premier imbécile venu...

— Il paraît que monsieur s'était épris de la dame, narguait Rose, qui avait écouté la conversation... Pauvre petit ! il leur faut des princesses ! on t'en flanquera ! —

— Écoutez-moi, je vous en conjure, ce n'est pas de ma faute...

— Allons donc ! tu t'es laissé embobiner par cette rouée ! Ah çà ! tu as peut-être cru qu'elle t'aimait !

— Mais non ! il ne s'agit nullement d'amour... Ces lettres, ces fameuses lettres... elle les brûle à mesure qu'elle les reçoit, raconta impudemment Sivrani.

— En es-tu sûr ?

— Parbleu, elle n'avait rien de caché pour moi ?...

— Fat ! toujours le même ! elle s'est moquée de toi, je t'assure... et tu t'es laissé prendre au piège ; c'est toi qui as été roulé, là-dedans...

— Que veux-tu, j'ai manqué d'habileté.., je n'ai pas suivi tes conseils comme j'aurais dû le faire... Je n'ai pas eu de chance... mais ce n'est pas une raison pour me lâcher dans Paris, sans ressource...

Voyons, madame Rose, intercédez pour moi !...

— Eh bien, et la princesse, qu'elle s'occupe de vous !...

— C'est méchant, ce que vous me dites !...

— Écoute, fit Labarre, tu n'es pas de taille dans le grand monde, tu sais ce qui reste pour toi... agent des mœurs...

— Eh ! exclama Rose, c'est pas un métier désagréable ; on voit de jolies filles...

— Évidemment, répondit Sivrani.

— C'est comme ça que Labarre m'a connue... un soir qu'il a failli me faire emballer.

— Enfin, c'est tout ce que j'ai à t'offrir... viens avec moi, si tu veux, je te ferai entrer en place dès aujourd'hui... Ça va-t-il ?

— Puisqu'il n'y a pas autre chose, soit !

— Mon petit, il n'y a pas de sot métier ! ajouta Rose, en manière de conclusion.

CHAPITRE XXV

Louise et Catherine

Catherine, assise sur un des bancs qui font face au Grand-Hôtel, attendait, fiévreuse, la rentrée de Sivrani.

Autour d'elle, des hommes et des femmes affairés se rendaient rapidement à leur travail.

Elle restait là, songeuse, s'isolant au milieu de ce va-et-vient matinal qui est le précurseur de la ville qui s'éveille.

Des garçons ouvraient en bâillant les volets des boutiques, et dans l'intérieur on lavait les vitres, on époussetait la marchandise pour lui donner ce luisant, cet éclat qui arrête l'œil du passant.

Quelques fiacres circulaient déjà, succédant aux lourdes voitures des maraîchers qui repassaient vides, regagnant la campagne au grand trot d'un cheval vigoureux et lourd.

— Il y est encore, se disait Catherine, son œil constamment fixé sur la porte de l'hôtel.

Aussi pourquoi suis-je là !... c'est par trop lâche... mais je me sens attirée malgré moi...

Elle se glissa à ses pieds... (Page 178.)

Oh! jour trois fois maudit, celui où, pour la première fois, je m'épris de lui! Malheureuse, je le hais, je le méprise et cependant je l'aime!

En être réduite là, à cet amour coupable fait de boue et de honte! Quelle fascination cet être exerce-t-il donc sur mon âme?

Il ne rentre pas... Elle l'aura retenu... elle l'aime aussi, elle! O rage! et ne pouvoir l'emporter et n'avoir pour partage que le déshonneur!

On me chasse pendant qu'il est choyé, adoré!

Comment me venger?... Encore, s'il était jaloux, je le tromperais...

Je suis folle... jaloux de moi, lui!... il m'a jetée dans les bras du prince!...

Catherine en était là de ses réflexions tristes lorsqu'elle aperçut Mouillerat qui se dirigeait vers l'hôtel.

Il marchait aussi vite que ses jambes courtes le lui permettaient, pressé de rentrer après la conversation qu'il avait eue avec Sivrani près de la porte Saint-Denis.

Catherine le reconnut et se précipita à sa rencontre.

— Tiens, vous voilà! fit le petit bossu.

— Oui.

— Quel air sombre! et vos vêtements sont tous déchirés... d'où vient ce désordre. Parbleu! aurions-nous eu quelque démêlé avec M. le comte ?

— Non; où est-il ? il faut que je lui parle...

— De votre amour? interrompit Mouillerat, qui était toujours renseigné, grâce à sa bonne habitude d'écouter aux portes.

— Que vous importe!... je veux le voir...

— Ce sera difficile aujourd'hui... je le crois, M. le comte est occupé...

— Ah! il a dit qu'il ne rentrerait pas ?..

— Oui.

— Oh! le misérable... il est bien chez elle !...

— Comment chez elle?

— Chez la princesse !...

— Pas du tout... je viens de le rencontrer... il se rendait rue d'Angoulême, chez son ami Labarre...

— Y a-t-il longtemps ?...

— Dame! il doit y être maintenant...

— Quel numéro? —

— 54.

— J'y cours...

Et Catherine, laissant Mouillerat tout interdit, prit le chemin de la rue d'Angoulême...

— Ah! ça, il les enjôle toutes! pensa ce dernier, en la regardant s'éloigner... C'est égal... trop de femmes, mon petit! ça finit toujours par gêner à un moment... tandis que moi je suis bien tranquille de ce côté-là. Les femmes! oh! là là! je m'en moque! faut avouer que, de leur côté, elles me le rendent au centuple!

Catherine voulut prendre une voiture, elle fouilla dans ses poches, elle n'avait pas d'argent, alors elle se mit courageusement en marche et malgré la fatigue qui l'accablait déjà après cette nuit d'émotions et d'angoisses, elle finit par arriver.

Rose était seule, Labarre et Sivrani venaient de sortir, elle alla ouvrir dès que Catherine eut sonné.

— Que voulez-vous? dit aigrement Rose, qui avait ordre d'accueillir mal les gens et qui s'en acquittait à ravir.

— Est-ce ici chez M. Labarre?

— Oui. Que faut-il pour votre service ?..

Puis la voyant toute déchirée, les vêtements sales d'avoir été roulée à terre, la figure décomposée :

— On vous aura arrêtée... pourquoi courez-vous la nuit... M. Labarre n'y peut rien et puis il n'est pas ici...

— Ce n'est pas M. Labarre que je désirais voir...

— Qu'est-ce que vous me racontez, alors?...

— On m'a dit que M. Sivrani était venu...

— Ils viennent de partir tous les deux...

— Ah! mon Dieu!... et pourrais-je savoir où je le rencontrerai...

— Jamais M. Labarre ne dit où il va...

— Savez-vous s'il rentrera au Grand-Hôtel?

— Oh! pour sûr non! c'est fini, cette histoire-là... il a assez mangé d'argen pour ne rien faire ... un feignant!

— Comment, il n'a pas remis des lettres de la princesse à M. Labarre.

— Rien du tout... il n'a rien découvert... rien trouvé... il les avait promises hier, et ce matin il est venu les mains vides.

— Oh! pensa Catherine, faut-il qu'il l'aime, cette femme! il a sacrifié sa position pour elle! il lui a rendu ces lettres que je n'avais pu me procurer qu'en me déshonorant.

— Aussi, reprit Rose, il a dégringolé, M. le comte!... par pitié, mon homme a fini par lui donner une place d'agent des mœurs...

— Agent des mœurs!...

— Eh ben! oui... ma petite, si vous êtes pincée, il vous sera utile... ça sert toujours de connaître du sale monde quand on a besoin de courir la nuit...

— Merci, madame, dit Catherine en se retirant pour échapper aux insultes dont l'abreuvait Rose.

— Il m'agace, ce Sivrani! fit Rose en refermant la porte, faudrait pas qu'il m'envoyât toutes ses traînées ici... sans cela je me charge d'en finir avec cet imbécile qui ne sait rien faire que s'amouracher d'un tas de drôlesses...

Et Rose, après cette sortie qu'elle jugeait nécessaire à sa dignité, revint à sa cuisine où elle faisait mijoter un fricandeau au jus pour son déjeuner.

Catherine descendit les escaliers et marcha au hasard sans savoir où elle allait.

Toute la journée elle erra ainsi par les rues, s'asseyant sur un banc lorsqu'elle sentait que les forces lui manquaient, et reprenant sa route dès qu'elle le pouvait.

Éreintée, mourant de faim, elle se traîna sans relâche, espérant rencontrer Sivrani.

Ses pieds gonflés par la fatigue, son corps harassé, ses yeux rougis de pleurs, rien ne l'arrêtait.

Une seule pensée la poursuivait : le retrouver.

Et puis, à certains moments, sa tête s'égarait! qu'allait-elle devenir? où trouverait-elle un asile, du pain? Elle ne connaissait que lui, ou du moins il était le seul à qui elle pût s'adresser...

— Je pourrais aller voir la marquise de Santeuil, mais quoi lui dire?... à cette idée seule le rouge lui montait à la face.

— Cependant, si demain je ne l'ai pas revu, lui... je me déciderai peut-être, il le faudra, d'ailleurs..

Si on voulait me loger dans un hôtel quelconque, j'écrirais à ma mère, pour avoir de l'argent... car je veux rester ici... je veux le revoir... dussé-je mourir de misère...

Oui, c'est cela... la nuit commence à tomber... je vais encore attendre... à la lumière ma mise sera moins remarquée... je tomberai peut-être sur quelque âme charitable... si l'on me faisait crédit... je trouverais bien une place... n'importe laquelle... mais voilà, je n'ai pas de papiers... rien sur moi.

Catherine venait de passer les ponts et elle continuait toujours à avancer, abattue, sans espoir, à bout de courage et de forces.

Il était huit heures du soir, Catherine, évitant les endroits trop éclairés, s'était engagée dans la rue de l'École-de-Médecine, elle suivait cette rue depuis un moment lorsqu'elle s'arrêta devant l'enseigne : Hôtel du Midi.

Une jeune fille était à la fenêtre, pâle et triste.

— Si j'entrais là... se dit Catherine... cette jeune fille a l'air doux et bon, elle se laissera certainement émouvoir par mon malheur.

Elle hésita cependant, mais en se retournant elle aperçut deux hommes vêtus de noir, portant chacun à la main un gourdin.

— Oh ! les sinistres figures ! que me veulent ces gens-là, on dirait qu'ils me suivent ?..

Ses craintes lui donnèrent un peu d'énergie et elle entra dans l'hôtel ; les deux hommes la suivirent des yeux et s'arrêtèrent après s'être fait un signe.

C'était bien à l'hôtel où nous avons vu Paul Gallac que Catherine venait frapper.

La jeune fille était Louise, qui se mourait peu à peu d'amour pour Paul, qu'elle n'avait pas songé un instant à oublier.

Elle cachait sous une tristesse résignée la grande douleur qui la minait intérieurement ; elle se sentait finie, le coup avait été trop fort.

Dans les premiers jours, elle n'avait rien compris à cet abandon si brusque et si cruel ; elle pensait toujours que Paul reviendrait ; mais les semaines, les mois s'écoulèrent... alors elle vit que tout espoir devenait impossible, toute illusion chimérique...

Accoudée tristement à la fenêtre, les yeux gonflés de pleurs, l'âme brisée, elle attendait encore, comme si Paul devait revenir et se rappeler leur amour si vite envolé !

De son côté, madame Sivrani ne pouvait se rendre compte du départ précipité de Paul Gallac, mais en voyant sa fille soucieuse et inquiète, elle avait été effrayée.

— Tu l'aimais donc, Louise ?

— Oui, mère... à quoi bon vous le cacher ?

Mais elle s'arrêtait là dans son expansion, elle dissimulait au profond de son cœur son chagrin cuisant et la honte d'être abandonnée.

Madame Sivrani croyait à une amourette de la part de Paul et de Louise et celle-ci, par un pieux mensonge, épargnait à sa mère le déshonneur dont elle était accablée.

Un soir, Marthe voyant sa sœur si désespérée et enfoncée dans l'idée de son amour, proposa à sa mère de les conduire au théâtre.

— Mère, ça la distraira, ajouta-t-elle tout bas.

— Soit, fit madame Sivrani et où irons-nous ?

— A l'Opéra... répondit Marthe observant sa sœur.

N'est-ce pas Louise ?...

— Non, merci... je suis trop souffrante...

— Laisse-donc... on joue les Huguenots...

— La pièce que j'ai vue avec lui ! pensa Louise... Oh ! doux souvenir du passé...

Eh bien ! Marthe, nous irons, je veux bien...

A l'Opéra... elles reprirent la même petite loge où, quelques mois auparavant, elle s'était trouvée à côté de Paul qu'elle adorait et qui l'aimait, lui aussi, du moins elle le croyait, hélas !...

Tout d'un coup, au milieu d'un acte, Louise poussa un cri et s'évanouit...

Marcelle venait d'entrer dans sa loge, suivie de Paul Gallac.

Dès qu'elle fut ramenée chez elle, Louise se retira dans sa petite chambre, alors là, seule, elle s'abandonna à son désespoir, étouffant le bruit de ses sanglots sur son oreiller.

— Ah ! je comprends, maintenant... il m'a abandonnée pour elle !...

Arrivée au bureau de l'hôtel, Catherine frappa à la porte et entra.

Louise, distraite de ses sombres pensées, se retourna vers la jeune femme.

— Que désirez-vous, madame ?...

— Je voudrais une chambre, mademoiselle.

— Je vais appeler ma mère...

Madame Sivrani se présenta :

— Une chambre ? fit-elle...

— Oui, madame.

— Mais vous n'êtes pas seule à Paris ? ou du moins vous avez des bagages, une malle, quelque chose ?...

— Non, madame, je suis une pauvre fille qui vient plutôt vous demander asile.. je ne puis vous dire... je suis bien malheureuse...

Catherine, à bout de forces, se laissa aller sur une chaise et fondit en larmes.

— Oh ! mère... interrompit Louise, prenons pitié d'elle... son air de souffrance la rend intéressante... je vais l'interroger, moi, veux-tu ?

— Comme tu voudras, ma fille ; mais tu sais, je ne puis recevoir ainsi la première venue, il y a des règlements...

— Oh ! pauvre fille... d'où venez-vous, mademoiselle ?

— De Paris... j'ai marché toute la journée à la recherche de quelqu'un que je n'ai pu rencontrer... je suis seule, sans parents, sans amis...

— C'est extraordinaire...

— Ne craignez rien... je vous demande d'avoir confiance en moi... je vais écrire à ma mère, je recevrai de l'argent... Vous avez l'air bon et secourable, ne m'abandonnez pas !

— Mais encore.. avez-vous des papiers ?

— Non...

— Ah ! c'est grave...

— Oh ! mère, je réponds d'elle... je ne me trompe pas...

— Je le désire...

— Elle doit avoir faim...

— Je n'ai rien pris de la journée... Je n'ai pas d'argent...

— On offrit à Catherine ce qui restait du souper de famille.

— Je vous raconterai mon histoire demain... Je vais me reposer... Je suis épuisée... Que je vous bénis d'avoir bien voulu me recevoir!.. Oh! je vous remercie d'avoir eu confiance en moi, vous ne vous en repentirez pas, je vous le jure!..

— C'est bien, ma fille... allez dans votre chambre... dormez tranquille... tenez c'est au troisième étage, n° 20, voici la clef.

Catherine avait envie d'embrasser madame Sivrani, elle se contenta de lui adresser un regard qui renfermait toute sa reconnaissance et son respect.

Louise rentra chez elle, et sa mère se disposait à aller se coucher lorsqu'on sonna vivement à la porte, elle ouvrit et attendit, une lumière à la main.

Deux hommes se présentèrent, les mêmes que nous avons vus suivre Catherine.

Madame Sivrani ne s'y trompa point, elle reconnut deux agents de la police.

— Que faut-il pour votre service, messieurs?

— Vous ne logez pas de femme, chez vous? dit l'un d'eux.

— Non!..

— Cependant nous avons vu] entrer ici une créature que nous pistions depuis quelques heures... ses allures, ses manières inquiètes, tout son extérieur nous a paru suspect.

Cette femme est ici, n'est-ce pas?

— Oui, messieurs.

— Fort bien.

— Mais elle est très malheureuse et digne de pitié, que voulez-vous en faire?

— Parbleu! répliqua l'autre, ce que l'on fait d'ordinaire de ce genre de gibier!..

— Oh! vraiment...

— Suivez-nous, madame, et éclairez-nous jusqu'à sa chambre...

Madame Sivrani savait que le mieux en pareil cas était d'obéir, elle accompagna les agents...

— Ouvrez,... fit-elle.

Personne ne répondit, Catherine, sans même prendre le temps de se déshabiller entièrement, s'était jetée sur son lit.

— Ouvrez!.. et elle frappa fortement à la porte.

La jeune femme s'éveilla en sursaut.

— Qui est là?...

— C'est moi...

Catherine ouvrit, les deux hommes s'avancèrent vers elle :

— Vos papiers?..

— Je n'en ai pas...

— Vos moyens d'existence...

— Mais... je suis une honnête fille...

— Chanson! on nous répète toujours la même rengaine... allons!.. ma belle... il faut nous suivre...

— De grâce! que voulez-vous faire de moi?..

— Ne craignez rien... on prendra bien soin de votre personne... vous répondrez à nos questions, demain, à la préfecture de police.

— Oh! ciel, madame, protégez-moi...

— Personne ne résiste aux ordres d'un agent, vous le savez, madame Sivrani...

— Sivrani! exclama Catherine... mais alors, madame, vous devez me connaître, il a dû vous parler de moi...

— Qui?

— Votre fils..,

— Vous vous appelez?

— Catherine...

— C'est vous, malheureuse enfant! Messieurs je réponds de cette jeune fille sur ma tête..

— Non, madame, vous êtes trop bonne et vous vous en laissez imposer par une vagabonde... cette femme nous appartient.

Et sans écouter les prières de madame Sivrani et les gémissements de Catherine, les deux agents la prirent chacun par un bras et l'entraînèrent à demi folle, l'œil hagard, éperdue, n'ayant plus conscience de ce qui se passait et de ce qui lui arrivait.

. . . .

Paul Gallac rentrait avec Marcelle, à l'issue de cette soirée où il avait si brutalement levé le masque de Sivrani.

Enfoncée au fond du coupé, la marquise de Santeuil, agitée par la vue de cet être qu'elle haïssait, semblait anéantie.

Cependant elle se releva nerveusement pendant que les deux trotteurs anglo-normands l'emportaient rapidement vers son hôtel.

— Croyez-vous? dire que l'on est, chaque jour, exposé à rencontrer, dans le meilleur monde, de pareils misérables!

— Que peuvent-ils contre vous?

— Je ne sais... J'ai eu comme un frisson de terreur en revoyant cet homme!..

— Pas moi!.., et si jamais il a le malheur de s'attaquer à quelqu'un qui me soit cher... malheur à lui!... Tenez, si j'étais sûr qu'il eût seulement proféré une menace contre vous!...

— Contre moi... mon cher Paul, j'ai un mari qui est obligé de me défendre...

— Oh! que m'importe! je me ferais si volontiers tuer pour vous! je serais si heureux...

— Mais je ne vous accorde pas ce droit...

— Et si je le prends?

— Ah! nous allons cesser d'être bons amis...

— Marcelle, vous me rendez fou! vous me poussez à bout... vraiment si je m'écoutais dans certains moments... je...

— Des menaces?

— Eh bien! oui... oh! pardon... mais votre indifférence me glace...

— Me voici arrivée... voulez-vous que je vous fasse reconduire?

— Non, merci, dit Paul Gallac qui ouvrit la portière dès que la voiture se fut arrêtée ; j'ai besoin de prendre l'air, je vais rentrer tranquillement à pied... adieu, madame...

— Au revoir...

La voiture entra dans l'hôtel, Paul attendit que la porte se fût renfermée, espérant encore apercevoir Marcelle une dernière fois, puis il s'éloigna, s'arrêtant quelquefois, envahi par des pensées tristes et farouches.

Paul marchait impatient, s'arrêtant par moments : il était en proie à une lutte secrète.

Depuis longtemps il avait, en songeant à Marcelle, une rage sourde au fond du cœur. Il aurait voulu l'oublier, et chaque fois qu'il se trouvait en face d'elle, il n'avait que des paroles de soumission...

Il la maudissait par instants, lorsque, loin d'elle, il se sentait fort et maître de lui ; il en était malheureux, il se haïssait lui-même ! Cette faiblesse inépuisable qu'il éprouvait devant cette femme, il la qualifiait de lâcheté !...

Et malgré cela, le moindre regard, le moindre sourire rattachait de nouveau la chaîne qui le tenait rivé à son amour pour Marcelle !

Une autre pensée l'obsédait souvent : que devenait Louise ?

Ah ! il méritait le sort misérable qui l'accablait... Il avait abusé de cette jeune fille, qui s'était confiée à lui naïvement, honnêtement... l'affection si touchante de cette pauvre enfant ne lui avait pas suffi... il lui fallait une passion violente !

Eh bien ! la femme pour laquelle il aurait tout sacrifié ne l'aimait pas ! Peut-être même ne l'aimerait-elle jamais !

A cette pensée, Paul sentait que ses idées se troublaient dans sa tête et il entrait dans une période d'exaltation terrible.

Alors, son chapeau à la main, tendant son front brûlant à l'air frais de la nuit, il se parlait à lui-même, presque à voix haute :

— Voyons, voyons ! c'est impossible... je ne sais peut-être pas m'y prendre... je suis un imbécile... avec les femmes il faut employer la violence quelquefois...

Il est évident qu'elle ne peut pas se jeter elle-même dans mes bras... Oh ! jamais je n'oserai... je vois son œil courroucé..., son sourire méprisant...

Eh bien, qu'importe ! je veux en finir... je l'aime trop pour ne pas préférer la mort à une incertitude qui me tue !

Cependant Paul Gallac était arrivé devant son hôtel, il sonna ; le garçon dormait profondément, et ce n'est qu'au quatrième coup de sonnette que la porte s'ouvrit.

Paul alluma son bougeoir et monta dans sa chambre.

Il resta là debout un grand moment, hésitant, l'air hébété, dans une immobilité rigide.

— Ah bah ! s'écria-t-il tout d'un coup, il arrivera ce qui pourra !...

C'est de la folie de ma part... mais je ne puis supporter l'alternative cruelle de cette situation fausse...

Je verrai bien d'ailleurs, et après je saurai ce qui me restera à faire.

Paul redescendit les escaliers rapidement, frappa à la vitre de la loge, la porte s'ouvrit et il s'élança dans la rue en prenant la direction de l'hôtel du marquis de Santeuil.

Et disparut rapidement...

Sivrani eut beau chercher de tous côtés et fouiller le quartier où il se croyait certain de rencontrer Catherine, ses investigations furent vaines, et il dut renoncer au projet de retrouver sa maîtresse du moins pour ce soir-là.

Il en était fort marri mais encore plus étonné, et il était loin de supposer que la jeune femme pouvait appartenir à un autre.

Il avait trop de fatuité, trop de confiance en lui pour soupçonner, un seul instant, Catherine d'infidélité; aussi cette idée ne lui vint-elle pas, et il rentra chez lui en maugréant contre sa mauvaise chance.

— Bah! fit-il, ce sera pour demain! on se met en peine, et puis un beau jour on se trouve nez à nez, par hasard...

Ah ! certes oui..., ce sera le hasard qui nous conduira l'un vers l'autre... Si Catherine va me réclamer à la préfecture, on ne pourra même pas lui donner mon adresse ; on ne sait pas mon nom...

A cause de cette histoire de Caperlac, Labarre m'a conseillé de me donner un nom quelconque... qui n'appelât pas sur moi l'attention de mes chefs... j'ai obéi... que m'importe !...

Voyons, je suis de service ce soir, je vais aller me reposer un brin et manger quelque chose.

Labarre lui avait avancé vingt francs ; Sivrani entra chez un charcutier, acheta un morceau de veau piqué et rentra chez lui, dans une chambre modeste, aux environs de la préfecture de police.

Un maigre dîner qu'il fit ce soir là, l'ancien comte de Miroil ; il s'arrêtait quelquefois au moment de mettre un morceau de pain à la bouche, rêvant tristement à sa splendeur passée, à ses amours, à sa fortune !

La dégringolade avait été rapide et cruelle ; ses chaises de paille faisaient mince figure au souvenir des meubles élégants du boudoir de la princesse Hélène !

La misérable pitance qu'il avalait sans appétit n'avait aucun point de ressemblance avec les repas somptueux de l'hôtel Poziani.

Où étaient toutes ces Parisiennes qui l'avaient ébloui par leurs magnifiques toilettes décolletées qui montraient leurs blanches épaules où scintillaient les rivières de diamants !

Et les feux des lustres ! le parfum capiteux des fleurs répandues à foison dans tous les appartements ! En un mot toutes les séductions, tout le charme, tout le luxe que peut procurer la richesse... il avait vu tout cela de près, il avait coudoyé des marquises, des comtesses, il avait été l'égal des hommes les plus considérés et les plus enviés ! Sa maîtresse était une princesse, la femme la plus séduisante de Paris !

Un moment il s'était épanoui de ravissement dans ce milieu, il avait oublié qu'il n'était là qu'un passant, il avait voulu vivre cette vie !...

Il se réveillait meurtri, brisé, au bas de l'échelle sociale : agent de mœurs, condamné à faire la chasse aux voleurs et aux filles publiques !

CHAPITRE II

Sivrani rencontre Catherine

Catherine s'était habituée à la vie d'étudiante, elle s'était installée en souveraine chez Emile, qui, tout fier de sa conquête, lui prédisait après boire, — dans la fumée des pipes et les vapeurs humides de l'estaminet, — le plus brillant avenir.

— Tu iras loin, toi ! tu n'es pas une femme ordinaire...

Catherine alla, en effet, un peu plus loin au bout de quelque temps.

Ces amours du quartier latin ne sont que passagères et un matin où la caisse est vide, l'argent du mois dépensé, chacun redevient libre de sa personne.

L'étudiant n'ayant plus le sou se rappelle qu'il est à Paris pour étudier quelque chose et se plonge dans ses bouquins jusqu'à la prochaine visite du facteur.

La femme n'est pas longtemps sans se laisser consoler par un autre et ainsi de suite tant que l'âge ne charge pas trop de rides son frais minois chiffonné.

Le second de Catherine était peintre ; elle eut un grand succès dans les ateliers, et dans les petites fêtes intimes où, en même temps que la gaîté, règne une liberté absolue d'allures et de propos.

C'est qu'elle n'était plus la jeune fille douce et aimante que nous avons connue à Saunay ; elle était vite devenue insouciante, oublieuse de ses devoirs.

Elle ne pensait plus à rien et se laissait entraîner par le courant d'une fantaisie échevelée, sans souci et sans remords.

Jamais un souvenir ne venait troubler ses plaisirs et tordre son cœur angoissé !

Sa mère, son enfant, Sivrani lui-même, ne comptaient plus pour elle ! sa nature indolente et faible était une cire malléable qui se façonnait à toutes les manières de vivre, à toutes nouvelles situations où son étoile la promenait.

Elle avait un sourire calme qui ne l'abandonnait jamais et une amabilité pareille pour tous.

Si le vide s'était fait dans sa conscience, si elle s'était laissée aller à envisager tranquillement sa misérable condition, c'est que son âme était aussi morte qu'elle ne tressaillait plus comme autrefois au souffle ardent et impérieux de la passion !

Lorsque le sentiment de l'amour ne vient pas en maître torturer la femme de ses étreintes cruelles ou lui apporter la joie et le ravissement, lorsque la femme est insensible au mirage du bonheur éternel qui se présente sans cesse à ses yeux avec ce mot : Aime ! il n'y a que cela de vrai, le reste est faux ! tu seras peut-être malheureuse, abandonnée, méprisée ! qu'importe, suis ta destinée, ne te laisse arrêter par aucune souffrance, par aucune crainte, ce sera ta suprême excuse et personne ne te jettera la pierre lorsque tu paraîtras radieuse, débarrassée de toutes les souillures vulgaires avec l'auréole de l'amour au front !

Catherine avait descendu un à un les échelons du vice, elle n'était plus une femme elle devenait la courtisane.

On était en plein carnaval ; les bals masqués faisaient fureur.

Catherine n'en manquait pas un, enrôlée dans la bande joyeuse des amis de son amant, elle courait capricieuse et folle à travers ces fêtes qu'elle ne connaissait pas encore.

Elle était très remarquée, elle devint une des plus brillantes danseuses.

Dès qu'elle paraissait avec son coquet costume de débardeur, suivie du peintre qui lui faisait vis-à-vis en arlequin, orné d'un faux nez énorme, on se formait en cercle autour d'eux, et s'ils étaient en train et s'ils trouvaient des vis-à-vis de leur force, c'était à qui lèverait la jambe le plus haut et à qui, dans ce quadrille échevelé, inventerait un nouveau geste comique et un pas qui provoquât les applaudissements des spectateurs sans effaroucher outre mesure l'œil toujours vigilant de l'autorité.

Une nuit que Catherine était allée à l'Elysée-Montmartre se livrer à cet exercice favori, après un quadrille, elle perdit son amant dans la foule et se trouva tout d'un coup en face de Sivrani qui était chargé de surveiller les danseurs.

— Toi, ici ! fit-il.

— Oui... répondit Catherine, qui devint toute tremblante sans savoir pourquoi.

— Et qu'est-ce que tu deviens?

— Rien du tout... je m'amuse...

— Et on m'oublie tout à fait, alors?

— Non pas... mais je ne te voyais pas, je ne savais pas où te dénicher... tu comprends, je ne pouvais cependant pas rester dans la rue et vivre de l'air du temps...

— C'est juste...

— Adieu... on m'attend...

— Oh! oh! pensa Sivrani, elle me lâche d'un cran, la petite! ça ne peut pas me convenir ainsi.

Et il reprit d'une voix mielleuse :

— Je voudrais bien causer avec toi, j'ai tant de choses à te dire...

— Oui... mais je n'ai pas le temps... mon amant n'aurait plus qu'à me surprendre... il est d'un jaloux!

— Ah bah! mais cela ne t'empêche de me donner un rendez-vous... car je t'aime toujours...

Catherine resta insensible devant la déclaration de cette homme qu'elle avait adoré.

— En ami! ajouta-t-il.

— Je serai demain au Luxembourg à 5 heures, à la tombée de la nuit...

Si tu viens, nous irons prendre un bock à un café d'à côté.

— A demain.

— Au revoir.

Elle serra la main de Sivrani indifféremment et se perdit dans un groupe de promeneurs.

Celui-ci la regarda s'éloigner, et stupéfait, ne pouvant en croire ses oreilles :

— Elle va bien !... c'est égal, je n'aurai pas cru qu'elle pût en arriver là... pour la réussite de mes projets, il vaut mieux que l'ancienne Catherine ait fait place à cette écervelée...

Mais j'en parle à mon aise... elle n'a pas plus l'air de se souvenir de moi que de sa première chemise !...

Il faut cependant, bon gré, mal gré qu'elle obéisse à mes ordres...

Si elle ne m'aime plus, elle me craint toujours! je l'effraierai... je la menacerai de l'*embatter*, si elle refuse de me suivre, et une fois chez moi, je la défie d'en sortir ! A demain, ma belle ! et je ne suis qu'un sot, ou je sortirai victorieux de cette entrevue.

CHAPITRE III.

Catherine redevient la maîtresse de Sivrani

Le lendemain, Catherine était au rendez-vous indiqué à l'heure exacte, Sivrani, de son côté, ne se fit pas attendre.

— Allons, dit-il en la voyant, tu es toujours une bonne fille, je vois avec plaisir que l'on ne m'a pas trop oublié...

— Tu es trop profondément gravé dans mon esprit...

— Pourquoi pas dans ton cœur ?

— Oh ! mon cœur !...

— Ah !

— Tu sais, je ne suis plus aussi bécasse qu'autrefois... m'en as-tu joué de ces tours, mauvais garnement !

Non ! on ne peut pas se figurer ce que l'on est bête quand on sort de son village ! moi, j'en ris toute seule quand j'y pense...

— Eh ! eh ! songea Sivrani, voilà un exorde auquel je ne m'attendais pas ; prenons le contre-pied, un peu de sentiment :

Comment, Catherine, c'est toi qui parle ainsi ?...

— Dame ! il paraît.

— Toi, que j'ai connue si charmante, si honnête ! ma Catherine, enfin ! la mère de mon petit enfant...

— Ah ! oui... en as-tu des nouvelles ?...

— Et toi ?

— Moi... tu comprends je n'ai pas eu le temps... et puis ma mère en a soin, je suis sans inquiétude, sans cela...

— Malheureuse ! s'écria Sivrani dans un beau mouvement d'indignation simulée, et, il répéta à demi-voix, feignant une émotion inexprimable : Malheureuse !...

Catherine leva les yeux sur lui, étonnée, ne comprenant rien à une pareille exclamation dans la bouche de Sivrani ; mais il garda son sérieux, l'air profondément navré.

— Ah ça ! dit elle, je ne me trompe pas, c'est bien toi qui me fais de la morale ! on t'a donc changé depuis que je ne t'ai vu... parole d'honneur !... tu m'inquiètes, il faut soigner ça, mon garçon... un verre de quelque chose et tu iras mieux...

— De l'ironie, maintenant !..

— Ne joue pas l'idiot... je sens que je vais être émue. Et Catherine éclata de rire.

— Tu te moques de moi, reprit Sivrani, malgré cela je ne t'en veux pas... Es-tu libre ce soir ?

— Pourquoi ?

— Nous dînerions ensemble.

— Tiens ! ce serait drôle... mon amant est dans sa famille justement... j'accepte, à condition que tu seras drôle !...

Il allait être six heures, ils se dirigèrent vers un petit restaurant, près de l'Odéon et dînèrent tranquillement.

Sivrani excita Catherine à boire, elle accepta volontiers et lui tint tête.

Elle n'en était plus à prendre un doigt de vin dans son verre et à le remplir d'eau, elle avait pris d'autres habitudes.

En sortant, ils se promenèrent comme deux amoureux, Sivrani la conduisit aux environs de la rue qu'il habitait.

— Mais enfin que fais-tu ? es-tu toujours agent des mœurs ?

Celui-ci ne répondit rien.

— Et où demeures-tu ?

— Tiens... vois-tu ce bec de gaz là-bas ?

— Oui.

— C'est à cette maison blanche. J'y pense; tu serais bien gentille de venir jusque chez moi... Ça porterait bonheur à ma chambrette...

— Mon Dieu, volontiers... je suis curieuse de voir ton installation...

— Ce n'est pas riche...

Ils montèrent au troisième. Après un long couloir sur lequel donnaient plusieurs portes, Sivrani sortit une clef de sa poche, ouvrit, et Catherine pénétra dans une pièce assez grande, peu meublée, silencieuse, elle eut presque peur. Elle alla à la fenêtre et aperçut une cour très étroite.

— Sais-tu que je ne suis pas rassurée du tout chez toi...

— Tu as peut-être raison, fit Sivrani, en s'avançant vers elle, presque menaçant...

— Quelle drôle de mine, tu as !

— Écoute, Catherine, tu me connais, tu sais que lorsque je veux quelque chose, je le veux bien.

— Comme tu me dis ça !

— Je serais très gentil, mais je n'aime pas qu'on se moque de moi !

— Dis donc, je m'ennuie ! je m'en vais...

— Halte-là ! dit-il, en lui barrant le passage.

— Je vais crier... je vais appeler... s'écria Catherine, qui commençait à être terrifiée par le regard mauvais de son ancien amant.

— Tais-toi donc ! tu m'agaces, à la fin. Il la poussa un peu rudement sur une chaise.

— Assieds-toi et reste tranquille. Je suis toujours le maître, il faut que tu saches cela, une fois pour toutes !

— Jamais de la vie ! — et Catherine fit mine de se sauver.

— C'est étonnant comme tu as la tête dure.

Sivrani lui saisit les bras et la serra très fort ; la jeune femme poussa un cri de douleur.

— Lâche, misérable, va !...

— J'aime mieux que tu m'insultes que de te voir si calme...

— Que te faut-il, enfin ?...

— Tu viendras ici tous les jours une heure, un quart d'heure, si tu veux..., mais j'ai besoin de toi pour un projet que je médite...

— Ça doit être du joli ?

— Tu verras. C'est entendu?

— Voilà qui m'étonnerait, par exemple...

— Je ne t'empêche pas de rester où tu es...

— Non... non...

— Réfléchis... tu me demandais tout à l'heure ce que je fais maintenant... je suis toujours agent des mœurs.

— Tu réussis mieux que dans les espions du grand monde ?

— Assurément... je continue, je suis justement chargé de la surveillance de ton quartier... Sans en avoir l'air, j'ai un pouvoir assez illimité... Un soir que tu sors seule... je te saisis... on te fourre dans une de ces voitures... tu les connais... et le lendemain, sur ma déposition... à Saint-Lazare.

— J'ai mon amant qui me défendra.

— Heu ! les hommes n'aiment pas beaucoup à se montrer dans ces circonstances... d'ailleurs, je ne suis pas pressé... j'attendrai... il ne te gardera pas éternellement celui-là... un soir de brouille...

— Où veux-tu en arriver ?

— A ce que tu viennes ici tous les jours...

— Et après ?...

— On causera, on se verra. J'avais du chagrin de ce que tu me conservais une dent depuis cette fameuse nuit...

— Tu peux y compter...

— Et ne manque pas au rendez-vous... sans cela...

— Compris...

Ils se quittèrent bons amis. Catherine fortement intriguée de l'attitude de Sivrani. Evidemment elle ne pouvait pas attribuer cela à l'amour ; maintenant elle comprenait que jamais Sivrani n'avait eu le moindre attachement pour elle ; tout était calcul de sa part.

— Ah ! ça ! pensait-elle en s'en allant, dans quelle besogne malpropre va-t-il me faire tremper ? Si je racontais tout à mon amant ?...

Ma foi, j'ai trop peur de ce diable d'homme, il serait capable de me faire arriver des ennuis. Ces agents des mœurs, ça me rappelle ces deux canailles qui m'ont arrêtée à l'hôtel du Midi... Ça fait froid de songer à ces vilains oiseaux...

Aussi, malgré le peu de sympathie que Catherine éprouvait pour Sivrani, elle vint tous les jours chez lui dans l'après-midi.

Celui-ci avait son plan, il était très gracieux, très aimable avec elle ; mais sans que Catherine s'en doutât il reprenait sur elle un véritable empire.

Il n'était nullement question d'amour entre eux, Sivrani mettait toujours la conversation sur le pays. Il lui parlait longuement de leur liaison d'autrefois, de sa mère, de leur fils dont il était fier. Il essayait de l'attendrir, mais Catherine restait impassible.

Cependant Sivrani ne se rebutait pas ;

— Ah ! si j'étais riche ! je voudrais le revoir cet enfant pour l'élever à ma guise... je vais travailler... je tâcherai de me faire confier une charge plus importante, plus rétribuée, qui me permette en faisant des sacrifices... Et toi ne le reverrais-tu pas avec bonheur, ce chérubin qui t'appelerait « maman ? »

— Si... mais c'est impossible !

— Oh ! non ! ne dis pas cela... vois-tu, pour être sûr que cet enfant aura plus tard une position brillante... je ne sais pas ce que je ferais !.. rien ne me coûterait !...

Peu à peu Catherine eut aussi envie de revoir son fils, mais comment ?

Ces visites chez Sivrani, qui lui avaient été d'abord insupportables, lui devinrent nécessaires, puis agréables.

Elle éprouvait un vrai besoin de se retrouver en face de son ancien amant, d'écouter l'éternelle gamme sur sa mère, son enfant, dont il la berçait chaque jour. Si par hasard il lui était impossible de venir une après-midi, le lendemain elle arrivait empressée, désolée de l'avoir fait attendre. Lui, la grondait doucement, heureux de constater combien son influence sur elle grandissait avec le temps.

Enfin, il crut le moment psychologique atteint, désormais elle lui appartenait de nouveau, il pouvait mener carrément les choses.

Alors il écrivit cette lettre anonyme à l'amant de Catherine :

« Votre maîtresse sort tous les jours à la même heure sous un prétexte quelconque.

« Elle va à un rendez-vous, surveillez-la, suivez-la ou faites-la suivre, vous pourrez vous en assurer.

« Depuis un mois environ elle se rend chez un homme, qu'elle aime, et vous êtes la dupe du manège de cette misérable. »

Sivrani jeta la lettre à la poste.

— Maintenant, je n'ai plus qu'à attendre les événements ; je lui ai bien recommandé de venir demain, il la suivra, il y aura une scène terrible.... il la mettra dehors et elle m'arrivera tout éplorée... alors j'aurai le beau rôle.

Ce qu'avait prévu Sivrani s'exécuta point par point, une heure après que Catherine fut sortie de chez lui, il la vit revenir, les yeux rouges, pâle, oppressée...

Il joua la surprise :

— Qu'est-ce qui me vaut la chance d'une nouvelle visite ?...

— Ce qui m'arrive est épouvantable... il vient de me chasser...

— Pourquoi cela?

— Parce que je viens chez toi... j'ai eu beau lui jurer que tu n'étais pour moi qu'un ami... il n'en a rien voulu croire... que vais-je devenir... me voici de nouveau sur le pavé, abandonnée .. Oh ! j'étais si heureuse... si tranquille !

— Tu m'oublies, Catherine ! fit Sivrani en s'approchant d'elle, et entourant de ses bras la jeune femme qui sanglotait sur son épaule.

Ne suis je pas là, tout prêt à t'offrir ce qui m'appartient... ce que je possède... hélas ! je n'ai pas grand'chose, mais c'est de bon cœur !

Catherine fixa ses yeux tout grands ouverts, brillants à travers ses larmes ; elle rêvait, ce n'était pas Sivrani qui lui parlait ; mais si, il la serrait sur son cœur, il avait l'air très sérieux, un peu ému, même.

— Merci, merci ! répéta-t-elle et son amour pour cet homme se réveillait dans son cœur qui avait tressailli d'aise aux paroles de Sivrani : cette voix amoureusement caressante c'était celle qu'il prenait autrefois, au bon temps de leur liaison à la campagne, lorsqu'il était bien disposé et qu'elle venait le surprendre dans sa petite maison.

Ah ! les bonnes soirées inoubliables ! les tête-à-tête enivrants ! les joies sans mélange ! C'était lui qui le premier avait fait battre son cœur, le premier il avait murmuré « je t'aime ! » à son oreille le soir quand, appuyée sur son bras, ils se promenaient dans la grande allée sombre de la place du village ; le premier il avait déposé sur ses lèvres un baiser brûlant !

Les premiers jours ils furent tout au bonheur de se retrouver ensemble. Pas le moindre nuage, pas la plus petite contrariété ne vint troubler leur amour.

Il l'enleva dans ses bras..

Mais cela ne devait pas durer, peu à peu. il y eut des paroles dures d'échangées ; et la misère aidant, ils en vinrent aux injures. aux discussions sans fin aux menaces, puis aux coups.

Le soir, lorsque Sivrani rentrait de mauvaise humeur, on était presque sûr qu'il y aurait bataille ; ou bien Catherine désertait le logis et revenait tard dans la nuit, quelquefois elle ne rentrait pas du tout.

— Ma foi... je ne peux pas crever de faim... toi, tu vas boire seul!... tu ne me donnes pas d'argent, j'en prends où je peux!...

— Coquine, va ! tu me le payeras!..,

Et dans un accès de colère, Sivrani assommait Catherine à coups de pieds et à coups de poings; la malheureuse allait rouler d'un côté pelotonnée sur elle-même, n'essayant plus de résister et préservant sa tête avec ses mains.

C'était un enfer que ce ménage, et Sivrani poussait encore au noir pour atteindre plus sûrement son but.

Un jour, qu'ils étaient par hasard de bonne humeur tous les deux, Sivrani entama la proposition à laquelle il songeait depuis longtemps.

— Dis donc, Catherine, si on prenait les enfants, ici?

— Y penses-tu? les pauvres bébés, ils ont besoin du grand air de la campagne...

— Oui, mais si nous les avions, nous toucherions la pension de la marquise de Santeuil et on pourrait même se faire abouler pas mal d'argent, en s'y prenant bien.

Et Sivrani donna une tape d'amitié à Catherine, sur l'épaule, puis il se frotta les mains.

— Comprends-tu?

— Oui...

— Nous n'avons pas le sou... c'est même à cause de cela que nous ne sommes pas toujours aimables l'un pour l'autre...

— Ça, c'est bien possible; si on avait tout ce qu'il faut, on ne songerait pas à se fâcher.

— Parbleu!

— Mais comment arranger cela? Marcelle s'opposera à ce que l'on fasse venir son fils ici!

— Marcelle ne peut s'opposer à rien... Est-ce que l'enfant lui appartient?.. Elle se compromettrait inutilement...

— Et ma mère?

— Ah! c'est plus dur... nous inventerons une histoire... nous lui dirons que la marquise veut voir son fils et qu'on ne peut pas les séparer, puisqu'aux yeux du monde ils doivent toujours passer pour les deux jumeaux...

— C'est égal, je crains que ma mère...

— De force, alors...

— Oh! Sivrani.

— Qui veut la fin veut les moyens. Je vais aller emprunter de l'argent à Labarre, je lui raconterai l'histoire, il m'avancera ce qu'il nous faut pour le voyage.

Tu arriveras seule chez toi : si ta mère veut bien te remettre les bébés, je ne paraîtrai pas; si elle s'y refuse, je serai dans les environs avec une voiture; à la nuit tu m'ouvriras la porte, je ferai le coup et nous filerons...

— Ma foi, oui... tout, plutôt que cette demi-misère qui nous tue.

CHAPITRE IV

L'enlèvement des enfants

Paul Gallac était reparti de Saunay après avoir écrit souvent à Marcelle pour la rassurer. L'enfant, en effet, s'était trouvé mieux dès l'arrivée de Paul et quatre jours après celui-ci, craignant qu'un plus long séjour ne trahît son incognito, reprenait la route de Paris.

La mère de Catherine était donc restée de nouveau en présence de ces deux enfants qu'elle soignait avec une égale prédilection.

La vieille femme avait pris une aide, une enfant de 12 ans, qui lui aidait pendant la journée; sa tête devenait un peu faible et bien qu'elle eût encore ses idées bien à elle, elle n'avait plus la vivacité d'esprit et la force qui lui eussent été nécessaires pour se charger seule de l'enfant de la marquise de Santeuil et de celui de sa fille.

Elle avait surtout beaucoup souffert de l'abandon de Catherine; n'avoir qu'une fille sur laquelle elle avait reporté toute son affection, et en être privée juste au moment où elle en aurait eu le plus grand besoin, c'était bien cruel et bien pénible pour la pauvre vieille femme !

Depuis plusieurs mois Catherine avait négligé de lui donner de ses nouvelles, et le manque absolu de ses lettres l'avait plongée dans une véritable consternation.

Aussi faillit-elle mourir de joie lorsqu'un matin elle vit une voiture s'arrêter devant la porte de sa maison, sa fille en descendre et se jeter dans ses bras.

Sivrani et Catherine se disposaient à mettre leur plan à exécution.

Sivrani devait quitter sa maîtresse un peu avant Saunay, de façon qu'elle eût l'air d'arriver seule de Paris; il entra dans la forêt, décidé à y rester toute la journée et à aller seulement chez Catherine à la nuit.

Tout était préparé pour l'enlèvement, le voiturier avait ordre de venir le reprendre le soir à l'entrée du village.

— Ma fille ! ma chère fille! Enfin je te serre de nouveau dans mes bras ! murmurait la mère de Catherine.

— Oui... maman... je te dirai..., à Paris... on a tout son temps pris.

— C'est égal, tu m'as bien négligée.... Songeais-tu un peu à nous, au moins?

— Souvent, je t'assure...

— Viens le voir lui...

Les deux femmes se dirigèrent vers le petit jardin, situé derrière la maison, où les deux enfants prenaient leurs ébats.

Ils étaient là, blonds et roses, et on n'avait pas de peine à les faire passer pour les frères, ils se ressemblaient comme deux gouttes d'eau.

Éveillés et mutins, ils levèrent leurs yeux bleus sur la dame étrangère et parurent effarouchés par la présence de la nouvelle venue.

Catherine sentit son cœur se serrer en voyant son fils qui ne la reconnaissait pas.

Elle-même eût été très embarrassée pour distinguer son fils d'avec l'autre.

— Eh bien ! fit sa mère, te voilà en balance, c'est celui-là, à gauche.

Catherine le prit, l'enleva de terre et l'embrassa avidement.

— Oui... continua la mère, l'autre c'est le petit marquis. On ne peut pas s'y tromper, il a une marque au bras... c'est moi-même qui ai voulu m'en charger.

Catherine n'écoutait pas, elle était tout entière à son enfant, elle se sentait redevenir mère et le couvrait de baisers en même temps qu'elle lui babillait les noms charmants et doux que les femmes seules savent trouver, surtout lorsque ces femmes sont mères.

L'autre bébé se voyant délaissé se mit à pleurer tristement en appelant son frère d'une voix entrecoupée.

— Et je l'oubliais, mon mignon, fit Catherine en caressant le petit garçon qui reprit son beau sourire.

Pendant les premières heures, ce fut une joie sans mélange pour la pauvre vieille qui se retrouvait en face de tout ce quelle aimait le plus au monde : sa fille et son petit-fils réunis.

Un nuage assombrissait ce contentement inespéré, une pensée venait troubler dans son esprit cet entretien si doux.

La mère de Catherine ne put cacher plus longtemps le souci qui dévorait son âme, la préoccupation qui la poursuivait durant les longues veilles de l'hiver lorsque tout bruit a cessé au dehors et que l'on reste seul au coin du feu en face de ses souvenirs et de ses espérances.

— Et lui ? fit-elle.

— Eh bien !

— Où est-il ? L'as-tu revu ?

— Non ! répondit effrontément Catherine exécutant les ordres de Sivrani.

— Alors il t'a abandonnée entièrement avec ton enfant...

— Oui.

— Misérable !...

— Que veux-tu, mère... il n'est pas heureux peut-être.., il ne faut pas accuser les gens sans les entendre... qui sait les péripéties terribles de son existence !... Certes, il est coupable ! mais il faut se garder de condamner les autres et de leur jeter la pierre...

— Tu te trompes... si c'eût été un homme d'honneur, il aurait fait son devoir dans n'importe quelles circonstances... Il y a des choses que je ne pardonne pas moi, ta mère...

— Que veux-tu... j'ai oublié tout cela...

— Tu le défends trop, chère enfant, pour ne plus l'aimer !.. les vieilles femmes conseillent la prudence et on ne les écoute pas...

Est-ce à dire que je t'en veux pour cela, ma Catherine ? point ! tu trouveras toujours une amie en ta mère qui t'aidera à supporter ton malheur avec courage et résignation...

Et puis j'ai ton fils ici... ton fils pour lequel je me sacrifierai, s'il le faut, car il m'appartient plus qu'à son père, qui a fui devant son devoir à accomplir, plus qu'à toi-même...

— Oh ! mère !

— Oui... ne l'ai-je pas élevé, en effet, ne me suis-je pas dévouée entièrement à l'existence de ce cher petit être, ne l'ai-je pas consolé à tout instant ? Tandis que toi...

— Ne m'accable pas...

— Non, mais, vois-tu, lorsque je parle de cet enfant que j'adore, je m'exalte, je vais au delà de ce que je veux dire...

— Cela va être difficile, pensa Catherine, d'aborder la question de la séparation ; je vais rencontrer, j'en ai peur, une résistance inébranlable. Cependant, il le faut... je préfère encore m'en charger que de voir Sivrani pénétrer ici et brutaliser la pauvre femme, sans pitié, pour s'emparer des enfants.

Et elle reprit tout haut :

— Tu n'es pas raisonnable... il faudra cependant bien t'en séparer un jour... D'abord, le petit marquis, sa mère peut le réclamer d'un moment à l'autre...

— Le petit marquis ?... celui qui a la marque sur le bras ? on veut me l'enlever ? jamais !...

— Mais tu n'as aucun droit sur celui-là ?

— C'est possible... je tiens autant à lui qu'à l'autre... je ne reconnais à personne le droit de me le prendre... le petit marquis ! il faudrait voir que quelqu'un...

— Madame Marcelle voudra cependant le faire élever à sa guise, elle te le réclamera, et tu seras bien obligée...

— Ah ! quand il sera grand... oui... elle le prendra... je serai morte alors... et je serai très heureuse en songeant que ce pauvre enfant, auquel je tiens plus qu'à ma vie, sera à l'abri de tout besoin... jusque-là, je veux en prendre soin moi-même et personne ne m'enlèvera cette suprême jouissance, après toutes les peines que j'ai eues, à moins que ce ne soit toi !...

— Y penses-tu ?...

Allons ! je n'en viendrai pas à bout, c'est certain, je vais cependant essayer, car ces moyens de violence me répugnent et je me fais honte quand je songe à mon impudence et à ma lâcheté.

— Mère, écoute-moi... ne t'emporte pas, sois raisonnable...

— On veut me prendre les petits ?

— Oui.

— Tous les deux ?

— Ne sont-ce pas mes deux jumeaux ?

— Oh !...

— Madame Marcelle se meurt de ne pas avoir son fils auprès d'elle...

— C'est heureux... il est bien temps...

— Alors elle s'est avisée de me prendre à son service, comme femme de chambre...

— Toi ! qu'elle traitait d'amie, et qui lui as rendu un si grand service .. sa domestique !

— Non... sois calme, je t'en prie !

— Eh bien ! voyons...

— De cette manière si j'habite son hôtel, je puis y conduire les enfants sans que le monde puisse deviner la vérité et ainsi elle aura son fils, elle pourra l'embrasser tant qu'elle voudra... Songe ! une mère qui est privée de son enfant depuis si longtemps, est bien heureuse de l'avoir là sous sa main, de caresser sa tête blonde, de baiser ses grands yeux, comme cela... tu vois ?

Et Catherine cajolait son fils qu'elle tenait sur ses genoux.

— Les emmener à Paris ?...

— Assurément... ne crains rien pour eux, mère, l'hôtel du marquis de Santeuil les recevra dignement, je te jure...

— Il est impossible que la marquise me réclame son fils... Il y a quelques mois, il a été à la mort et elle a envoyé un jeune médecin, en grand secret, M. Paul Gallac...

— Paul Gallac ! Ah ! pensa Catherine, voilà encore quelque chose qui contrecarre nos projets...

— Oui, il est venu soigner son enfant... le petit marquis était malade, alors j'ai télégraphié... il va mieux... tout à fait mieux ; et elle voudrait le retirer d'ici ?...

— Puisqu'elle m'a chargée de les prendre tous les deux...

— Tu es la mère de l'autre, tu as tous les droits sur lui... quant au petit marquis, je ne le rendrai qu'à madame Marcelle, et encore je pense bien que lorsque je lui aurai demandé en grâce de le conserver près de moi, elle tiendra compte de mon dévouement et ne voudra pas m'affliger outre mesure en me séparant du petit, car j'en deviendrai folle ! je le sens...

— Tu exagères, je t'assure...

— Non, si je me retrouvais seule, la maison vide demain... ma pauvre tête n'y résisterait pas... j'ai trop souffert, vois-tu... oh ! laisse-moi ce suprême bonheur d'achever ma vie en compagnie de ces deux enfants blonds qui sont ma seule joie, ma seule espérance.

Catherine ne répondit pas. Voyant que tout était inutile, que rien ne parviendrait à convaincre sa mère, elle ne voulut pas l'attrister sans raison et rassura la vieille femme,

— Mais tu n'as pas compris ce que je te disais... tu t'emportes pour rien... je n'ai nulle envie de reprendre mon fils, moi ! Tu es trop bien ici avec grand-mère, n'est-ce-pas, mon mignon ? Tu es trop gentil pour que je ne sois pas heureuse, même en te sachant loin de moi, et je te sais si bien soigné, si choyé, que je repartirai sans inquiétude... je ne suis pas jalouse de voir que tu aimes plus grand-mère que moi, c'est bien naturel en ce moment... mais quand tu seras plus grand, je prendrai ma revanche !... et tu aimeras bien aussi ta petite maman !

La vieille femme serrait avec effusion les mains de sa fille, et des larmes d'attendrissement coulaient le long de ses joues que la douleur avait parcheminées de rides.

— Allons, ma fille, parlons d'autre chose, tu as dû déjeuner très légèrement, occupons-nous du dîner, l'heure s'avance... tu dois être fatiguée par ce long voyage, il est bon que tu te couches de bonne heure et la nuit n'est pas très éloignée de nous.

Lorsque tout fut préparé dans la petite chambre modeste, sur la table ronde recouverte d'une nappe en grosse toile où, dans une soupière bleue, fumait la soupe aux choux, on mit les enfants à table et à la lumière pâle de la lampe, dans ce cadre simple, cela formait un spectacle touchant que ces deux bébés roses et blonds, assis entre l'aïeule aux cheveux blancs et la mère élégante et encore fort jolie, malgré la fatigue répandue sur tout son visage.

Insouciants, les deux enfants égrenaient le chapelet de leurs cris et de leur langage joyeux et bruyant.

Catherine, inquiète, n'osait regarder sa mère, elle sentait son cœur se serrer à l'idée que Sivrani allait pénétrer dans cette maison en voleur, menaçant et sans pitié.

Certes elle avait consenti à devenir complice de ce rapt odieux ! terrassée par la nécessité, par la misère, elle avait adopté ce plan hasardeux qui devait leur procurer la fortune.

Mais elle était loin alors de sa vieille mère, elle n'avait pas vu ses pleurs, sa tristesse et son emportement... elle ne s'était pas retrempée dans ce milieu calme de la famille, elle ne se doutait pas du genre d'impressions qu'elle aurait à subir en se retrouvant dans son village.

Elle s'était crue plus forte ou du moins plus avilie ; elle, qui riait en parlant de son cœur, se sentait envahie par les sentiments d'honnêteté et de droiture qui avaient présidé à l'éducation de sa jeunesse !

Son fils s'endormait tranquillement après dîner, souriant encore à travers son sommeil, sa mère immobile, couvait de l'œil les deux enfants, ne perdant pas un de leurs mouvements, et la tendresse la plus exquise débordait sur cette physionomie dont la pureté reflétait le calme de son âme.

Le balancier de la vieille horloge faisait entendre son bruit régulier et monotone, et l'aiguille marchait lente sur le cadran grossier où les heures étaient marquées en gros chiffres.

La pendule venait de sonner.

— Huit heures ! fit la vieille femme, il est déjà tard... tu coucheras de l'autre côté du corridor, moi, j'ai toujours la chambre du fond avec les petits... nuit et jour, je veille sur eux !... adieu, ma fille, bonne nuit.

Catherine embrassa sa mère avec effusion et dans la demi obscurité du couloir, une larme s'échappa de sa paupière.

Elle se rendit à sa chambre et attendit que sa mère fût endormie pour aller ouvrir à Sivrani, comme cela était convenu.

Une heure se passa, rien ne bougeait dans la maison, Catherine ouvrit les contrevents de sa fenêtre qui donnait de plein-pied sur la route.

La campagne était plongée dans une obscurité complète, une ombre s'avança à ce signal et arriva jusqu'à la jeune femme.

C'était Sivrani.

— Eh bien ! fit-il à voix basse.

— Elle s'y refuse...

— Alors, je sais ce qu'il me reste à faire...

— As-tu bien réfléchi? c'est dangereux ce que nous entreprenons...

— Qui est-ce qui t'a rendue tremblante ainsi ?

— Je n'ai pas peur... mais...

—Allons, laisse-moi entrer... toi, sauve-toi... va jusqu'à la croix où je te rejoindrai ; la voiture est à côté... j'ai renvoyé le conducteur sous un prétexte quelconque, et attaché le cheval à un arbre... en deux heures, nous serons à la gare, juste pour prendre le train de Paris... on viendra chercher la voiture... j'ai payé d'avance... et puis, je suis connu, le cocher est un de mes anciens agents...

— Soit ! répondit Catherine résolument, je n'ai pas besoin de te guider, les issues de la maison te sont familières... ils dorment dans le berceau, près de leur grand' mère.

Voici une lumière... je t'attends au rendez-vous que tu m'as donné... c'est bête, mais le cœur me bat...

— Je te croyais plus forte ! à tout à l'heure.

Catherine enjamba, et une fois dans la route elle se perdit dans la nuit noire.

— A mon tour ! murmura Sivrani. Pourvu qu'elle ne crie pas trop, cette vieille sorcière... faisons doucement.

Et il s'avança avec précaution, mit la main sur le loquet de la porte et ouvrit.

Tout dormait dans la chambre silencieuse, on n'entendait que 'a respiration égale et calme des enfants.

Sivrani parut, tenant une lumière à la main, d'un coup d'œil il jugea la situation et prit ses mesures.

La mère de Catherine à bout de forces, anéantie par l'émotion que lui avait causée l'arrivée de sa fille, s'était endormie tout habillée, au pied de son lit en faisant sa prière.

— La vieille va être gênante... pensa Sivrani en s'avançant sur le bout des pieds. Il était à côté des enfants, prêt à les saisir, lorsque la mère de Catherine s'éveilla en sursaut.

— Eh bien ! quoi ? qu'y a-t-il ?

Dans un mouvement rapide elle se leva droite et, se dirigeant vers les enfants. elle se trouva en face de Sivrani et poussa un cri de terreur.

— Sivrani ! lui ici !... au secours ! nous sommes perdues !

— Taisez-vous...

— Misérable ! que venez-vous faire ?.. vous voulez de l'argent, sans doute ?... Ah ! ce n'est pas assez d'avoir séduit, déshonoré ma fille, abandonné votre enfant !

— Vous vous trompez... je ne le délaisse pas, puisque je viens le chercher ! répliqua Sivrani hypocritement.

— Que dites-vous ! Ah ! prenez tout ici... pillez dépouillez-nous du peu qui nous reste... mais ne blasphémez pas... vous voulez m'en imposer... votre enfant !!... Ah ! c'est vrai... il vous appartient.

Regardez moi donc lâche que vous êtes ! avant de mettre la main sur ce cher être il faudra me passer sur le corps... essayez...

— C'est vous qui l'aurez voulu...

Et ce gredin qui n'avait hésité devant aucune bassesse, aucun crime se rua sur la vieille femme qu'il envoya rouler au fond de la chambre.

Il étrangla l'enfant...

Elle se releva à demi-morte, assommée et voulut encore résister au misérable!... il était trop fort ; il la repoussa rudement, puis ennuyé de cette lutte, il sauta sur les enfants, les enveloppa dans son grand manteau et disparut rapidement en jetant à la mère de Catherine un ricanement sinistre.

La pauvre femme, brisée de douleur, trouva dans son énergie une dernière ressource, elle se releva pâle, affolée, les cheveux en désordre et, au moment où Sivrani s'enfuyait après l'avoir enfermée à double tour dans sa chambre, ses yeux devinrent hagards, ses mains se crispèrent dans une rage impuissante, alors elle bégaya, les dents convulsivement serrées :

— Mes enfants... volés... misérable!...

Et elle tomba inanimée au milieu de la chambre.

CHAPITRE V

Le Prince et la Princesse Pozioni

Après la scène terrible qui s'était passée dans la nuit à l'hôtel Pozioni entre Hélène, Catherine et Sivrani, lorsque ces deux derniers eurent été chassés comme nous l'avons vu, la princesse, nerveuse et agitée, renvoya les deux domestiques qui étaient venus lui dire que ses ordres étaient exécutés, et se jeta sur son lit.

Mais une quatrième personne avait été témoin de ce scandale, c'était le prince lui même.

Il attendit que tout fût achevé, que le calme fût rétabli et il s'avança alors menaçant vers sa femme.

Celle-ci était couchée, elle se leva sur son séant, effrayée par cet homme dont elle connaissait la lâcheté et qui, se voyant le plus fort, était capable de tout dans un moment de rage.

Le prince n'aimait plus sa femme depuis longtemps ; elle n'était plus pour lui qu'un ennui et il attendait une occasion pour s'en débarrasser, aussi joua-t-il la colère et l'indignation bien que sa conduite passée lui défendit d'être aussi sévère.

— Misérable, coureuse, baladine ! s'écria-t-il, je t'ai recueillie déshonorée et voilà ma récompense, tu t'es de nouveau livrée à un bandit, un simple agent de police.. Ah! l'histoire fera rire en Italie... je ne veux pas qu'il en soit ainsi... faites ce qu'il vous plaira... je ne m'inquiète pas de vous, mais je ne veux pas être ridicule ! entends-tu?

Et il l'abreuva d'humiliations, de termes grossiers, d'insultes ignominieuses.

— Oh! si je m'écoutais, je t'étranglerais coquine !

Hélène fit un bond, sauta hors du lit et se réfugia dans un coin de la chambre.

Le prince saisit une chaise et la leva sur elle... puis tout-à-coup :

— Que je suis bête de m'emporter ainsi... j'aime mieux te mépriser... par exemple si tu veux encore un amant, tu pourras aller habiter chez lui, l'hôtel Pozioni te sera à tout jamais fermé, jusque là nous aurons l'air d'être les meilleurs amis du monde.

Et il sortit en pensant à part lui :

— Ce jour-là je serai tranquille et je me débarrasserai commodément de toi...

Hélène était si troublée, si anéantie par ces menaces auxquelles elle s'attendait si peu qu'elle ne trouva rien à répondre et se laissa écraser sans oser répliquer.

Elle ne pensa même pas à lui remettre les lettres qu'elle avait reprises à Sivrani.

Le lendemain, au déjeuner, lorsqu'elle voulut en parler au prince, celui-ci répondit brusquement :

— Jetez-les au feu. Je ne trempe plus dans ces sales besognes où votre besoin de luxe m'avait poussé.

D'ailleurs, tenez, je suis assez riche pour ne rien refuser à la femme qui porte mon nom,

Et il lui tendit une lettre. Elle la saisit, étonnée.

Un parent du prince venait de mourir et l'instituait son unique héritier.

A partir de ce moment le prince et la princesse ne se dirent plus un mot.

Le prince joua son rôle de policier en homme galant, conduisant sa femme chez toutes leurs connaissances et affectant vis-à-vis d'elle la politesse la plus exquise. Les deux époux jouèrent devant le monde la comédie d'un bonheur parfait, et personne ne se doutait que, rentrés chez eux, leurs visages aimables redevenaient froids et glacés.

La baronne de Mazelière rendit la tâche du prince plus facile en s'instituant d'office le gardien d'Hélène. Elle se trompa la toute première, sur cet accord simulé et n'eut pas le moindre soupçon de cette inimitié profonde. Elle adorait sa cousine la trouvant plus calme, plus sérieuse bien qu'un peu triste ; elle la promenait partout, la morigénant, la grondant très fort ; les cheveux blancs qu'elle ne cherchait plus à dissimuler lui permettaient de prendre des allures de Mentor. Cependant la curiosité reprenait souvent ses droits chez la vieille femme.

— Voyons? Mignonne, qu'y a-t-il de vrai dans cette escapade que l'on se raconte tout bas?...

— Ma chère baronne....

— Vraiment !.... Cette escapade d'enfant était vraie... et puis cet amour pour ce faux comte....

— Je vous en prie....

— C'est très mal, cela ! tromper cet excellent homme.... un cavalier charmant.... si je m'en souviens.

— Je ne l'aimais plus....

— Je ne veux pas être trop sévère.... il vous a pardonné, personne n'a plus rien à dire....

Hélène voulut se lever, la baronne reprit :

— Ma chère enfant, je ne vous excuse point. Moi non plus, je n'ai pas eu pour le baron de Mazelière — que Dieu ait son âme — une passion sans bornes, — lui non plus d'ailleurs...., — Malgré cela on n'a jamais eu à me reprocher qu'un peu de coquetterie...., de là à se laisser entraîner à une passion coupable !...

— Mais...

— Il n'y a pas de mais... embrasse-moi et parlons d'autre chose... C'est comme ta nouvelle amie, madame de Junglar... Eh bien !... Son mari a des torts, paraît-il ; on cause beaucoup, on dit des choses....

— Quoi encore?

— Rien, des bêtises. Il n'en est pas moins vrai que le baron est charmant et que le monde lui donne raison contre sa femme....

— Qu'a-t-il donc fait, lui?

— Il n'a rien fait du tout, c'est ce que la baronne lui reproche....

— Ah !.... Alors pourquoi a-t-elle demandé une séparation de corps et de biens?

— Questionne-la toi-même, c'est un point assez délicat au dire de ces messieurs. La voici d'ailleurs, je vous laisse.

La première femme à laquelle avait été présentée Hélène chez la baronne de Mazelière, se trouva précisément être madame de Junglar. Elles se lièrent très-vite, d'une véritable amitié. Émilie, la baronne — grande blonde, pâle et mélancolique, s'engoua de sa nouvelle amie dont le tempérament était tout l'opposé du sien. La haine commune qu'elles avaient pour leurs maris cimenta leur affection; haine bien différente du reste : Hélène détestait franchement le prince; elle raconta ses désillusions, son amour pour Pierre, sa fuite avec lui, sa honte dévorée, sa colère tenace ; Émilie ne parlait du baron qu'ironiquement, voilant par des sous-entendus moqueurs, par des demi-mots pleins de réticences la conduite de son époux. Hélène ne comprenait pas, devenait curieuse et poussait son amie à des confidences complètes.

— Pauvre chère ! il vous fait la cour ? — disait la baronne.

— Si peu...

Eh bien ! Quoi?

— Rien, répliquait Émilie avec un sourire impertinent.

— Il vous trompait, peut-être ?

— Lui ! il en est bien incapable... non écoutez donc ?... je ne puis pas vous raconter, c'est trop ... drôle ! Quand je pense que j'adorais cet homme ... un bel homme ... brun superbe ! — un fort de la halle distingué — ma chère, je n'en dormais pas pendant mes derniers mois de pension ; je ne songeais qu'à lui ! Enfin on nous maria ... j'étais très-bien : émue, rougissante sous mon grand voile blanc, mon cœur battait !... ce n'était pas la peine, je vous assure ... Après six mois de mariage — six mois de pleurs, de colère, — je rentrai, confuse, chez ma mère ... on m'a dit depuis ...

— Quoi?

— Que ce n'était pas sa faute.

— Encore? ...

— Qu'il vous suffise de savoir qu'il vous adore.

— Oh ! baronne.

— Oui, je le sais, j'en suis sûre.

— Vous n'êtes pas sérieuse !

— Si ! Mais je ne suis pas jalouse .. Oh ! non par exemple ! Tenez, hier il vous a fait valser chez votre cousine ?

— Oui.

— Longuement ... je le reconnais.

Il vous a serré la taille avec des mots de passion, de désespoir, un vrai volcan ! volcan qui n'éclate pas.

— Comment?

— Il m'a dit tout cela... il m'a pressé la main avec des effusions débordantes ! il m'a bredouillé, les yeux dans les yeux, mille stupidités exquises. Cet homme est un irrésistible !. Je le hais d'autant plus; c'est un misérable, un lâche, un...

Hélène s'empressait de calmer la baronne dont l'œil gris bleu s'éclairait d'une colère froide.

— Oh! ne parlons plus de lui, je vous en conjure — certes, depuis, il se conduit relativement bien vis-à-vis de moi. Lorsqu'il croit me rencontrer dans un salon, il s'abstient d'y venir et je lui en sais gré. Il n'y a que chez la baronne Mazelière où il viole ce pacte, et je n'ai garde de lui en vouloir il n'y a qu'ici où il soit certain de vous rencontrer.

— Je vous affirme...

— N'affirmez rien, vous verrez.

Les deux femmes sortaient ensemble, promenant leur existence inoccupée et sans but dans les magasins, chez leur couturière jusqu'au soir, ou elles dînaient assez souvent dans la même maison, allant ensuite au bal, au spectacle.

Le prince n'avait pour cette femme séparée d'avec son mari que le juste respect de l'homme bien élevé. Mais il ne pouvait se montrer plus sévère que la société parisienne qui tout en faisant un excellent accueil au baron recevait sa femme très cordialement. Situation exceptionnelle qui se rencontre quelquefois et qui est le privilège des relations de famille et d'une grande fortune.

Peut-être, si le prince avait eu le moindre désir de s'inquiéter d'Hélène, ne lui eût-il pas permis cette intimité de chaque heure avec Madame de Junglar, mais elle n'existait plus pour lui, c'était une feuille morte qu'il conservait dans un album, jusqu'au jour où, en feuilletant les pages, un vent violent l'emporterait pour toujours.

Il ruminait en lui une idée qui l'effraya, d'abord, et à laquelle il ne s'habitua que peu-à-peu. Il éprouvait un tel dégoût du rôle qu'il s'était imposé que, maintes fois il fut sur le point de s'en expliquer brutalement avec sa femme. Cependant il attendit, et pendant quelques mois il n'adressa à Hélène que quelques paroles banales, obligées. Il lui offrait le bras pour la conduire jusqu'à la voiture et, une fois rentrés chez eux, il se dirigeait vers son appartement sans la regarder. Il voulait lasser Hélène dont il connaissait le tempérament violent et facilement emporté. On eût juré une gageure. La princesse suivait la même tactique et la scène de rupture semblait retardée à jamais entre ces deux êtres se tenant sur la défensive, attendant toujours et n'attaquant ni l'un ni l'autre.

Le temps se passait uniforme et réglé comme un système d'horlogerie. Chaque jour le prince et sa femme, se retrouvaient face à face, dissimulant leurs pensées et leurs sentiments sous des masques impénétrables. Ils affectaient des visages tranquilles, presque gais, tandis qu'ils se sentaient intérieurement rongés par un ennui mortel et une sourde rage.

Hélène avait retrouvé, fidèles, tous les adorateurs de la *petite pensionnaire* de Saint-Germain. Ceux-là, surtout, qui avaient eu peur de la jeune fille fantasque se montraient les plus empressés autour de la princesse Pozioni. Cette légende d'Italie, cette course folle d'Hélène avec son amant à travers un pays qui leur était inconnu, puis l'histoire romanesque de cet agent de police se faisant prendre pour un grand seigneur ; le mari lui-même, très digne, et dissimulant, sans doute, sous une galanterie de commande, la désolation de son âme ; ce drame poignant et intime que chacun soupçonnait sans rien savoir au juste ; tout cela enveloppait Hélène d'un voile mystérieux ; ces points obscurs de son existence créaient, autour d'elle, de nouveaux désirs de possession et aiguillonnaient des ardeurs naissantes et inassouvies.

Le vicomte Raoul se serait fait son esclave. Dans un moment de tête à-tête, il lui avait parlé d'un divorce en Suisse. Il demandait des détails sur sa vie, était-elle malheureuse? dédaignée? Que fallait-il croire? Hélène ne répondait que par un sourire à toutes ces questions, comme aux déclarations les plus brûlantes. Elle s'efforçait de se montrer indifférente, railleuse devant les hommages dont on l'accablait; au fond elle avait une préférence, presque de l'amour pour de Junglar.

Cet homme avait vivement frappé son imagination de jeune fille, et la femme en était encore obsédée, car elle ne pouvait chasser de son esprit la folle aventure de Saint-Germain Ce souvenir reprenait des formes vivantes chaque fois que la baronne de Junglar lui parlait de son mari. Livrée à elle-même, entièrement abandonnée, elle éprouvait un besoin impérieux de songer à quelqu'un, d'aimer un être qui fit de nouveau reluire devant ses yeux l'espoir d'une vie de bonheur. Elle se sentait poussée instinctivement vers de Junglar, elle comptait sur lui pour guérir ses déceptions et ses angoisses, elle avait soif d'une affection nouvelle qui la délassât de la lourde chaîne sous laquelle ses forces succombaient. Enfin elle était femme, et les sous-entendus de sa cousine Lucie, les moqueries de madame de Junglar pimentaient sa curiosité. Son existence avec le prince ne pouvait continuer longtemps ainsi: elle prévoyait qu'à un moment donné ils seraient violemment séparés, à la suite d'un éclat quelconque. Les yeux à demi fermés elle imaginait dans une douce rêverie un oasis d'amour en vue de cet avenir prochain. Oh! elle se promettait d'être heureuse cette fois, car elle mettrait toutes ses forces, tout son cœur à se créer un bonheur durable; elle ne prévoyait pas où, ni comment se réaliseraient ces espérances? Le but fuyait incertain; mais elle prenait confiance. D'ailleurs, n'avait-elle pas la parole du baron; ses déclarations émues, ses poursuites réitérées, lui montraient combien grande était son affection, combien la liaison qu'il lui proposait révélait un caractère sérieux, empreint au coin de l'honneur et de la bonne foi. Entre eux il ne pouvait être question d'amourette et de caprice d'un jour; non! ils cherchaient une voie, déjetés qu'ils étaient l'un et l'autre en dehors de toute règle sociale; ils se rencontraient et se donnaient la main. Retenus par des liens indissolubles, ils n'avaient plus droit au mariage? Qu'importe! elle n'en serait pas moins sa femme, son épouse véritable, sa compagne aimée!

Une question intriguait cependant beaucoup Hélène ; de Junglar n'ignorait point sa liaison avec la baronne, et il n'avait jamais répondu franchement à sa demande.

— Pourquoi vous êtes-vous séparés ?

— Incompatibilité d'humeur, disait-il.

— Mais enfin ? insistait la princesse.

— Vous ne pouvez comprendre combien il est certaines femmes avec lesquelles toute union est impossible. La baronne est une statuette en bronze, très gracieuse et fort spirituelle, j'avais cru l'aimer, je m'étais trompé. Vous! c'est bien différent: je sens mon cœur tressaillir chaque fois que je me trouve en face de vous. Oh! si vous le voulez, je suis sûr d'être heureux; vous êtes la première femme qui m'ait inspiré une telle passion, vous êtes la seule qui ait fait bouillonner mon sang dans mes veines! vous me rendez fou, je vous jure! et je vous devrai mon bonheur, aussi vrai que je vous dois ma première émotion, mon premier cri du cœur!

Hélène, écoutait, charmée. Ce n'était pas sa faute; avant d'en venir là, avant de se laisser séduire par l'élégance et l'esprit du baron, elle avait écrit à Pierre, implorant une lettre, un mot de consolation. Pierre ne répondit pas. — Alors elle l'accabla de nouveau : que faisait-il tandis qu'elle se trouvait chaque jour en face de son mari qui la torturait par une politesse affectée et la tuait sous un silence cruel? N'était-il pas de part à demi dans sa faute? Que devenait-il? L'aimait-il encore? ou l'abandonnait-il pour la religion ou pour je ne sais quoi? Elle se creusait la tête, cherchant une réponse, voulant quand même excuser Pierre, essayant de se rattacher à cet amour passé par un souvenir même trompeur ; mais elle était ainsi faite que tout avait fui de son esprit, elle ne se rappelait de rien. Elle courait après une ombre insaisissable et le soir, lorsqu'elle voulait songer à Pierre, de Junglar se présentait à elle éblouissant et vainqueur.

Une circonstance douloureuse rappela le prince et la princesse en Provence : madame de Lacastre mourut subitement dans les derniers jours de février.

Le prince fut très attristé de la perte de sa belle-mère, qui lui était doublement parente, et qu'il aimait beaucoup; mais ses relations avec sa femme restèrent les mêmes : comme à Paris, il se tint en garde contre toute scène pouvant amener une réconciliation, il marqua par sa froideur constante qu'il s'opposait aux tentatives inutiles d'un rapprochement. Les larmes d'Hélène ne firent tressaillir en lui aucune fibre de pitié ; la fille désolée ne lui fit point oublier la femme coupable.

M. de Lacastre, affaibli par l'âge et cruellement éprouvé par ce deuil récent, ne survécut pas longtemps à sa femme. Il s'éteignit à son tour dans les bras de sa fille qui entoura de soins dévoués les derniers moments de son père. Elle se sentit devenir meilleure au chevet du vieillard qu'elle adorait... Le soir, la veilleuse éclairait d'une lumière douce la grande chambre à tapisserie sombre; de larges poutres en chêne traversaient le plafond peint en vert foncé ; un grand feu flambait dans la cheminée large et haute, ornée d'une pendule à colonnes recouverte d'un globe en verre, deux candélabres et deux vases de Chine complétaient la garniture très simple. Sur un lit à baldaquin, habillé de rideaux à ramages bleus et rouges, M. de Lacastre reposait; quelquefois ses yeux s'ouvraient à demi et fixaient sur Hélène un regard de bonté souriante qui reflétait la tranquillité de l'âme... Au dehors, le silence désolé de la campagne, troublé de temps à autre par les aboiements d'un chien ou les cris lugubres d'un oiseau de proie.

Seule, pendant de longues nuits d'hiver, Hélène fit de longs retours sur elle-même; son passé, ses caprices et sa faute vinrent à chaque instant obséder son esprit; elle envisagea avec effroi sa situation et fut prise de vertige devant un avenir qui se dressait implacable et menaçant. Puis, un double remords la poursuivait : elle trompait audacieusement son père qui, sachant peut-être qu'il ne vivrait pas longtemps, redoublait d'affection pour elle ; tous ces sourires, tous ces serrements de main qui s'adressaient à la femme qu'il croyait aimée et respectée par son mari, ces témoignages incessants d'amour paternel, le charme qu'elle ressentait à se voir cajolée, adorée ainsi, elle lui volait tout cela! elle! la misérable qui osait approcher son front des lèvres de ce vieillard dont le caractère élevé et l'honnêteté si ferme grandissaient encore sous les ailes frémissantes de la mort !

C'en était trop, ses forces étaient à bout ;

—Je ne puis continuer à tromper son sourire, à mentir devant sa bonté! je ne serai plus lâche et indigne; je veux me confesser à lui, je veux le prendre à témoin de mon malheur... il me pardonnera, comme il m'a pardonnée après mon mariage...

Oh! s'il allait me maudire, me renier, me repousser à tout jamais loin de lui!... Hélène couvrit sa figure de ses deux mains et sanglotta.

— Va te reposer ma fille — dit M. de Lacastre qui crut à une fatigue — tu t'épuises à veiller ainsi, je me sens mieux, je n'ai pas besoin de toi, va...

Hélène s'avança vers lui, elle resta un moment debout devant le lit, en proie à une hésitation cruelle, puis tombant à genoux :

— Mon père, j'ai trompé mon mari...

— Non, non! — fit le vieillard — je suis le jouet d'un cauchemar, ma fille... mon Hélène, jamais !

— Hélas! — et elle fondit en larmes. M. de Lacastre garda le silence. Alors elle raconta tout : ses coquetteries, sa vie frivole, enfin sa faute et son châtiment; elle parla avec une volubilité folle, le son de sa voix lui donnait du courage et, semblable à ces peureux qui chantent la nuit, elle tremblait de s'arrêter, de se voir muette devant son père, attendant une réponse... à cette pensée, un frisson parcourait son corps et poussée par une force surnaturelle, elle parlait, parlait...

— Comment se nomme le traître que tu as aimé? interrompit M. de Lacastre.

Elle n'hésita pas :

— Un homme abject... un...

Elle n'acheva pas.

— Oh! fit le vieillard dans une exclamation douloureuse.

Cependant le regard du malade ne s'assombrit pas ; aucun sentiment de colère, de mépris ne tressaillit en lui, son cœur s'emplit seulement d'une immense tristesse. Il prit les mains de la malheureuse enfant qui sanglottait à fendre l'âme :

— Tu est bien coupable... il faut demander pardon, humblement à genoux !

— Oui dit-elle, levant ses yeux brillants de larmes.

— Ici... demain, devant moi, je le veux... humilie-toi.

— Où! mon père.

— Ah ! fit-il — sa tête retomba inerte, sans secousse ; il était mort.

Hélène épouvantée, se précipita vers son père et jeta un cri perçant : une servante entra aussitôt.

— Prévenez mon mari, vite.

Un moment après le prince apparut, anxieux.

— C'est fini? interrogea-t-il.

— Oui.

Le prince saisit une des mains de M. de Lacastre, la serra avec effusion pendant que deux larmes roulaient sur ses joues. Hélène se prosterna à ses pieds et prenant la main de son père et celle de son mari elle essaya de les réunir dans un baiser; affolée, les cheveux en désordre, la figure inondée de pleurs, elle murmura des paroles sans suite :

— Je n'avais plus que lui... il est mort... pauvre père! pardonnez-moi, vous!

C'est dommage, c'était une belle femme !

Le prince pâlit, ses yeux redevinrent secs et durs, il se retira lentement ; arrivé à la porte, il se retourna ; sa femme abîmée de douleur et de désespoir attendit, suppliante.

— Non... jamais... jamais! — répéta-t-il.

Hélène voulut accompagner le convoi de son père. On suivit le même chemin où elle avait passé, un peu plus d'un an auparavant, en toilette de mariée, radieuse comme les fleurs qui formaient la haie sur sa route. Alors, la joie brillait sur chaque visage : son père, sa mère, ses amis étaient là ; derrière eux le village entier se pressait, tous l'accompagnaient de leurs vœux et de leurs sourires. Le sable fin de l'allée, couvert d'une jonchée odorante, craquait sous ses souliers de satin, la brise apportait des senteurs de lilas et d'aubépine; elle se souvint qu'elle n'osait dire un mot de peur d'éclater en larmes de joie! Elle aimait! elle était aimée!...

Hélas! que de ravages! l'hiver étendait son manteau de froid sur la campagne et la bise soufflait glacée. Les assistants pleuraient silencieusement. Plus de gaîté, plus de fleurs, plus d'amour! La mort partout, dans la nature gelée, dans le cercueil qui précédait le cortège, dans le cœur de ces époux, qui marchaient côte à côte, réunis seulement en apparence par un sentiment de dignité devant cette tombe qui allait s'ouvrir. Demain, un abîme séparerait de nouveau ces êtres si bien fait pour s'adorer, pour être heureux! Demain, leurs haines qui se taisaient aujourd'hui, ensevelies par une commune douleur, reparaîtraient plus vivaces et plus inexorables que jamais.

CHAPITRE VI

Le baron de Junglar.

Hélène et son mari ne restèrent en Provence que peu de jours. Ils ne tenaient, ni l'un ni l'autre, à habiter ensemble, un pays qui avait été le théâtre de l'escapade de la jeune fille. Tout le monde connaissait la fameuse histoire dans ses moindres détails et les témoins oculaires abondaient parmi les paysans des environs. La contenance des deux époux devenait de plus en plus difficile dans ce milieu de province où la vie est à découvert, où l'existence de chacun fournit son contingent à la conversation des oisifs. Le Parisien, curieux mais toujours pressé, vous frôle en courant et si rien, dans votre mise, dans vos gestes, dans votre figure, ne le surprend ni ne l'inquiète, il reprend son chemin. Il n'est que badaud; il s'arrête devant le spectacle le plus enfantin, pourvu qu'un objet lui tire l'œil et qu'il voie de suite sans être obligé de réfléchir. Le provincial, au contraire, rentre en lui-même comme l'escargot et passe des journées entières, les yeux tournés en dedans, à songer à un événement qui l'a frappé la veille, à méditer sur la manière d'être de telle ou telle personne. Sa vue n'a pas le panorama incessant de Paris, pas plus que son oreille n'est assourdie par le bruit du boulevard; il lui est rarement donné d'observer quelque chose d'anormal et d'extraordinaire; aussi lorsqu'il a une idée en tête il la dissèque; il s'épuise en conjectures; le moindre incident lui fournit de nouvelles armes; peu-à-peu, à force d'entêtement et de patience, il arrive au but tant désiré, il parvient à savoir.

Le prince et la princesse ne se souciaient nullement de prêter le flanc à la curiosité ou à la malignité du public; et ils se trouvèrent d'accord sur ce point : que leur situation déjà si pénible ne pouvait supporter les clabauderies de la province sans s'aggraver encore et devenir intolérable.

De retour à Paris, ils recommencèrent leur vie d'indifférence mêlée de haine. Leur grand deuil les empêchant d'aller dans le monde, ils eurent le triste avantage de se rencontrer plus souvent, de se retrouver à chaque instant en face l'un de l'autre, de voir briller dans leurs yeux un ennui et une colère réciproques. Ils se faisaient horreur et ils étaient obligés de se parler, de déjeuner et de dîner ensemble!

Allaient-ils chez leur cousine Lucie ? il fallait se trouver côte à côte en voiture et les cahots les poussaient l'un vers l'autre ! En arrivant, le Prince lui offrait le bras et elle était bien forcée de l'accepter et de paraître heureuse, elle aussi ! Toutefois elle avait des envies de le mordre et ses dents se serraient rageusement. La nuit, elle rêvait qu'il la pourchassait un fouet à la main, elle voyait ses chairs déchirées et meurtries et elle s'éveillait dans des souffrances atroces, appelant au secours.

Le prince se sentait sourdement miné par cette existence et devenait de jour en jour plus sombre ; ses sourcils se pliaient à un froncement incessant, sa figure s'habituait à un masque de dureté et de menace, ses gestes devenaient brusques et saccadés, sa voix sifflait impérieuse et brève. Il s'étonnait lui-même de sa longue patience et se prenait à rougir de cette habitude constante de dissimuler ses sentiments. Lui, si emporté jadis, si susceptible, si colère ! Il en était réduit à ronger son frein en silence, à marcher honteusement sous un joug odieux ! et il avait beau se prendre la tête entre les mains et penser des heures entières, il ne trouvait rien qui le satisfît entièrement. Une seule issue se présentait à lui : renvoyer Hélène brutalement, la traiter comme une maîtresse indigne, sans s'occuper de son titre de femme légitime, et la chasser.

En quittant la Provence pour revenir à Paris, à la suite de la scène si triste de l'enterrement, il était parti sans se résoudre à rien. Le coup qui le frappait était si inattendu, si violent, qu'il n'avait pu prendre aucun parti, il n'y avait même pas songé ; instinctivement il avait fui, voilà tout.

Arrivé à Paris, il eut un instant l'idée de demander une séparation de corps et de biens. Mais il avait horreur d'un procès et du tapage que l'on ne manquerait pas de faire autour. Il se voyait déjà déshabillé des pieds jusqu'à la tête par l'avocat de sa femme ; les détails de sa vie, son intimité, devenaient le sujet des conversations ; on le montrait colère, emporté ; avec de la bonne volonté, il se transformait en monstre pour les âmes sensibles ; et elle, la pauvre créature ! prenait le rôle de victime.

Aussi, attendit-il.

Quoi ? il ne le savait pas lui-même.

Peut-être dans un moment d'espoir, entrevoyait-il une réconciliation ? Peut-être croyait-il pouvoir pardonner plus tard, lorsqu'il aurait un peu oublié la trahison d'Hélène ? Pendant quelque temps il se laissa aller à ce courant d'idées ; mais bientôt une réaction complète s'opéra en lui ; bien loin de perdre le souvenir de la faute de sa femme, elle grandit à ses yeux. Au lieu d'excuser Hélène, il la prit en dégoût et par un revirement brusque son cœur, hésitant entre le pardon et la vengeance, s'emplit aussitôt de haine pour elle. Un voisinage continuel ne fit qu'aigrir encore plus leurs relations de chaque jour. A ce moment une crise était imminente. La mort de M. et de Madame de Lacastre opposa un retard aux projets du prince. Cependant sa résolution était bien prise, cette fois, il pouvait s'en laisser distraire, mais non pas en changer. Les larmes et les supplications d'Hélène ne devaient plus l'attendrir, et il marchait sans pitié vers le but qu'il s'était tracé : une rupture, non point une rupture de gré à gré ? non ! il reprendrait le rôle de justicier que la loi lui accordait et il renverrait la coupable en lui dictant ses conditions et ses ordres définitifs.

La mise à exécution, de cette scène préméditée depuis longtemps, était difficile, délicate surtout. Néanmoins d'Auperre ne pouvait plus se contenir, sa patience était à bout. Un soir, — ils rentraient de dîner chez leur cousine Lucie, Hélène se dirigeait vers sa chambre, son mari l'arrêta d'un geste.

— Encore un entretien, — fit-elle. — Ah !...

— Oui, — dit-il — le dernier.

— J'écoute.

Elle se laissa tomber sur un fauteuil. Alors, lui, se plaçant en face d'elle :

— Je vous ennuie et je m'ennuie...

— Oui.

— Je désire revenir en Italie reprendre, seul, la vie paisible que j'avais rêvée à deux... Vous, c'est le tourbillon du monde et des plaisirs qu'il vous faut ? Eh bien ! rien n'est plus simple, faites un éclat qui nous sépare à jamais.

— Que voulez-vous dire ?

— Bientôt vous allez recommencer l'existence enfiévrée qui a pour vous des attraits sans nombre : les nuits passées au bal, les journées absorbées dans des courses, on ne sait où. Je devine parfaitement ce qui m'attend ; vous me tromperez encore... Ne répondez pas, vous manqueriez de franchise. Donc, je préfère être prévenu une fois pour toutes et me retirer loin, à l'abri de vos faux pas. Je suis de ces hommes qui vont tranquillement à un duel mais qui tremblent lorsqu'à l'improviste ils sont attaqués au coin d'un bois.

— Merci : je suis une voleuse. La voleuse de votre honneur !

— Pas d'ironie. Mon honneur est sain et sauf. Je me mets en garde et je veux pouvoir, demain à mon cercle, raconter le premier l'histoire de votre enlèvement. Je serais désolé d'en être instruit par un de mes bons amis, je désire au contraire les renseigner amplement et prendre, le soir même, le train pour l'Italie. Gageons que les rieurs seront de mon côté.

— Je ne comprends toujours pas, dit Hélène. — Et moi ? qu'est ce que je deviens dans ce plan si habilement combiné ?

— La maîtresse du baron de Junglar !

— Monsieur !...

— Oh ! pas de grands mots, pas de cris ! j'en ai horreur. Raisonnons : ce n'est un mystère pour personne que le baron vous poursuit de son amour : Laissez-vous enlever par lui ; tout Paris le saura bien vite et vous voilà d'un coup lancée en pleine vie irrégulière, aussi séparée d'avec moi que si vous étiez morte. Car il n'y a que deux choses à faire dans notre situation critique : ou continuer à nous promener dans le monde, comme deux machines automatiques, rivés l'un à l'autre par une loi absolue et nous détestant de grand cœur, ou ce que je vous indique. Seulement après avoir appartenu à de Junglar, — Le prince eut un sourire de vengeance en songeant aux bruits qui couraient sur le compte du baron — il est probable que vous tomberez plus bas...

— Lâche ! murmura Hélène entre ses dents...

— Oui — reprit le prince... c'est entendu, je suis un misérable, un infâme ! vous me déshonorez ? vous trahissez vos devoirs les plus sacrés ? pauvre femme infortunée :

incomprise ! C'est ma faute, je suis le seul coupable !... le bourreau !... Je reprends :
je veux vivre tranquille, aussi dès que Junglar sera votre amant, vous ne porterez
plus mon nom. C'est tout ce que je vous demande. J'aurais pu vous tuer, vous
surprendre en flagrant délit d'adultère ; j'ai préféré vous laisser vivre à votre guise ;
vous êtes dorénavant étrangère à mes yeux ; et vous eussé-je cent fois plus aimée
vous n'en disparaîtriez que plus complètement de mon cœur. Je ne regrette qu'une
chose, c'est de ne pas avoir été maître de mon premier mouvement et d'avoir à me
reprocher une scène de brutalité. Vous êtes chez vous ici ; je vais réaliser votre
fortune, vous n'aurez plus à faire qu'à votre banquier.

Hélène ne s'attendait pas à cette rupture définitive ; les femmes ont beau être
coupables, elles croient toujours au pardon ; elles se reconnaissent le droit de ne plus
aimer un homme, et elles n'admettent pas que ce même homme les oublie entièrement. Lorsqu'elles ont vu un amant se traîner à leurs genoux, elles se figurent
qu'elles ont gravé une empreinte ineffaçable dans son âme et qu'elles ont pétri son
cœur à leur guise, le marquant fortement à leur cachet. Cependant Hélène reconnut
que tout était fini ; le calme cynique de son mari ne lui permettait aucune illusion à
ce sujet. Aussi, elle se leva, dédaigneuse :

— Vous voulez un scandale qui nous sépare à jamais ? Soit, je suivrai vos ordres.
Ne craignez rien, les torts seront de mon côté. La vie que nous menons m'est aussi
insupportable qu'à vous. Je vais essayer d'autre chose. Adieu, vous me chassez,
vous serez content.

Le prince ne songea pas à la retenir ; il avait trop réfléchi à ce qu'il venait de lui
dire pour en regretter un seul mot ; il avait longtemps hésité. Son calme, en ce
moment terrible, lui montra qu'il n'avait pas trop présumé de ses forces, de son
indifférence. Son cœur était anéanti, aucun sentiment ne vibrait plus en lui ; il ne
ressentait même pas de la haine, encore moins du mépris.

Il était minuit environ, Hélène sortit précipitamment de chez elle. Arrivée dans la
rue, elle prit un fiacre qui passait et donna l'adresse de l'hôtel de Junglar.

Le valet de chambre, habitué à recevoir des dames un peu à toute heure, fit
entrer Hélène mystérieusement enveloppée dans sa mantille, et la pria d'attendre :
monsieur le baron ne pouvait tarder à revenir de son cercle.

La jeune femme s'installa dans le fumoir et promena un regard curieux sur
l'ameublement ; une glace, en face, lui renvoya sa figure un peu pâle. Elle songea
un instant, puis relevant la tête avec un mouvement de colère :

— Ah ! bah ! il m'a chassée, tant pis pour lui, arrive que pourra ! le baron
m'aime... j'en suis certaine... il m'a dit que je pouvais compter sur lui en toute
circonstance...

Les portes de l'hôtel s'ouvrirent, on entendit un roulement de voiture, de Junglar
rentrait, Hélène se précipita au devant de lui :

— C'est moi... — fit-elle. — Alors, nerveuse, elle eut un flot de paroles, de phrases
qui n'en finissaient pas : « Son mari la rendait malheureuse ; elle ne pouvait plus
« supporter cette existence de chaque jour avec un être qui la haïssait ; elle venait,
« confiante, seule ; il la sauverait, s'il l'aimait vraiment. Sans cela elle était perdue ;
« que faire, en effet ! » et elle parlait de quitter Paris, de mourir, avec un accent

sincère auquel l'égarement de ses yeux donnait une force bizarre, elle poursuivait sa conversation à bâtons rompus, dissimulant sous cette volubilité sa rougeur et sa honte.

De Junglar l'avait fait asseoir doucement et lui baisait les mains, à genoux devant elle. Hélène se tut ; son cœur battait violemment et son sein se gonflait au-dessus de sa robe de satin noir légèrement décolletée. Le baron, à ses pieds, semblait plongé dans une extase muette, elle le regarda d'un air étonné : sa figure pâlissait, il leva ses yeux remplis de pleurs.

— Oh ! vous êtes bien ma femme idéale.... je vous aime.

Soudain, lâchant les deux mains de la jeune femme qui retombèrent sur le canapé, il se dressa devant elle :

— Voulez-vous rester à Paris ? dit-il.

— Non.

— J'ai, sur les bords de la Marne, une maison perdue au milieu d'arbres centenaires ; voulez-vous aller l'habiter quelque temps ? Ensuite, nous voyagerons, nous irons devant nous, guidés par notre seule fantaisie ; vous n'aurez en moi qu'un esclave soumis et respectueux....

Je vais donner l'ordre d'atteler, et au point du jour vous prendrez possession de votre nouveau domaine. Demain, j'irai vous rendre visite, si vous le permettez toutefois. Un domestique va vous précéder, il vous préparera votre arrivée ; d'ailleurs il y a là-bas une brave femme qui prend soin de la maison ; elle sera toute à votre service.

— Oui, c'est cela, — répondit machinalement Hélène, qui ne comprit pas trop pourquoi de Junglar qui, dans un salon semblait ivre de passion, lui parlait d'autre chose que de son amour.

Ce raisonnement froid, ces indications débitées avec un calme parfait, firent sur Hélène l'effet d'une douche d'eau glacée ; elle se leva stupéfaite d'être venue se jeter follement dans les bras d'un homme qui ne répondait à ses avances que par la promesse d'un bonheur futur. Certes il l'aimait ; elle ne pouvait s'être abusée à ce point. Mais que voulait-il d'elle ?.... Ce n'était plus une jeune fille ? D'où venaient ces atermoiements. .

— Qui sait, — pensa-t-elle, — un original, peut-être ? et elle sourit.

Le coupé attendait en bas. Hélène reprit sa bonne humeur, elle fit au baron un salut de soubrette qu'elle accompagna d'un : — Vot' servante, not' maître ! et, se baissant, elle présenta son front à de Junglar ; celui-ci l'embrassa chastement et lui donna le bras jusqu'à la voiture.

CHAPITRE VII

Sagette et Maria.

De retour à Paris, Sivrani se voyant enfin en possession des deux enfants et surtout du fils de Marcelle, résolut de mettre son plan hardi à exécution.

Ce qu'il voulait faire était bien simple pour lui ; il avait décidé de tuer l'enfant de la marquise de Santeuil et de le remplacer par le sien.

Pour cela il avait chargé Catherine de rapporter la bague qui avait servi à marquer au bras le petit marquis ; une fois le petit garçon disparu, il suffisait de faire la même empreinte sur son fils à lui.

De là, un double avantage ; d'abord il écrivait à Marcelle que son fils avait été enlevé et qu'elle ne le reverrait que moyennant une forte somme ; ensuite il lui donnait leur mioche à qui il assurait ainsi une existence brillante et ils n'avaient plus à s'inquiéter de lui en aucune façon.

Ce fut Catherine qui essaya de résister et qui refusa de se soumettre à cet arrangement, du moins pour le moment.

— C'est trop cruel, s'écria-t-elle, perdre à jamais mon fils !

— C'est pour son bien !

— Pauvre mignon, je l'aime trop maintenant et je me trouve déjà assez coupable de l'avoir déjà abandonné !

Je t'en prie ne songe pas à m'en séparer...

— Il le faut, cependant, répliqua Sivrani. Examine bien la situation avec moi ; nous ne pouvons songer à les garder tous les deux ?

— Qui te parle de cela.

— Bien.

— Fais ce que tu voudras du petit marquis ; vends-le aussi cher que possible, mais laisse-moi le mien.

— Tu ne comprends rien. Je te répète que, dans son intérêt comme dans le nôtre, nous ne pouvons agir ainsi.

Nous allons avoir un peu d'argent, mais qui sait ce que nous deviendrons d'ici là.

On peut exiger une bonne somme, je le sais bien... qu'importe, cela ne durera pas toujours et si nous ne réussissons pas dans notre entreprise, nous nous retrouverons misérables avec un enfant sur les bras !...

Je te le répète, cela n'a pas le sens commun. Ah ! les femmes elles se laissent toujours guider par leurs sentiments ridicules, et lorsqu'il n'y a plus de pain, elles désertent la maison.

Fie-toi à moi, j'ai choisi le bon parti, celui qui doit nous rendre tous plus heureux, notre enfant et nous.

Reste l'autre à expédier !...

— Tu me fais frémir rien qu'à cette horrible pensée !...

— N'importe, je l'ai résolu, cette nuit...

Voilà dans quelle disposition d'esprit se mouvait le couple monstrueux que nous avons déjà présenté à nos lecteurs pendant la nuit sinistre par laquelle débute notre prologue.

Sivrani et Catherine, avant de jouer la partie lugubre qu'ils avaient engagée, s'étaient précautionnés.

Lorsqu'il changea de logement, Sivrani donna des faux noms; il se fit appeler Sagette, et désigna Catherine, qu'il présenta comme sa femme, sous le simple prénom de Maria.

Catherine en était arrivée peu à peu à la déchéance morale la plus absolue; rien ne vibrait en elle et lorsqu'elle supplia son amant de ne pas lui prendre son fils, elle le fit avec une telle mollesse et une quasi indifférence qui ne ressemblait que de très loin à l'amour d'une mère blessée dans ses plus chères affections.

Sivrani avait déteint sur elle, elle était bien devenue sa chose, sa complice passive.

Un seul point effrayait Catherine, c'était le crime et les suites qui pouvaient en résulter, cela seul la troublait profondément.

De son côté, Sivrani n'était pas à l'abri de toute inquiétude à ce sujet, il avait réfléchi longuement et il était surtout tourmenté par la façon dont il pourrait se débarrasser du cadavre.

Il eut l'idée d'aller le jeter à la Marne, dans la nuit.

Un matin il partit pour aller visiter l'endroit qui lui paraîtrait le plus favorable.

Arrivé à La Varenne, il côtoyait la rivière, l'œil aux aguets, fouillant les endroits écartés et les anfractuosités secrètes, lorsqu'une amazone passa rapidement auprès de lui.

Il jeta un regard et détourna aussitôt la tête...

L'amazone était la princesse Hélène qui, dès le lendemain de son arrivée à la campagne chez le baron de Junglar, était allée faire une promenade aux environs.

Un long voile bleu flottait autour d'elle et elle disparut au milieu d'un tourbillon de poussière.

Elle ne reconnut pas Sivrani, elle ne songea même pas un seul instant que ce pauvre diable, en costume défraîchi, pouvait être l'ancien comte de Miroil, son amant!

Mais elle n'avait pas changé, elle était toujours aussi belle et aussi séduisante; et Sivrani n'eut pas besoin de la regarder de nouveau pour être bien certain qu'il venait de se trouver en présence de son ancienne maîtresse.

— Que diable peut-elle faire ici? pensa-t-il. J'ai presque envie de m'en assurer.

Catherine ne m'attend que tard ce soir..., je n'ai pas de service cette nuit..., inspectons le pays pour mon compte personnel..., je flaire quelque amourette... une jolie maison enfoncée sous les grands arbres... mais avec qui?...

Sivrani n'eut pas longtemps à attendre; il avait à peine fait une centaine de pas qu'il aperçut le baron de Junglar dans une charrette anglaise qu'il conduisait lui-même.

— Parbleu! voici le galant!...

Le baron de Juaglac injusta... Page 244)

Sivrani se blottit derrière une haie de ronces vivaces et lorsque le baron l'eut dépassé, il se releva, suivant de l'œil la direction que la voiture avait prise.

— Très bien, fit-il, le nid des amoureux est là-bas dans le côteau... je vais dîner ici, et à la nuit j'irai rôder autour pour voir comment on entre là-dedans.

Qui sait? elle reste peut-être seule quelquefois, cette adorable princesse qui m'a bafoué et insulté d'une si charmante façon?... on pourrait voir...

Allons d'abord nous rendre compte de l'endroit exact où perchent ces deux tourtereaux.

Sivrani alla se poster dans un chemin creux qui sillonne le côteau et il ne tarde pas à voir Hélène qui revenait lentement de sa course matinale.

Arrivée devant la grille d'une des habitations, elle arrêta son cheval; un domestique vint lui ouvrir et elle s'engagea dans une large allée, ombragée de tilleuls.

— Parfait, dit Sivrani, ce soir je visiterai tout cela en détail et je guetterai le baron pour savoir s'il reste au pigeonnier ou s'il rentre à Paris.

Sivrani descendit le chemin et alla s'installer sous la tonnelle d'un marchand de vins où il resta toute la journée abîmé dans ses réflexions et se vidant de temps à autre un verre de vin du litre qu'il avait devant lui.

Vers sept heures, il dîna, demanda adroitement quelques informations au patron sur les Parisiens en villégiature et, comme la nuit commençait à poindre, il se leva de table et se dirigea d'un air indifférent, en fumant une cigarette, vers l'habitation où il avait aperçu la princesse Hélène et le baron de Junglar.

Sivrani examina attentivement la grille, il fit le tour du mur qui environnait l'habitation du baron de Junglar ; la muraille était haute et surmontée de piques en fer.

A un endroit se trouvait un vieil arbre du champ voisin légèrement incliné.

— Ce n'est pas trop facile de pénétrer là-dedans, pensa Sivrani ; cependant, en se hissant à l'aide de ce tronc d'arbre, on peut atteindre le grillage du haut... une fois là, au petit bonheur.

C'est tout ce que je voulais savoir, on peut escalader.

Voyons maintenant si le baron reste à la campagne la nuit.

Sivrani s'étendit tout du long dans le fossé, près de la porte d'entrée et, immobile, guetta, dans la demi obscurité de la nuit, les allées et venues des hôtes de la maison.

Pendant longtemps, rien ne vint troubler le silence monotone de la campagne. Le ciel, bien qu'un peu noir, était superbe et quelques étoiles brillantes projetaient leur lumière pâle à travers les nuages amoncelés,

Vers dix heures il se fit un mouvement de va-et-vient dans l'intérieur, puis, tout à coup, un domestique vint ouvrir la porte à deux battants et le baron de Junglar passa en voiture, prenant la direction de Paris.

La porte se referma et, de nouveau, il se fit un grand calme.

— Très bien, dit Sivrani en se relevant tout mouillé par l'humidité de la nuit, le baron doit rentrer chaque soir à Paris ; il va se montrer un instant à son cercle et personne ne soupçonne son aventure galante... excepté moi... Ah ! ah ! princesse, vous n'avez pas peur toute seule?... Vous avez tort. A un de ces jours, chère !...

Quelques heures après, Sivrani, rentré chez lui, raconta la première histoire venue à Catherine.

— Eh bien? qu'as-tu décidé? fit-elle.

— C'est pour cette nuit...

— Oh ! attendons quelques jours...

— Non point ! pas de retard... j'ai exploré les bords de la Marne...

— Et...

— Cela ne vaut rien. Ne m'as-tu pas parlé de Clamart et des salles de dissection ?

— Oui, lorsque j'étais avec ces étudiants... tu sais ?.. Ils disaient que l'on apportait là tous les cadavres des hôpitaux en tas,..

— De sorte que si l'on jetait au milieu de tout ça, un autre cadavre, personne n'y ferait attention?

— Assurément.

— Alors il faut en finir avec cet enfant qui nous gêne et nous irons le porter là-bas aussitôt.

— Y songes-tu ?.. et le mur ?

— Ça me connaît... Ne t'inquiète pas...

En disant cela, Sivrani prit un bougeoir et alla dans un petit réduit où dormaient les deux enfants.

Catherine, fatiguée était au lit. Il rev'nt un moment après, tenant le petit qui se débattait en pleurant...

— Ah ! mon Dieu, que fais-tu ? s'écria la jeune femme.

— Rien, répondit cyniquement l'agent des mœurs et, comme envahi par la folie du crime, il étrangla l'enfant en le serrant rageusement entre ses mains nerveuses.

— Oh ! mon Dieu ! mon Dieu ! répétait Catherine qui s'était dressée sur son séant.

— Qu'as-tu fait ? c'est épouvantable.

— Vas-tu me ficher la paix, gueularde !

Et il jeta sur le carreau le corps inerte de l'enfant qui avait cessé de vivre.

Nous avons vu ces deux monstres réussir dans leur entreprise et rentrer chez eux après avoir déposé la pauvre créature sur la dalle froide d'une salle de dissection.

Nous les avons vus, calmes, rentrer chez eux après cette lugubre promenade et s'endormir tranquillement dans leur taudis souillé par le crime.

Deux jours après, Sivrani résolut de retourner à La Varenne pour mettre son projet à exécution, mais craignant d'être remarqué s'il se rendait de nouveau seul à la campagne, il décida Catherine à l'accompagner.

— Que vas-tu encore faire ?.. demanda-t-elle.

— Ne t'inquiète pas...... rien qu'un mur à franchir... tu m'attendras, et je reviendrai les poches pleines.

— Ainsi soit-il !..

Ils partirent tous les deux, prirent le chemin de fer jusqu'à Joinville, descendirent à la gare et longèrent la Marne jusqu'à l'endroit fixé.

Ce soir-là, de Junglar rendu jaloux par certaine plaisanterie que l'on faisait courir au cercle, avait songé à rester quelques heures dans le jardin, dissimulé dans un bosquet.

Il avait salué Hélène, la laissant dans sa chambre, puis il était sorti, faisant semblant de monter dans sa voiture,

Le cocher, obéissant à ses ordres, était allé l'attendre au delà du pont.

— Une folie de jeunesse ! songeait de Junglar en souriant. N'importe je vais écouter quelques instants et je me sauverai sans bruit.

Cependant si quelqu'un venait, il trouverait un adversaire armé de mauvaises raisons.

Et il tenait la main sur son révolver.

Sivrani, voyant sortir la voiture, ne se méfia de rien, il escalada le mur et se laissa glisser dans le jardin, pendant que Catherine surveillait les environs, blottie derrière un arbre.

De Junglar vit parfaitement, malgré l'obscurité, une ombre se projeter à quelques pas devant lui.

— Tiens, tiens ! grommela-t-il entre ses dents, alors il se rappela les histoires à mots couverts que l'on avait racontées devant lui et, son esprit étant tout entier à la jalousie il ne songea pas un seul instant qu'il pouvait avoir en face de lui un simple voleur.

Aussi il se garda bien de bouger et, le cœur serré douloureusement à l'idée qu'Hélène le trompait, il se tint sur le qui-vive, voulant la surprendre sur le fait, brutalement, la chasser et tuer l'homme qui venait lui voler sa maîtresse comme un malfaiteur.

Sivrani fit le tour de la maison, cherchant à deviner la chambre de la Princesse.

Il faisait très chaud, un mince filet de lumière passait à travers l'entrebâillement des fenêtres à demi ouvertes.

Hélène n'était pas encore couchée, elle lisait distraitement un livre, étendue nonchalamment sur la chaise longue. Sivrani ouvrit les fenêtres d'un seul coup et d'un bond, il sauta dans la chambre.

— Ne criez pas... ne bougez pas ou vous êtes perdue !

— Lui ! s'écria Hélène anéantie par la vue de ce misérable.

Elle voulut crier, les paroles s'arrêtèrent dans sa gorge.

Alors il la saisit dans ses bras, et, l'œil brillant de colère et de désir, il jeta sur sa capture un regard inexprimable de vengeance.

Elle se débattit, le repoussa un instant avec énergie, mais elle fit un faux pas et alla rouler à terre.

Sivrani allait profiter de sa défaite et se précipiter sur elle, lorsque le baron de Junglar parut à la fenêtre, menaçant, le pistolet levé.

Sivrani éperdu, se voyant pris sans rémission, essaya d'un coup d'audace ; il s'élança vers le jardin, franchit la fenêtre en bousculant son ennemi d'un mouvement si rapide, que ce dernier surpris eut une minute d'hésitation ; mais il se remit bien vite.

Le baron de Junglar l'ajusta, le coup de feu retentit, et Sivrani alla rouler raide mort à quelques pas de là.

— Vous ici, dit Hélène, quel bonheur ! sans vous, j'étais victime de cet audacieux brigand.

— Vous ne l'avez pas reconnu ?

— Non...

— C'est le faux comte de Miroil, ce misérable...

— Il est mort ..

Enfin ! je n'étais vraiment pas tranquille, je l'avais tellement accablé de mon mépris, que je redoutais sans cesse sa haine...

— Soyez rassurée, mon Hélène adorée !...

— Mais tout cela ne m'explique pas votre présence ici...

— J'étais jaloux...

— Vilain méchant ! fit la princesse avec un adorable sourire.

Les gens de la maison s'étaient réveillés au bruit de cette détonation ; de Junglar envoya deux domestiques à la gendarmerie pour informer le brigadier de ce qui venait de se passer chez lui.

Ils partirent, portant une lanterne et armés de solides bâtons.

— C'est peut-être une bande de voleurs ! dit l'un deux en tremblant de tous ses membres.

— Allons donc, capon ! bégaya l'autre que la peur empêchait de parler.

— Alors il est bien mort ce gredin ?

— Pardine, voilà un quart d'heure qu'il est étendu sans mouvement, son affaire est réglée.

— Mort ! répéta en elle-même Catherine qui, blottie dans un fossé, avait entendu la conversation des deux hommes.

— Que vais-je devenir ? que faire ? Si l'on m'aperçoit je serai accusée de complicité, et je passerais devant les tribunaux... la prison !... le bagne !! Oh ! ma tête s'égare...

Voyons, un peu de calme... il y va de mon existence ! malheureuse que je suis ! avoir suivi ce misérable, m'être laissé entraîner jusqu'au crime...

Je vais rentrer à Paris ; après je verrai...

Catherine se mit à courir sur la route, s'arrêtant de temps à autre pour prêter l'oreille.

Avant d'arriver au pont, un bruit de pas se fit entendre ; de nouveau elle se dissimula derrière un talus : c'étaient les gendarmes qui se rendaient chez le baron de Junglar.

— Pour lors qu'il a cessé d'exister ? questionna l'un d'eux pour la dixième fois.

— Je vous ai déjà tout dit sans en passer un détail.

— Que c'est un fier particulier ce baron !

— Effectivement ! répliqua l'autre gendarme.

— Il est inanimé ce malfaiteur ?...

— Mais j'y pense, il va falloir aller chercher le procureur et le commissaire, avant d'enlever le cadavre... après quoi on le portera à la morgue...

Catherine eut un tressaillement. Les domestiques et les gendarmes disparurent dans la nuit.

Aussitôt la jeune femme se leva et s'armant de courage, elle se mit à marcher de toutes ses forces vers Paris.

Harassée, éreintée à son arrivée, elle ne se reposa pas ; elle prépara immédiatement une petite malle, prit l'argent qu'elle trouva dans un tiroir, enveloppa son enfant dans un grand châle et, avant le jour, sortit de la maison.

La rue Lacépède n'est pas éloignée de la gare d'Orléans, elle y fut bientôt.

— A quelle heure le premier train ? demanda-t-elle à un employé.

— A sept heures .. vous avez encore trois heures à attendre...

— C'est bien long !

— Aussi on prend ses précautions... vous venez probablement de la gare de Lyon...

— Oui... Oui.,.

— Voilà, le train ne correspond pas... entrez toujours dans la salle des bagages...

Ce ne fut que tout-à-fait dans la nuit que Catherine arriva à Saunay.

Elle dut encore faire la route de Caperlac à Saunay à pied ; mais elle aurait marché le double, tellement elle était sous l'empire d'une surexcitation terrible.

Il lui semblait à chaque pas, entendre quelqu'un derrière elle ; elle se retournait agitée, inquiète et s'élançait en avant avec une nouvelle dose de force.

Une fois chez sa mère elle croyait qu'elle serait à l'abri de toute poursuite.

Aussi n'est-ce pas sans une émotion inénarrable qu'elle frappa à la porte de cette humble maison où s'était écoulée sa jeunesse, où elle avait un instant rêvé de bonheur et d'amour.

Ses souvenirs tristes ou gais repassèrent dans son esprit en une seconde, elle revit la Catherine honnête et respectée de tous, puis son mauvais génie apparaissait dans le pays, elle le rencontrait pour la première fois, elle l'aimait déjà.

Plus de chansons dans la grande cuisine en travaillant le soir ! Plus de sourires qui reflètent le calme d'une âme pure ! plus rien de la jeune fille innocente et joyeuse !

La tristesse, l'attente, les larmes sans fin qui lancent dans les paupières les rougeurs brûlantes ; les désespoirs et enfin les remords et le crime.

Certes la jeune femme, pâlie par l'émotion, la fatigue et l'inconduite, qui frappait à la porte de son ancienne demeure, ne ressemblait en rien à la jeune fille chaste et belle d'il y a quatre ans.

Elle rentrait nuitamment dans son village pour ne pas sentir la honte lui monter au front devant chaque personne de connaissance.

Qu'allait-elle répondre à ses amies d'enfance qui lui demanderaient demain d'où elle venait ?

Par quelle explication justifierait-elle sa longue absence ?

Elle frappa de nouveau, un silence glacial régnait à l'intérieur de cette maison close qui avait un aspect de tombeau.

— Oh ! pensa Catherine éperdue, si ma pauvre mère n'était plus ; si elle était morte... après cette scène terrible... qui sait ? il l'a peut-être frappée, elle aussi !... que lui importait un crime de plus ou de moins... Oh ? non ! mon Dieu ! mon Dieu ! ayez pitié de moi !

Elle saisit de nouveau le marteau et nerveusement, fiévreusement, elle frappa à coups redoublés,

Enfin elle entendit un bruit de porte qui s'ouvre, de chaises que l'on remue dans la nuit et sa mère répéter d'une voix brisée.

— Qui est là ? qui est là ?

— C'est moi ! ta fille !

La porte s'ouvrit, Catherine voulut embrasser sa mère, mais la vieille bégayait avec un air égaré :

— Ma fille.. ma fille... quelle fille ?...

— Hélas ! mais elle est folle !... c'est impossible... voyons, maman ?... maman ?...

— Misérable !... il est venu... il l'a pris...

— Qui ?

— L'enfant... le petit marquis !...

— Mais non ! voilà ton petit fils... le tien...

Et Catherine se pendit au cou de sa mère, cherchant à arrêter son regard vague sur un objet et à rappeler à son esprit troublé un être qui lui était cher.

— Ton fils... maman...

— Ah !... oui, fit la vieille femme, et un instant elle sembla reprendre son bon sens.

Voyons cet enfant ? son bras droit ?

Elle enleva la petite blouse du bébé qui ouvrait des yeux effarés en présence de cette vieille femme qui le remuait sans façon.

— La marque ? il n'a pas la marque ! où est-il celui qui avait une fleur de lys sur le bras !

— Le fils de Marcelle ?

— Où est-il... réponds ? tu ne vois pas que ton silence me poignarde le cœur ?...

— Eh bien... il est mort...

— Ah ! et la vieille se jeta sur Catherine, menaçante en poussant des cris de rage.

— Ah ! misérables vous l'avez égorgé... dans quel but ? pourquoi ?

Catherine, à genoux devant sa mère, prosternée devant cette colère inexorable, demeura muette.

— Pour de l'argent sans doute !... lâches ! gredins !...

Eh bien ! sais-tu ce que tu as fait... tu as tué ton propre enfant !...

— Mon fils ! impossible !... le voici dans mes bras... il n'a pas de marque lui ! il est bien à moi...

— Écoute malheureuse... voyant ta mauvaise conduite, te sachant éprise de ce malfaiteur... j'avais voulu que mon petit-fils fût à l'abri de la misère... Cette marque de fleur de lys que je devais imprimer sur le bras de l'enfant de Marcelle... je l'avais apposée sur ton fils... ton fils, à toi !...

Catherine écoutait sans comprendre, elle resta là, immobile, accablée.

Sa mère fut obligée de la mettre au lit, elle ne bougeait plus, ne répondait plus à rien.

Dans la nuit une fièvre violente s'empara d'elle. elle délira jusqu'au matin, en proie aux cauchemars les plus affreux.

On fit appeler un médecin en toute hâte le lendemain matin, mais il n'y avait plus rien à faire, la science était impuissante devant ce cas terrible de désorganisation de la machine humaine.

Le soir elle mourut dans les bras de sa mère, sans avoir repris connaissance de toute la journée.

CHAPITRE VIII

Une table de dissection.

Dans le prologue de ce roman, nous avons suivi Marcelle visitant les salles de dissection de Clamart au bras de Paul Gallac.

Nous l'avons vu s'évanouir dans les bras de ce dernier en murmurant à l'aspect d'un pauvre petit enfant : Mon fils, mon pauvre fils.

Le marquis de Santeuil ne s'était aperçu de rien, indifférent à ce spectacle, il se promenait dans le jardin.

Aussi ne remarqua-t-il pas la pâleur de sa femme lorsqu'elle sortit de la salle, appuyée sur Paul Gallac qui l'entourait d'une tendre sollicitude.

— Eh bien ! chère amie ? dit-il.

— Rentrons, je me sens très-fatiguée, répondit Marcelle.

— Un peu d'émotion, fit Paul.

— Aussi quelle folie ! reprit le marquis ; je vous avais bien prévenue, il faut laisser cela aux hommes de science ; mais venir ici uniquement pour satisfaire une curiosité malsaine, ce n'est vraiment digne ni de vous, ni de moi...

Marcelle, horriblement bouleversée, n'écoutait pas, elle se dirigea vers la voiture, machinalement, et se laissa tomber sur les coussins sans se rendre compte de ce qu'elle faisait.

Une préoccupation unique obsédait son esprit ; cet enfant qu'elle venait de voir étendu sur une table était son fils ; la marque qui se trouvait sur son bras l'indiquait suffisamment, elle provenait bien de la bague de famille qu'elle avait envoyée à la mère de Catherine.

Que faire dans cette alternative pénible où elle était plongée ?

Réclamer son fils ? cela faisait un véritable scandale.

L'abandonner ? son cœur de mère se brisait à cette seule pensée et elle ne pouvait se résoudre à cette idée coupable.

Cependant il fallait se décider promptement, prendre un parti à l'instant même, sans cela le scalpel de l'étudiant labourerait le lendemain les chairs de l'être adoré, de l'enfant qui, seul, lui rappelait le souvenir de son premier amour !

Il était né d'une faute, c'est vrai ! mais elle ne l'en aimait peut-être que plus encore.

Jean Dubois, se perdant déjà dans le passé, révélait pour elle la figure du bonheur idéal des joies pures et sans mélange.

Sa pensée flottait incertaine dans une rêverie inconsciente.

Cependant, assis en face d'elle, Paul la regardait d'un œil compatissant ; il avait l'air de lui dire : Pourquoi tremblez-vous ? Pourquoi cette inquiétude terrible envahit-elle votre âme ? ne suis-je pas là ? Et, malgré la sympathie qui brillait sur sa physionomie, il restait au fond de sa prunelle un reste de la résolution farouche de la menace qu'il lui avait faite :

— Je vous aurai là, sur cette dalle !

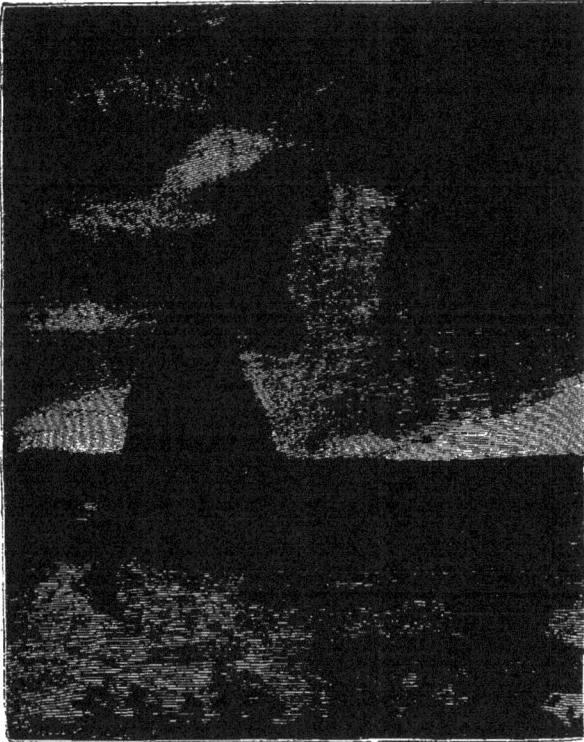

Et elle errait... (Page 254.)

Marcelle était trop troublée en ce moment pour démêler ce qu'il y avait de bonté ou de désir dans l'homme sur qui elle était certaine d'exercer un si grand empire.

Elle ne vit que ce qu'elle cherchait ; un ami qui s'offrait à elle, qui lui proposait ses services et son dévouement le plus entier.

Aussi elle n'hésita pas ; arrivés à l'hôtel, Paul voulut se retirer, elle insista pour qu'il restât, elle avait besoin de lui après une secousse pareille.

Le marquis de Santeuil s'unit à elle pour retenir le jeune médecin ; Paul obéit d'autant plus volontiers qu'il désirait ardemment être seul avec Marcelle.

Le marquis rentra chez lui ; la marquise fit asseoir Paul à côté d'elle.

— Eh bien, mon cher ami, vous n'aviez pas reconnu le malade que vous êtes allé soigner à Saunay.

— Je songeais si peu qu'un pareil malheur pût vous arriver...

— Comment ce crime s'est-il accompli, comment des misérables ont-ils eu le triste courage d'égorger cet enfant? dans quel but? je l'ignore... mais il est une chose certaine, c'est que je ne puis laisser mon fils à Clamart... il me le faut !...

— C'est bien difficile, madame,

— Peu importe... je me compromettrai s'il en est besoin, je ferai tout...

— Je vous épargnerai cet ennui; ne suis-je pas votre esclave, moi ! sans le moindre espoir d'être aimé jamais ?

— Oh ! Paul ! me parlerez-vous d'amour dans un pareil moment ?...

— Et pourquoi pas ? Marcelle vous me torturez par trop... j'en deviens fou ! la passion que j'ai pour vous est insensée... mais prenez garde, je sens passer en moi des velléités de crime... mes yeux s'injectent de sang ; j'y vois rouge !

Oh ! soyez compatissante !...

— Mon fils? songez à mon fils...

— Oui... oui... ce soir vers dix heures, venez près du Jardin des Plantes, au coin de l'hôpital de la Pitié, je vous attendrai... j'aurai pris mes précautions... le gardien se fie entièrement à moi... nous entrerons et nous prendrons votre enfant... n'amenez pas votre voiture, prenez un fiacre... à ce soir...

— Merci...

— Je vous aime ! s'écria Paul en prenant la main que Marcelle lui tendait et qu'il couvrit de baisers...

Et il s_____ jetant sur Marcelle un regard empli d'amour et d'espoir.

Le re_____ née, la jeune femme réfléchit à ce qu'elle ferait du cadavre de son enfa__

— Pa_____ chez lui, le temps de commander un cercueil doublé d_____ pauvre petit, il dormira en paix là-bas... on mett_____ et des fleurs, beaucoup de fleurs, des plus_____ son père... pour ces deux êtres chéris q_____

Vers neuf heures, Marcelle sortit discrètement de la rue de Varenne et marcha quelques instants jusqu'à ce qu'elle eût rencontré un cocher auquel elle donna l'adresse que Paul lui avait indiquée.

Paul, de son côté, était arrivé une demi-heure d'avance au rendez-vous ; il était soucieux, un peu effrayé de ce qu'il allait faire.

Certes il ne commettait pas une mauvaise action et sa conscience était bien tranquille. Mais c'était une chose grave qu'il avait promise : enlever un cadavre d'un amphithéâtre de dissection ! si cela venait à se savoir ! Il se voyait déjà traduit devant un Conseil académique, obligé de dévoiler toute cette histoire que Marcelle tenait tant à cacher à tout le monde,

On le soupçonnerait ! on l'accuserait peut-être... ses professeurs qui l'estimaient, qui le prenaient pour un élève sérieux et d'un grand avenir, que penseraient-ils de lui, en le voyant mêlé à une affaire de cette nature ?

Et Marcelle, cette femme qui n'avait pour lui qu'une affection de sœur, qu'une reconnaissance de commande !

Oh ! il ne pouvait se faire à l'idée que la marquise lui échapperait toujours, qu'il ne la posséderait jamais, lui qui la désirait si ardemment, lui qui la voulait !

Tout d'un coup, il retourna la tête, il venait d'entendre des cris, c'était une voiture qui venait de se briser contre un omnibus. Paul se précipita vers la voiture ; la rue était à peu près déserte ; l'omnibus rentrait à vide, le cocher filait tranquillement ; il avait tenu sa droite, tant pis pour l'autre qui était venu se fourrer trop près.

L'automédon de la petite voiture, une espèce de brute, à demi ivre, grommelait entre ses dents des jurons et des menaces.

— Cré crapule ! il m'a brisé ma roue, cet estropié !

Paul ouvrit la portière de la voiture renversée, Marcelle était dedans évanouie ; il l'enleva dans ses bras avec précaution, de peur qu'elle n'eût un membre de fracturé et il se dirigea vers une pharmacie.

Paul Gallac ouvrit la porte et installa Marcelle sur un fauteuil.

— Tiens, c'est vous, M. Gallac ? dit le pharmacien qui connaissait beaucoup Paul.

— Oui, donnez-moi donc une potion calmante, très vite...

— Mon cher ami, je suis excessivement pressé et j'ai là dans mon laboratoire une préparation qui n'attend pas ; vous savez ce qu'il vous faut, je vous laisse maître...

Allons donc, farceur, c'est une de vos conquêtes... une crise de nerfs... Ah ! ah !...

Et le pharmacien se dirigea vers son arrière-boutique en étouffant un gros rire.

Paul resté avec Marcelle, regarda la jeune femme, l'évanouissement persistait.

Le jeune médecin s'oublia en contemplation devant cette femme qu'il tenait en son pouvoir, une mauvaise pensée traversa son esprit, une idée caressée depuis longtemps vint lui montrer le moment favorable pour l'exécution de ses projets audacieux.

— Allons donc ! fit-il, ce serait lâche, je veux...

Malgré lui son œil s'arrêta sur un bocal renfermant un puissant narcotique qu'il avait vu éprouver souvent dans des expériences sur les animaux. Il était dangereux, on pouvait en mourir, cependant on l'avait employé sans danger.

— Quelques gouttes de cette drogue et elle dormirait d'un sommeil tellement profond qu'on la croirait morte...

Je la fais transporter à la Pitié qui est à côté... demain matin le chef de service, abusé par mon rapport déclarera qu'elle a bien réellement trépassé... je suis interné de visite, je la fais apporter à l'amphithéâtre, personne ne la réclame et le soir même je la fais diriger vers Clamart... Ce narcotique a une puissance qui agira au moins 24 heures...

Elle s'éveillera nue sur la dalle de Clamart, et je serai là, en face d'elle, la tenant en mon pouvoir.

Marcelle fit un mouvement, Paul Gallac, dont l'œil flamboyait de désirs inassouvis, prépara la potion.

Au moment où la marquise, reprenant possession d'elle-même, murmurait :

— Où suis-je? Ah! vous voilà.

— Un accident... Ce ne sera rien... Tenez, prenez vite cela...

Marcelle but sans méfiance une gorgée du liquide que lui présentait Paul et, quelques minutes après, elle retomba dans un assoupissement profond.

Le moindre signe de vie semblait anéanti chez elle, le cœur ne battait plus, la respiration n'était plus sensible.

Paul Gallac la fit aussitôt transporter à l'hôpital et ce qu'il avait prévu se réalisa point par point.

Le soir elle arriva dans un des fourgons de l'assistance publique à Clamart.

Deux gardiens la saisirent l'un par les bras, l'autre par les jambes et la déposèrent sur une dalle.

— C'est dommage, fit l'un d'eux, c'était une belle femme !

— Oui, pas mal ! répondit indifféremment l'autre.

Vers onze heures du soir Paul Gallac vint apporter au concierge un ordre venant soi-disant du directeur pour le lendemain ; le gardien avait toute confiance en Paul qui était le préparateur du professeur chargé de cours anatomiques.

Le jeune médecin feignit de sortir, mais il ne ferma pas la porte et, au lieu d'aller du côté de la rue, il se dirigea vers les salles de dissection.

Il alluma une bougie et inspecta les nombreux cadavres disposés pour les travaux du lendemain.

Il ne tarda pas à apercevoir Marcelle étendue inerte et glacée.

A la vue de cette femme qu'il n'avait pas hésité à conduire là au risque de la tuer, uniquement pour assouvir une passion folle, il se sentit devenir encore plus pâle que sa victime et une sueur froide perla son front.

— L'heure approche... où elle devrait revivre! oh ! si elle allait être véritablement morte...

Elle n'était pas morte, car, tout d'un coup, elle ouvrit les yeux, se dressa sur son séant, regarda avec une fixité étrange l'endroit où elle se trouvait, fit un geste d'effroi en voyant Paul devant elle, muet et anxieux et poussa un cri horrible ; un cri d'agonie ou de folie !

Ce fut tout, elle ne parla pas, n'eut pas d'autres mouvements incohérents.

Elle se leva lentement, se mit à marcher, l'œil stupide, la bouche entr'ouverte, les bras ballants, sans songer à sa nudité et à l'endroit où elle était.

Elle s'arrêta devant un cadavre, et déposa un baiser sur son front rigide.

Paul s'élança vers elle, il l'enveloppa dans un long manteau et l'emporta comme un enfant.

Il sortit de Clamart, prit un fiacre qui le conduisit jusqu'à la rue de Varenne, là il passa par la petite porte du jardin et alla mettre Marcelle dans son lit, puis il s'éloigna rapidement après s'être rendu compte que personne ne l'avait vu.

La marquise de Santeuil était devenue idiote à la suite de cette frayeur épouvantable.

Paul, la tête en feu, éprouva le besoin de faire une longue promenade avant de rentrer chez lui.

Il erra longtemps par les rues, affolé à l'idée de l'accident qu'il venait de causer à Marcelle, se demandant avec anxiété comment cela allait se terminer.

Il marchait un peu au hasard, ignorant ce qu'il allait devenir, lorsqu'il s'arrêta immobile, l'esprit accablé par ces sombres pensées.

Il leva les yeux, il était en face de l'hôtel du Midi ; Louise était à sa fenêtre.

— Paul ! Paul ! s'écria la jeune fille ; celui-ci regarda et il recula de honte en voyant la figure pâlie et étiolée de celle qui lui avait donné son amour et qui se mourait à cause de lui.

Alors, sous l'inspiration d'un enthousiasme pour cette jeune fille qui l'aimait, elle ! il sonna à l'hôtel, monta quatre à quatre les escaliers, saisit Louise dans ses bras, en l'embrassant avec frénésie.

— Me voilà, je reviens vers toi, meurtri douloureusement ; mais je t'aime toujours, dis-moi que tu ne m'en veux pas ?....

Louise trop émue et trop tremblante pour pouvoir répondre tendit comme autrefois ses lèvres à son amant.

Madame Sivrani, éveillée par ce bruit inaccoutumé, apparut à demi-vêtue.

Paul se jeta à ses pieds :

— Pardonnez-moi, fit-il suppliant, pardonnez à votre fils repentant !

Louise eut un sourire d'une douceur inexprimable, et madame Sivrani ouvrit ses bras à Paul qui s'y jeta en pleurant.

. . . .

Le lendemain, la femme de chambre en apercevant sa maîtresse entièrement nue et l'air hébété, courut prévenir le marquis de Santeuil qui, depuis deux jours était dans une inquiétude mortelle au sujet de sa femme que personne n'avait vue.

Aux réponses incohérentes de Marcelle, à ses gestes désordonnés, il comprit qu'elle avait perdu la raison.

Aussi pour cacher ce malheur qui d'ailleurs pouvait n'être que passager, il partit le lendemain pour Saunay dans un compartiment réservé, n'amenant que la femme de chambre en qui il avait toute confiance..

Dès son arrivée à Saunay, il fut aisé de deviner qu'une idée fixe poursuivait Marcelle et brillait dans son cerveau comme la dernière étincelle d'une fusée au milieu de la nuit profonde.

On la laissa faire en la suivant de loin. Marcelle se dirigea d'un pas précipité vers la demeure de Catherine. Elle se trouva en face de la vieille folle.

Les deux femmes restèrent un moment muettes, se regardant fixement comme si elles attendaient pour se parler qu'une lueur de raison se fît jour dans leurs pauvres têtes détraquées.

— Mon fils ? dit tout-à-coup Marcelle.

— Ton fils ! ton fils !... bégaya la vieille.

— Oui...

— Le voilà, prends-le et va-t'en ! va-t'en vite !...

D'un geste saccadé la mère de Catherine désigna l'enfant. Marcelle courut vers lui, regarda son bras droit puis le repoussa nerveusement...

— Non ! non ! menteuse !! il n'a pas la marque.

La vieille eut un éclair d'intelligence, son bon sens lui revint pendant quelques minutes et elle put expliquer à Marcelle comment et pourquoi elle avait appliqué la marque sur l'enfant de Catherine.

Marcelle tout oreilles ne perdit pas un mot de ces explications, elle arriva à comprendre, poussa un cri de bonheur et, pendant qu'elle embrassait son fils, des larmes abondantes inondèrent ses joues.

Elle était sauvée, sauvée par son amour pour son enfant.

Elle amena au château la mère de Catherine à qui elle fit donner tous les soins possibles, mais la pauvre folle avait trop souffert elle ! elle ne revint jamais à la raison, et elle errait par les chemins, les yeux hagards en murmurant sans cesse : Mon fils... ils l'ont tué... pauvre petit !... pauvre petit !!...

FIN

TABLE DES MATIÈRES

20 Aout 10

DEUXIÈME PARTIE

Les deux Folles

www.ingramcontent.com/pod-product-compliance
Lightning Source LLC
Chambersburg PA
CBHW071647200326
41519CB00012BA/2431